CW01370049

Top 50 Movies By Year 1927-2022

Ranking Movies Using Statistics

Bruce Cogerson

Top 50 Movies By Year 1927-2022 – Ranking Movies Using Statistics

Written by Bruce Cogerson

All data from UltimateMovieRankings.com

First Edition

ISBN: 9798847699815

Copyright ©2022 by UltimateMovieRankings, LLC

This book is dedicated to Henry Edgar. Henry was a longtime entertainment newspaper writer who loved movies and the theater. His friendship with my dad, always made me feel I had an inside connection to the movie world.

Other UMR Books

Top 50 Movie Stars (2019)

Ranking Today's Movie Stars (2020)

Movie Lists (2021)

Table of Contents

Introduction 9

How I Got Here 11

Factors Used in UMR Score 13

An Example of UMR Rating Formula 14

Explaining The Categories 15

Understanding the Tables In Book 17

1920s 19

1930s 27

1940s 53

1950s 79

1960s 105

1970s 131

1980s 157

1990s 183

2000s 209

2010s 235

2020s 261

Introduction

There are exactly 4,750 movies ranked in this book. You will find a Top 50 list for every year from 1927 to 2022. The movies are ranked using a combination of box office grosses, reviews from professional critics, voting from general audiences and award recognition.

We have been ranking movies using statistics since 2011. Over the years, we have ranked over 39,000 movies. Our website, Ultimate Movie Rankings (UMR) has been read in over 230 countries and has been viewed over 40 million times.

Our first yearly review was for the year 1946. Why 1946 you ask? 1946 was the pinnacle of people going to movie theaters. About 95 million people a WEEK went to the movies that year. The readers at UMR really enjoyed that look at 1946 movies and they requested a 1939 yearly review. Why 1939 you ask? 1939 is considered by many film historians to be the greatest year in filmmaking.

Next came a request for a yearly review of 1976 movies. Why 1976 you ask? That was the year, one of UMR's biggest supporters (Canada's Flora) was born and she wanted to see that year statistically broken down. This request got other readers requesting specific years.

As those yearly pages became very popular, we decided we should do a yearly review on every year from 1927 to today. It took about 5 years, but by 2018, we finished doing just that. This book is the result of that 5-year project.

For each year you will find our Top 50 statistical movies. The movies will be listed in two tables. Table one will list movies ranked 1st to 25th Table two will list movies ranked from 26th to 50th. At the end of each decade, you will find a Top 100 movie list for that time frame. You will also find the Top 25 Movie Stars of that decade as well. We hope you have as much fun reading these tables as we had putting them together.

Cogerson - Summer 2022

How I Got Here

So how did a former grocery store manager and current middle school Technology teacher start to write books about movies? As a child, I was very interested in baseball and movies. As I got older, I was fascinated with baseball statistics and movie box office grosses. This fascination led me to lots of very knowledgeable people.

On the baseball side, I read anything *Bill James* wrote. James is the godfather of baseball stats. He created mathematical formulas that changed how people viewed, played, and managed baseball. On the movie side, I became a weekly *Variety* reader, a weekly viewer of "*Sneak Previews*" with *Gene Siskel* and *Roger Ebert*, a fan of *Joel Hirschhorn*'s book *Rating The Movie Stars*, and a constant moviegoer.

Sometime in 2010, for the millionth time, I was looking at my *Rating The Movie Stars* book, when I wondered if Joel had updated his ratings lately. A quick Internet check provided the sad news that Mr. Hirschhorn had passed away in 2005.

About a month later, I thought, "I could update the ratings!" Thinking about Bill James' baseball formulas, I decided to come up with an algorithm to rate movies. This decision would lead me to start my own movie website. Ultimate Movie Rankings.com (UMR) has been ranking movies since 2011. UMR has been viewed over 40 million times in 230 different countries.

We have been collecting, categorizing, and storing movie stats for over ten years. Originally, all the stats collected were being written in notebooks. Luckily, my better half realized a database would be a better place to store the statistics.   She created a database that has now stored movie stats on over 39,000 movies. Each movie, whether it was made in 1932 or made today, includes box office grosses, reviews, and awards.

Factors Used in UMR Score

1. **Box office results.** Receives the second highest percentage **(31%)** of the equation. The ceiling is $200 million in adjusted for inflation dollars. Any movie that crossed $200 million maxed out the points in the category. We use adjusted box office, so it would be easier to compare a movie made years ago to movies made today.

2. **Critics and audience reception.** Receives the highest percentage **(49%)** of the equation. So where do I find critics/audience reception? We use many different sources: RottenTomatoes, IMDb, MetaCritic, Yahoo Movies, Roger Ebert, Letterboxd.com, Leonard Maltin, and Fandango. Put them all together and we get an average review rating, 100% being the highest score possible. YouTube video critic Jeremy Jahns has replaced the late great Roger Ebert in our calculations when looking at current movies.

3. **Award Recognition.** The final part of the equation is worth **20%.** A movie gets points for Oscar® nominations and wins.

Box Office Results (31%) + Reviews (49%) + Awards (20%) = UMR Score.

These three factors were determined by figuring out what a movie's producer is hoping their movie accomplishes. The first goal that the producer would want would be for the movie to be successful at the box office and profitable at the end of the day. Secondly, the producer would like both the professional critics and moviegoers to enjoy their movie. And finally, the producer would like the movie to receive award recognition through Oscar® awards.

For a movie to be rated well in our mathematical equation, it must do well in all three categories.

An Example of UMR Rating Formula

Let's look at one of the best movies of 2021. James Bond's No Time to Die.

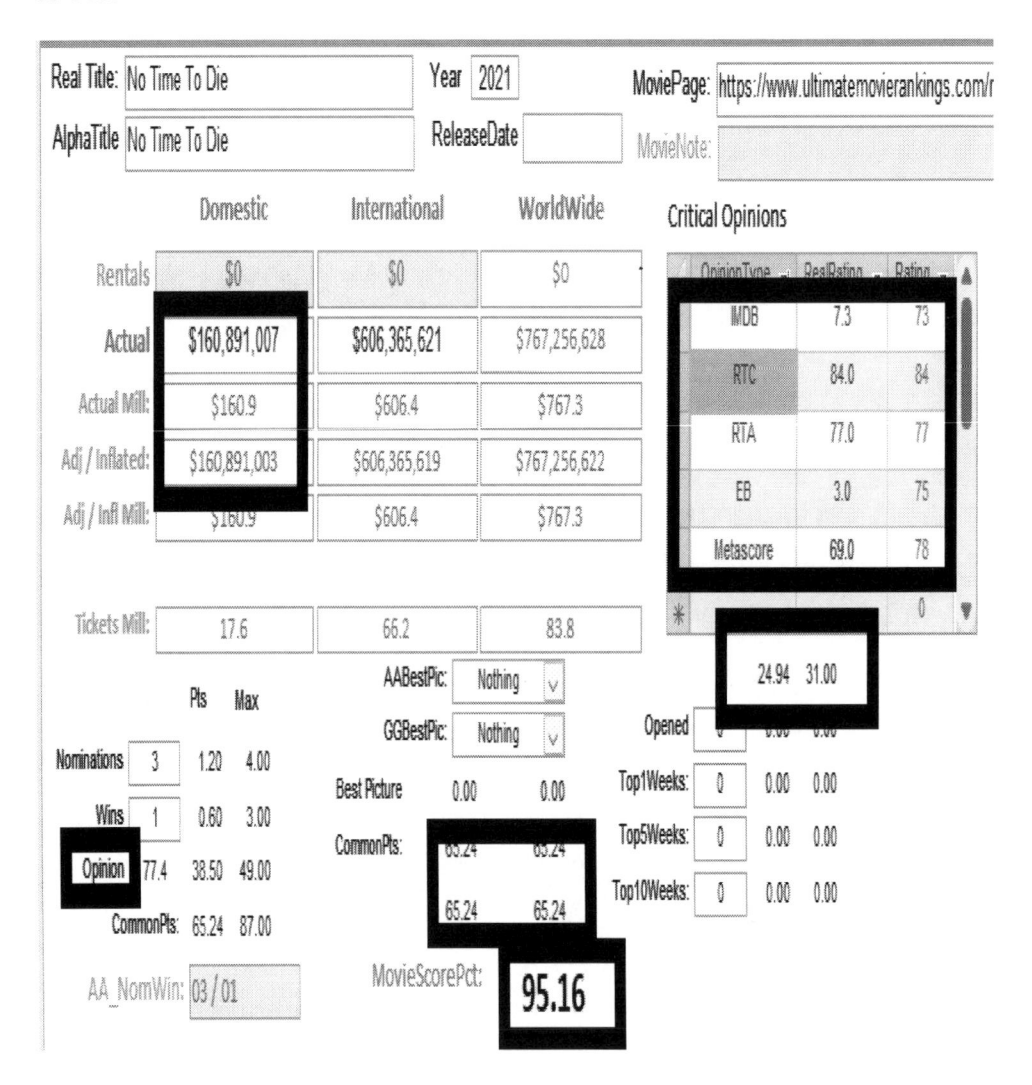

Picture from UltimateMovieRankings.com

Explaining The Categories

#1 Shows the original domestic box gross ($160 million) and its adjusted box office gross ($160 million) based on today's average movie ticket price. Those massive grosses easily max out the points (31% of equation) in the box office category. Of a possible 31 points, it earned 24.94 points

#2 Shows the different sources (IMDb, Rotten Tomatoes, Roger Ebert, Metacritics) we used to get a review percentage for No Time To Die (2021. Put all of those reviews together and you end up with a 77.40% review rating. Of a possible 49 points, It earned 38.50 points.

#3 Shows how well No Time To Die did with major awards. It earned 3 Oscar® nominations winning once. Our of a possible 20 points, it earned a total of 1.80 award points.

#4 Shows the result of the equation. When you add up the total points for #1, #2, and #3, you end up with 65.24 points. When comparing that total with all the movies in the database you end up with a 95.16 percentile score. So, what does a 95.16 percentile mean? Well, let's find out. We have 39,253 movies in the database. 39,253 times 95.16% equals 37,353. That means there are 37,353 movies that earned fewer points than No Time To Die. Another way to look at it would be by saying the *NoTime To Die (2021)* is the 1,900th best movie in our database.

Understanding the Tables Found in Book

1952 Top 50 Movies

Rank	Movie (Year)	Adj. B.O. Dom.	Review %	Nom Win	UMR Score
1st	High Noon (1952)	$157,292,919	92.70	07 / 04	99.42
2nd	The Quiet Man (1952)	$175,797,987	84.00	07 / 02	99.23
3rd	Moulin Rouge (1952)	$196,704,698	71.50	07 / 02	99.03
4th	Ivanhoe (1952)	$289,311,510	73.50	03 / 00	98.93
5th	The Greatest Show on Earth (1952)	$548,212,113	64.00	05 / 02	98.68
6th	Singin' in the Rain (1952)	$205,989,146	93.00	02 / 00	98.59

1. **Name** of the category of movies being ranked – always on the top and middle of page – Example – This table would rank the Top 50 1952 movies in our database.

2. **Rank** - Overall rank of movie in the selected category. Example: *The Quiet Man* is ranked as the 2nd best 1952 Movie.

3. **Movie (Year)** - Title of the movie and the year of movie.

4. **Adj. B.O. Dom.** - Adjusted domestic box office using tickets sold.

5. **Review %** - Review Score using film critics and movie audiences. 100% is the highest. 60% or better would be good movie.

6. **Nom/Win** - Oscar® nominations and Oscar® wins for movie.

7. **UMR Score** - UMR Score for movie. Ranked 0 to 100. Score determined by box office totals, reviews, and awards. A score of 60 or better equals a good movie.

1927-1929

1927 Top 50 Movies

Rank	Movie (Year)	Adj. B.O. Dom.	Review %	Nom Win	UMR Score
1st	7th Heaven (1927)	$178,906,250	84.00	05 / 03	99.26
2nd	Wings (1927)	$377,690,946	81.00	02 / 02	99.25
3rd	Sunrise: A Song of Two Humans (1927)	$101,499,468	89.50	04 / 03	98.46
4th	The King of Kings (1927)	$262,563,504	73.50	00 / 00	95.89
5th	The Jazz Singer (1927)	$196,200,532	67.00	01 / 00	94.29
6th	The Gaucho (1927)	$139,149,304	72.00	00 / 00	90.75
7th	My Best Girl (1927)	$102,151,202	80.00	00 / 00	89.54
8th	Metropolis (1927)	$64,605,022	91.30	00 / 00	89.29
9th	The Patent Leather Kid (1927)	$119,270,839	73.00	01 / 00	89.27
10th	Underworld (1927)	$91,937,949	79.50	01 / 01	88.99
11th	The Student Prince in Old Heidelberg (1927)	$89,055,554	79.50	00 / 00	88.03
12th	Love (1927)	$94,025,165	75.00	00 / 00	86.87
13th	The Unknown (1927)	$57,448,772	84.00	00 / 00	85.79
14th	The Way of All Flesh (1927)	$101,962,561	67.00	01 / 01	85.44
15th	Two Arabian Knights (1927)	$81,998,690	72.00	01 / 01	84.87
16th	The Kid Brother (1927)	$86,046,750	72.00	00 / 00	84.50
17th	London After Midnight (1927)	$71,661,886	72.00	00 / 00	82.00
18th	When a Man Loves (1927)	$72,755,224	69.00	00 / 00	80.16
19th	The Night of Love (1927)	$90,701,093	61.50	00 / 00	78.78
20th	The Loves of Carmen (1927)	$60,032,973	69.00	00 / 00	77.00
21st	College (1927)	$39,778,903	75.00	00 / 00	76.75
22nd	Hula (1927)	$70,250,220	64.50	00 / 00	75.94
23rd	Mockery (1927)	$51,385,860	70.50	00 / 00	75.89
24th	The Magic Flame (1927)	$80,751,922	60.00	01 / 00	75.57
25th	Children of Divorce (1927)	$65,243,245	65.50	00 / 00	75.40

1927 Top 50 Movies

Rank	Movie (Year)	Adj. B.O. Dom.	Review %	Nom Win	UMR Score
26th	The Enemy (1927)	$46,502,206	71.50	00 / 00	75.39
27th	Chicago (1927)	$48,022,903	70.00	00 / 00	74.41
28th	Mr. Wu (1927)	$60,331,168	65.00	00 / 00	72.95
29th	West Point (1927)	$49,894,978	67.00	00 / 00	71.34
30th	Señorita (1927)	$35,537,942	71.00	00 / 00	70.81
31st	Rookies (1927)	$35,022,692	71.00	00 / 00	70.63
32nd	The Yankee Clipper (1927)	$28,712,680	72.50	00 / 00	69.90
33rd	The Road to Romance (1927)	$42,241,743	67.50	00 / 00	69.14
34th	Annie Laurie (1927)	$51,286,474	64.50	00 / 00	68.95
35th	Almost Human (1927)	$13,233,196	76.50	00 / 00	68.94
36th	The Dove (1927)	$45,535,221	64.00	01 / 01	68.70
37th	After Midnight (1927)	$42,341,157	67.00	00 / 00	68.39
38th	My Friend from India (1927)	$12,296,815	76.00	00 / 00	67.78
39th	Running Wild (1927)	$26,335,000	71.00	00 / 00	67.00
40th	Uncle Tom's Cabin (1927)	$49,696,179	63.50	00 / 00	66.78
41st	Blonde or Brunette (1927)	$46,758,942	63.50	00 / 00	65.27
42nd	The Country Doctor (1927)	$29,599,853	67.50	00 / 00	63.15
43rd	The Missing Link (1927)	$42,241,743	63.50	00 / 00	63.02
44th	The Love of Sunya (1927)	$41,005,912	63.50	00 / 00	62.41
45th	Old San Francisco (1927)	$46,316,853	61.00	00 / 00	61.20
46th	The Demi-Bride (1927)	$41,744,776	62.50	00 / 00	61.14
47th	New York (1927)	$36,139,058	64.00	00 / 00	60.90
48th	Service For Ladies (1927)	$28,639,308	65.50	00 / 00	59.35
49th	Orchids and Ermine (1927)	$34,049,442	63.50	00 / 00	58.79
50th	Her Wild Oat (1927)	$33,104,808	62.50	00 / 00	56.34

1928 Top 50 Movies

Rank	Movie (Year)	Adj. B.O. Dom.	Review %	Nom Win	UMR Score
1st	The Circus (1928)	$305,333,321	89.00	00 / 00	98.24
2nd	In Old Arizona (1928)	$210,141,172	48.50	05 / 01	97.18
3rd	Lilac Time (1928)	$150,421,563	84.00	00 / 00	94.81
4th	The Patriot (1928)	$77,367,971	73.00	05 / 01	94.21
5th	The Singing Fool (1928)	$343,140,781	64.00	00 / 00	93.72
6th	The Last Command (1928)	$111,741,686	87.50	02 / 01	93.39
7th	The Racket (1928)	$86,402,323	70.00	01 / 00	93.07
8th	The Crowd (1928)	$58,911,386	74.00	02 / 00	92.09
9th	The Terror (1928)	$109,650,586	80.00	00 / 00	90.30
10th	Street Angel (1928)	$107,495,293	75.50	03 / 01	89.83
11th	Four Sons (1928)	$134,705,879	70.00	00 / 00	89.62
12th	Sadie Thompson (1928)	$89,803,916	77.00	02 / 00	87.77
13th	The Red Dance (1928)	$116,745,089	69.00	00 / 00	87.31
14th	Noah's Ark (1928)	$122,761,972	67.00	00 / 00	87.24
15th	Lights of New York (1928)	$104,172,558	72.00	00 / 00	86.94
16th	A Woman of Affairs (1928)	$76,333,321	79.50	01 / 00	86.75
17th	The Cardboard Lover (1928)	$80,430,269	79.00	00 / 00	86.69
18th	The Patsy (1928)	$86,671,654	77.00	00 / 00	86.65
19th	Speedy (1928)	$86,679,816	76.00	01 / 00	86.58
20th	Beggars of Life (1928)	$72,303,113	77.00	00 / 00	84.78
21st	My Man (1928)	$98,694,502	68.00	00 / 00	84.48
22nd	Abie's Irish Rose (1928)	$134,705,879	56.00	00 / 00	84.17
23rd	The Cameraman (1928)	$32,509,023	88.00	00 / 00	84.03
24th	Steamboat Bill, Jr. (1928)	$35,472,558	85.50	00 / 00	83.25
25th	Our Dancing Daughters (1928)	$67,981,563	71.50	02 / 00	81.90

1928 Top 50 Movies

Rank	Movie (Year)	Adj. B.O. Dom.	Review %	Nom Win	UMR Score
26th	The Barker (1928)	$72,032,701	70.50	01 / 00	81.55
27th	Interference (1928)	$67,864,828	72.50	00 / 00	81.50
28th	Alias Jimmy Valentine (1928)	$71,034,911	71.50	00 / 00	81.45
29th	On Trial (1928)	$97,796,474	62.00	00 / 00	80.87
30th	The Mysterious Lady (1928)	$48,763,535	77.00	00 / 00	80.48
31st	The Wind (1928)	$36,999,209	80.50	00 / 00	80.28
32nd	Laugh, Clown, Laugh (1928)	$60,168,614	73.00	00 / 00	80.27
33rd	The Docks of New York (1928)	$29,197,152	82.50	00 / 00	79.99
34th	Ramona (1928)	$78,190,767	67.00	00 / 00	79.98
35th	The Masks of the Devil (1928)	$52,445,498	75.00	00 / 00	79.97
36th	Show Boat (1928)	$83,894,828	65.00	00 / 00	79.81
37th	White Shadows in the South Seas (1928)	$67,083,535	68.00	01 / 01	79.66
38th	The Cossacks (1928)	$67,083,535	70.00	00 / 00	79.66
39th	The Road To Ruin (1928)	$67,352,940	69.00	00 / 00	78.93
40th	West Of Zanzibar (1928)	$61,163,207	70.00	00 / 00	78.16
41st	Show People (1928)	$65,107,851	68.00	00 / 00	77.51
42nd	The Vikings (1928)	$88,413,044	60.50	00 / 00	77.36
43rd	The Godless Girl (1928)	$43,922,658	73.50	00 / 00	76.46
44th	The Trail of '98 (1928)	$75,345,498	63.00	00 / 00	76.04
45th	The Shopworn Angel (1928)	$63,447,473	65.00	00 / 00	74.12
46th	The Lion and the Mouse (1928)	$78,039,618	60.00	00 / 00	73.77
47th	The Noose (1928)	$50,679,239	67.00	01 / 00	72.69
48th	The Passion of Joan of Arc (1928)	$11,225,498	80.00	00 / 00	72.41
49th	The Divine Woman (1928)	$48,583,907	67.50	00 / 00	71.56
50th	Tenderloin (1928)	$79,835,675	57.00	00 / 00	70.76

1929 Top 50 Movies

Rank	Movie (Year)	Adj. B.O. Dom.	Review %	Nom Win	UMR Score
1st	The Love Parade (1929)	$125,422,173	79.00	06 / 00	98.00
2nd	The Broadway Melody (1929)	$234,790,329	51.50	03 / 01	97.39
3rd	The Virginian (1929)	$163,048,843	81.00	00 / 00	95.03
4th	Gold Diggers of Broadway (1929)	$212,381,562	66.00	00 / 00	94.18
5th	The Hollywood Revue of 1929 (1929)	$127,679,774	59.00	01 / 00	93.57
6th	The Cocoanuts (1929)	$150,506,623	78.00	00 / 00	93.35
7th	The Cock-Eyed World (1929)	$225,759,925	59.00	00 / 00	92.45
8th	Sunny Side Up (1929)	$275,928,805	57.50	00 / 00	92.07
9th	Rio Rita (1929)	$148,416,265	71.00	00 / 00	91.31
10th	Welcome Danger (1929)	$175,591,044	62.00	00 / 00	91.18
11th	Disraeli (1929)	$77,260,075	61.00	03 / 01	90.64
12th	The Trespasser (1929)	$103,773,558	76.00	01 / 00	88.64
13th	On with the Show! (1929)	$145,573,340	63.00	00 / 00	88.47
14th	Alibi (1929)	$52,269,369	62.00	03 / 00	87.96
15th	The Iron Mask (1929)	$125,422,173	67.50	00 / 00	87.84
16th	The Desert Song (1929)	$129,519,313	65.00	00 / 00	87.27
17th	Say It with Songs (1929)	$144,235,503	57.00	00 / 00	85.93
18th	Condemned! (1929)	$83,614,706	74.50	01 / 00	85.62
19th	Syncopation (1929)	$104,518,476	67.50	00 / 00	85.15
20th	The Taming of the Shrew (1929)	$91,976,265	71.00	00 / 00	84.94
21st	Sally (1929)	$101,926,434	67.00	01 / 00	84.85
22nd	The Trial of Mary Dugan (1929)	$90,889,266	67.00	00 / 00	82.60
23rd	The Dance of Life (1929)	$72,958,328	72.00	00 / 00	82.26
24th	Hit The Deck (1929)	$81,942,484	69.00	00 / 00	82.08
25th	General Crack (1929)	$76,841,985	69.50	00 / 00	81.46

1929 Top 50 Movies

Rank	Movie (Year)	Adj. B.O. Dom.	Review %	Nom Win	UMR Score
26th	The Letter (1929)	$69,354,280	69.50	01 / 00	80.47
27th	Thunder (1929)	$85,119,850	65.00	00 / 00	80.07
28th	Dynamite (1929)	$74,751,618	67.00	01 / 00	79.79
29th	The Last of Mrs. Cheyney (1929)	$93,158,583	60.50	01 / 00	79.26
30th	Street Girl (1929)	$67,393,528	69.00	00 / 00	78.94
31st	The Greene Murder Case (1929)	$69,668,340	68.00	00 / 00	78.65
32nd	Hell's Heroes (1929)	$60,620,724	70.50	00 / 00	78.35
33rd	Show of Shows (1929)	$105,271,016	56.00	00 / 00	78.08
34th	Synthetic Sin (1929)	$41,472,944	76.00	00 / 00	77.95
35th	The Canary Murder Case (1929)	$83,531,167	62.50	00 / 00	77.78
36th	Innocents of Paris (1929)	$59,474,570	70.00	00 / 00	77.76
37th	Gentlemen of the Press (1929)	$50,903,430	72.50	00 / 00	77.52
38th	Their Own Desire (1929)	$83,618,974	61.00	01 / 00	77.30
39th	The Four Feathers (1929)	$62,052,460	68.00	00 / 00	76.69
40th	Lucky Star (1929)	$52,689,630	70.00	00 / 00	75.89
41st	Bulldog Drummond (1929)	$85,111,505	57.50	02 / 00	75.36
42nd	Coquette (1929)	$117,060,687	47.00	01 / 01	75.29
43rd	A Man's Man (1929)	$50,105,200	70.00	00 / 00	75.10
44th	Madame X (1929)	$76,507,544	60.00	02 / 00	75.08
45th	Marianne (1929)	$58,112,267	66.50	00 / 00	74.09
46th	Weary River (1929)	$87,661,200	56.00	01 / 00	73.60
47th	It's A Great Life (1929)	$43,981,374	70.50	00 / 00	73.42
48th	The Laughing Lady (1929)	$41,036,800	71.00	00 / 00	72.97
49th	The Kiss (1929)	$43,312,455	70.00	00 / 00	72.55
50th	Sonny Boy (1929)	$70,069,182	61.00	00 / 00	71.94

1930-1939

1930 Top 50 Movies

Rank	Movie (Year)	Adj. B.O. Dom.	Review %	Nom Win	UMR Score
1st	All Quiet on the Western Front (1930)	$211,384,624	84.50	04 / 02	99.49
2nd	The Big House (1930)	$180,240,624	75.00	04 / 02	98.88
3rd	Morocco (1930)	$281,846,147	80.00	04 / 00	97.61
4th	Whoopee! (1930)	$380,492,294	80.50	00 / 00	97.20
5th	The Divorcee (1930)	$118,657,220	69.50	04 / 01	96.15
6th	Hell's Angels (1930)	$408,676,917	73.00	01 / 00	95.94
7th	Animal Crackers (1930)	$155,015,358	85.00	00 / 00	95.35
8th	The Blue Angel (1930)	$137,761,041	89.70	00 / 00	95.23
9th	Common Clay (1930)	$239,569,211	69.00	00 / 00	94.97
10th	Tom Sawyer (1930)	$366,399,853	62.50	00 / 00	93.38
11th	The Dawn Patrol (1930)	$149,519,367	74.00	01 / 01	92.71
12th	Anybody's Woman (1930)	$176,375,800	66.50	00 / 00	92.49
13th	Min and Bill (1930)	$172,348,917	64.00	01 / 01	92.05
14th	Feet First (1930)	$183,200,000	61.00	00 / 00	91.59
15th	Check and Double Check (1930)	$246,756,294	55.00	00 / 00	91.39
16th	The Big Trail (1930)	$133,172,294	75.50	00 / 00	91.19
17th	The Girl Said No (1930)	$123,307,706	75.00	00 / 00	90.10
18th	So This Is London (1930)	$134,457,533	70.50	00 / 00	89.75
19th	Ladies of Leisure (1930)	$142,360,781	67.50	00 / 00	89.61
20th	Street of Chance (1930)	$112,566,095	76.00	01 / 00	89.55
21st	Anna Christie (1930)	$142,755,073	64.00	03 / 00	89.32
22nd	Hold Everything (1930)	$143,459,706	66.00	00 / 00	89.18
23rd	Son of the Gods (1930)	$150,646,780	63.00	00 / 00	88.99
24th	The Rogue Song (1930)	$116,120,633	73.00	01 / 00	88.95
25th	The Criminal Code (1930)	$105,692,294	76.00	01 / 00	88.84

1930 Top 50 Movies

Rank	Movie (Year)	Adj. B.O. Dom.	Review %	Nom Win	UMR Score
26th	Raffles (1930)	$130,494,780	68.00	01 / 00	88.81
27th	Laughter (1930)	$124,759,200	69.00	01 / 00	88.53
28th	King of Jazz (1930)	$91,600,000	78.00	01 / 01	88.41
29th	Lightnin' (1930)	$114,820,600	68.50	00 / 00	86.89
30th	Chasing Rainbows (1930)	$128,567,104	64.00	00 / 00	86.83
31st	Madame Satan (1930)	$120,264,296	66.50	00 / 00	86.77
32nd	The Royal Family of Broadway (1930)	$119,784,633	65.50	01 / 00	86.59
33rd	Caught Short (1930)	$126,340,491	62.50	00 / 00	85.85
34th	The Unholy Three (1930)	$100,900,927	70.50	00 / 00	85.82
35th	Monte Carlo (1930)	$100,691,208	70.50	00 / 00	85.81
36th	The Right To Love (1930)	$143,926,500	55.50	01 / 00	85.67
37th	Let Us Be Gay (1930)	$116,825,220	63.50	00 / 00	85.08
38th	True To The Navy (1930)	$117,820,500	62.50	00 / 00	84.74
39th	Song o' My Heart (1930)	$169,107,706	46.00	00 / 00	84.62
40th	Romance (1930)	$103,296,633	64.50	02 / 00	84.31
41st	Fast And Loose (1930)	$100,698,262	66.00	00 / 00	83.82
42nd	Paid (1930)	$129,649,220	56.50	00 / 00	83.67
43rd	Rain Or Shine (1930)	$138,809,220	53.50	00 / 00	83.60
44th	Mammy (1930)	$111,188,294	62.00	00 / 00	83.53
45th	The Cuckoos (1930)	$93,291,073	67.50	00 / 00	83.43
46th	The Arizona Kid (1930)	$119,080,000	58.00	00 / 00	82.57
47th	High Society Blues (1930)	$84,553,716	68.00	00 / 00	82.00
48th	Half Shot at Sunrise (1930)	$92,022,780	65.00	00 / 00	81.56
49th	Under a Texas Moon (1930)	$93,995,706	64.00	00 / 00	81.41
50th	Redemption (1930)	$56,087,367	76.00	00 / 00	81.34

1931 Top 50 Movies

Rank	Movie (Year)	Adj. B.O. Dom.	Review %	Nom Win	UMR Score
1st	The Champ (1931)	$193,575,660	74.00	04 / 02	99.00
2nd	Trader Horn (1931)	$281,329,944	66.00	01 / 00	98.52
3rd	Arrowsmith (1931)	$167,765,583	72.50	04 / 00	98.47
4th	City Lights (1931)	$429,737,956	88.50	00 / 00	98.21
5th	The Smiling Lieutenant (1931)	$125,824,160	78.50	01 / 00	97.50
6th	Frankenstein (1931)	$232,290,803	81.00	00 / 00	97.32
7th	Cimarron (1931)	$155,892,904	59.00	07 / 03	97.29
8th	Dishonored (1931)	$193,575,660	80.50	00 / 00	96.90
9th	Dracula (1931)	$182,636,184	83.50	00 / 00	96.82
10th	Palmy Days (1931)	$206,480,708	77.00	00 / 00	96.60
11th	Bad Girl (1931)	$141,955,488	62.50	03 / 02	96.31
12th	The Front Page (1931)	$90,878,842	80.00	03 / 00	96.04
13th	Five Star Final (1931)	$85,818,556	82.50	01 / 00	95.92
14th	Dr. Jekyll and Mr. Hyde (1931)	$154,860,536	81.50	03 / 01	95.38
15th	Skippy (1931)	$129,050,312	62.00	04 / 01	95.35
16th	Daddy Long Legs (1931)	$193,575,660	70.00	00 / 00	94.73
17th	East Lynne (1931)	$96,787,830	67.00	01 / 00	93.14
18th	Possessed (1931)	$132,921,942	82.00	00 / 00	92.91
19th	Monkey Business (1931)	$121,307,410	84.50	00 / 00	92.63
20th	Little Caesar (1931)	$122,210,760	83.00	01 / 00	92.54
21st	The Public Enemy (1931)	$108,918,546	83.00	01 / 00	91.38
22nd	Merely Mary Ann (1931)	$167,765,583	62.00	00 / 00	90.44
23rd	A Free Soul (1931)	$114,725,858	75.00	03 / 01	90.42
24th	Platinum Blonde (1931)	$129,050,312	73.50	00 / 00	90.16
25th	The Man Who Came Back (1931)	$180,670,613	57.00	00 / 00	90.11

1931 Top 50 Movies

Rank	Movie (Year)	Adj. B.O. Dom.	Review %	Nom Win	UMR Score
26th	Hell Divers (1931)	$160,538,728	63.00	00 / 00	90.04
27th	Reducing (1931)	$146,085,072	63.00	00 / 00	88.53
28th	Street Scene (1931)	$98,764,998	78.00	00 / 00	88.50
29th	Susan Lenox (Her Fall and Rise) (1931)	$104,014,640	75.50	00 / 00	88.24
30th	A Connecticut Yankee (1931)	$154,860,536	59.00	00 / 00	88.09
31st	City Streets (1931)	$98,753,392	75.00	00 / 00	87.53
32nd	Pardon Us (1931)	$118,081,166	69.00	00 / 00	87.52
33rd	Delicious (1931)	$157,421,140	56.00	00 / 00	87.22
34th	Blonde Crazy (1931)	$101,820,820	73.00	00 / 00	87.05
35th	An American Tragedy (1931)	$125,824,160	64.00	00 / 00	86.46
36th	Mata Hari (1931)	$130,599,048	62.50	00 / 00	86.41
37th	Dirigible (1931)	$125,824,160	63.00	00 / 00	86.02
38th	The Miracle Woman (1931)	$67,751,464	81.00	00 / 00	85.89
39th	Politics (1931)	$139,503,530	56.00	00 / 00	84.89
40th	The Easiest Way (1931)	$133,583,330	57.50	00 / 00	84.78
41st	Unfaithful (1931)	$114,500,000	63.00	00 / 00	84.54
42nd	Private Lives (1931)	$105,047,054	64.50	00 / 00	83.77
43rd	Inspiration (1931)	$93,561,550	67.00	00 / 00	83.12
44th	I Take This Woman (1931)	$105,176,128	63.00	00 / 00	83.01
45th	The Man in Possession (1931)	$92,271,080	67.00	00 / 00	82.88
46th	Secrets of a Secretary (1931)	$76,987,620	71.50	00 / 00	82.69
47th	Night Nurse (1931)	$76,914,074	71.50	00 / 00	82.65
48th	Strangers May Kiss (1931)	$126,469,418	55.50	00 / 00	82.50
49th	The Unholy Garden (1931)	$109,047,620	60.50	00 / 00	82.09
50th	Young As You Feel (1931)	$98,513,620	63.50	00 / 00	81.93

1932 Top 50 Movies

Rank	Movie (Year)	Adj. B.O. Dom.	Review %	Nom Win	UMR Score
1st	Shanghai Express (1932)	$285,506,501	82.50	03 / 01	99.30
2nd	A Farewell To Arms (1932)	$190,337,674	71.50	04 / 02	98.86
3rd	Grand Hotel (1932)	$146,916,864	81.50	01 / 01	98.52
4th	One Hour with You (1932)	$136,805,186	79.00	01 / 00	97.95
5th	The Kid From Spain (1932)	$311,796,874	78.00	00 / 00	96.79
6th	Horse Feathers (1932)	$178,441,545	84.00	00 / 00	96.65
7th	I Am a Fugitive from a Chain Gang (1932)	$77,324,680	86.00	03 / 00	96.41
8th	Smilin' Through (1932)	$119,436,864	70.00	01 / 00	95.61
9th	The Sign of the Cross (1932)	$325,833,438	62.00	01 / 00	93.46
10th	Tarzan The Ape Man (1932)	$159,050,906	75.50	00 / 00	93.40
11th	If I Had a Million (1932)	$150,405,661	77.00	00 / 00	93.04
12th	Emma (1932)	$167,616,092	66.00	01 / 00	91.78
13th	The Mummy (1932)	$124,909,094	75.00	00 / 00	90.28
14th	One Way Passage (1932)	$94,098,179	81.00	01 / 01	89.69
15th	Love Me Tonight (1932)	$88,640,615	84.50	00 / 00	89.58
16th	Pack Up Your Troubles (1932)	$114,454,905	73.00	00 / 00	88.54
17th	Red Dust (1932)	$92,908,588	79.50	00 / 00	88.42
18th	Scarface (1932)	$71,376,634	85.00	00 / 00	87.92
19th	The Bitter Tea of General Yen (1932)	$100,522,087	75.50	00 / 00	87.87
20th	Kongo (1932)	$130,619,228	64.00	00 / 00	87.11
21st	Forbidden (1932)	$96,953,232	74.00	00 / 00	86.84
22nd	Prosperity (1932)	$138,708,588	58.50	00 / 00	85.88
23rd	Trouble in Paradise (1932)	$56,506,501	84.50	00 / 00	85.83
24th	The Big Broadcast (1932)	$95,168,818	72.00	00 / 00	85.77
25th	The Crowd Roars (1932)	$62,335,595	81.50	00 / 00	85.39

1932 Top 50 Movies

Rank	Movie (Year)	Adj. B.O. Dom.	Review %	Nom Win	UMR Score
26th	Island of Lost Souls (1932)	$67,833,382	78.50	00 / 00	84.88
27th	Air Mail (1932)	$74,387,774	76.00	00 / 00	84.64
28th	The Old Dark House (1932)	$73,939,144	75.00	00 / 00	84.14
29th	Tomorrow and Tomorrow (1932)	$121,536,547	59.50	00 / 00	83.92
30th	Rain (1932)	$64,001,048	75.50	00 / 00	82.65
31st	Red Headed Woman (1932)	$70,373,002	71.50	00 / 00	82.54
32nd	Merrily We Go To Hell (1932)	$94,757,324	65.50	00 / 00	82.45
33rd	As You Desire Me (1932)	$83,867,540	68.50	00 / 00	82.24
34th	American Madness (1932)	$49,368,818	78.50	00 / 00	81.70
35th	The Lost Squadron (1932)	$82,202,087	67.50	00 / 00	81.24
36th	Blondie of the Follies (1932)	$69,909,120	71.00	00 / 00	80.95
37th	Million Dollar Legs (1932)	$61,996,547	73.00	00 / 00	80.68
38th	State's Attorney (1932)	$85,847,144	65.00	00 / 00	80.20
39th	The First Year (1932)	$94,681,094	62.00	00 / 00	80.18
40th	Movie Crazy (1932)	$79,796,094	66.50	00 / 00	80.05
41st	Too Busy to Work (1932)	$114,202,593	55.00	00 / 00	79.67
42nd	Letty Lynton (1932)	$89,696,634	62.50	00 / 00	79.39
43rd	Shopworn (1932)	$107,064,956	57.00	00 / 00	79.36
44th	Rasputin and the Empress (1932)	$80,536,634	64.50	01 / 00	79.32
45th	Taxi (1932)	$54,484,138	73.50	00 / 00	79.26
46th	Washington Merry-Go-Round (1932)	$80,313,213	65.00	00 / 00	78.92
47th	Freaks (1932)	$34,379,733	79.00	00 / 00	78.57
48th	The Mask of Fu Manchu (1932)	$44,848,313	75.50	00 / 00	78.41
49th	Dance Team (1932)	$82,231,821	63.50	00 / 00	78.26
50th	Frisco Jenny (1932)	$57,812,094	71.00	00 / 00	78.13

1933 Top 50 Movies

Rank	Movie (Year)	Adj. B.O. Dom.	Review %	Nom Win	UMR Score
1st	She Done Him Wrong (1933)	$250,335,399	75.00	01 / 00	98.92
2nd	Little Women (1933)	$158,963,006	82.50	03 / 01	98.80
3rd	42nd Street (1933)	$163,628,304	81.00	02 / 00	98.72
4th	King Kong (1933)	$364,124,216	89.70	00 / 00	98.33
5th	Gold Diggers of 1933 (1933)	$250,563,006	80.00	01 / 00	97.28
6th	State Fair (1933)	$137,456,911	69.00	02 / 00	96.69
7th	I'm No Angel (1933)	$261,714,299	77.00	00 / 00	96.60
8th	Footlight Parade (1933)	$182,175,912	82.50	00 / 00	96.58
9th	Tugboat Annie (1933)	$218,133,181	76.00	00 / 00	96.37
10th	The Private Life of Henry VIII. (1933)	$96,720,477	79.00	02 / 01	96.33
11th	Cavalcade (1933)	$113,788,827	67.50	04 / 03	95.93
12th	Lady for a Day (1933)	$68,273,309	80.00	04 / 00	94.76
13th	Sons of the Desert (1933)	$148,188,529	83.50	00 / 00	94.44
14th	Dinner at Eight (1933)	$159,076,774	80.00	00 / 00	94.43
15th	Roman Scandals (1933)	$277,986,086	62.00	00 / 00	93.28
16th	Ecstasy (1933)	$164,993,786	70.50	00 / 00	92.56
17th	Dancing Lady (1933)	$169,545,353	67.00	00 / 00	92.01
18th	Queen Christina (1933)	$111,626,829	85.00	00 / 00	91.91
19th	The Invisible Man (1933)	$111,096,465	82.00	00 / 00	91.06
20th	The Bowery (1933)	$170,033,929	62.50	00 / 00	90.79
21st	Duck Soup (1933)	$84,886,480	86.50	00 / 00	89.90
22nd	Pilgrimage (1933)	$113,903,840	73.00	00 / 00	88.45
23rd	Counselor At Law (1933)	$81,305,992	82.50	00 / 00	88.12
24th	Flying Down to Rio (1933)	$105,027,085	72.50	01 / 00	87.56
25th	Eskimo (1933)	$92,510,302	74.00	01 / 01	87.12

1933 Top 50 Movies

Rank	Movie (Year)	Adj. B.O. Dom.	Review %	Nom Win	UMR Score
26th	Penthouse (1933)	$92,624,088	75.00	00 / 00	86.68
27th	Secrets (1933)	$79,359,968	76.00	00 / 00	85.32
28th	Jennie Gerhardt (1933)	$92,447,859	68.50	00 / 00	83.84
29th	Hold Your Man (1933)	$74,417,874	74.00	00 / 00	83.71
30th	The Devil's Brother (1933)	$94,051,454	67.00	00 / 00	83.23
31st	Only Yesterday (1933)	$66,787,987	75.00	00 / 00	82.94
32nd	International House (1933)	$72,264,870	73.00	00 / 00	82.76
33rd	Bombshell (1933)	$60,421,870	76.50	00 / 00	82.58
34th	Pick-Up (1933)	$106,985,493	61.00	00 / 00	82.07
35th	Zoo In Budapest (1933)	$80,017,656	69.00	00 / 00	81.73
36th	The Silver Cord (1933)	$90,624,258	65.50	00 / 00	81.66
37th	The Song of Songs (1933)	$68,273,309	72.50	00 / 00	81.59
38th	Man's Castle (1933)	$54,049,698	76.50	00 / 00	81.30
39th	Design for Living (1933)	$77,242,698	69.00	00 / 00	81.15
40th	The Barbarian (1933)	$95,923,960	63.00	00 / 00	81.11
41st	The Eagle And The Hawk (1933)	$82,496,911	67.00	00 / 00	80.91
42nd	When Ladies Meet (1933)	$98,085,958	61.00	01 / 00	80.82
43rd	Topaze (1933)	$91,386,297	62.50	00 / 00	79.76
44th	Gabriel Over The White House (1933)	$72,217,880	67.50	00 / 00	79.00
45th	The Prizefighter and the Lady (1933)	$62,811,439	69.50	01 / 00	78.89
46th	Gallant Lady (1933)	$68,759,742	66.50	00 / 00	77.30
47th	The White Sister (1933)	$85,341,613	61.00	00 / 00	77.05
48th	The Narrow Corner (1933)	$79,789,975	62.00	00 / 00	76.40
49th	Night Flight (1933)	$65,542,346	66.50	00 / 00	76.35
50th	Christopher Bean (1933)	$72,824,821	64.00	00 / 00	76.24

1934 Top 50 Movies

Rank	Movie (Year)	Adj. B.O. Dom.	Review %	Nom Win	UMR Score
1st	It Happened One Night (1934)	$207,261,323	90.67	05 / 05	99.90
2nd	Cleopatra (1934)	$219,516,963	72.00	05 / 01	98.98
3rd	Les Misérables (1934)	$135,977,654	81.50	04 / 00	98.40
4th	The Gay Divorcee (1934)	$122,550,568	83.50	05 / 01	98.39
5th	The Thin Man (1934)	$105,248,959	87.50	04 / 00	98.08
6th	Imitation of Life (1934)	$117,999,001	82.00	03 / 00	97.82
7th	The Barretts of Wimpole Street (1934)	$143,146,343	71.00	02 / 00	97.33
8th	The House of Rothschild (1934)	$118,454,170	75.00	01 / 00	96.54
9th	Bright Eyes (1934)	$232,529,751	74.50	00 / 00	96.06
10th	One Night of Love (1934)	$136,546,563	60.50	06 / 02	96.01
11th	The White Parade (1934)	$109,378,488	69.00	02 / 00	94.81
12th	Viva Villa! (1934)	$107,075,261	65.50	04 / 01	94.46
13th	Here Comes the Navy (1934)	$134,612,172	61.00	00 / 00	94.37
14th	Flirtation Walk (1934)	$120,843,740	61.00	02 / 00	93.75
15th	Babes in Toyland (1934)	$125,167,699	80.00	00 / 00	91.75
16th	Chained (1934)	$148,039,258	72.50	00 / 00	91.68
17th	Tarzan And His Mate (1934)	$117,999,001	80.00	00 / 00	91.11
18th	Twentieth Century (1934)	$102,409,954	83.00	00 / 00	90.58
19th	Treasure Island (1934)	$132,450,174	73.50	00 / 00	90.56
20th	Now and Forever (1934)	$142,236,040	70.00	00 / 00	90.40
21st	Wonder Bar (1934)	$143,829,083	68.50	00 / 00	90.09
22nd	The St. Louis Kid (1934)	$93,050,825	83.50	00 / 00	89.73
23rd	Forsaking All Others (1934)	$159,190,559	59.00	00 / 00	88.57
24th	Dames (1934)	$120,274,785	69.50	00 / 00	87.98
25th	Death Takes A Holiday (1934)	$97,450,098	76.00	00 / 00	87.66

1934 Top 50 Movies

Rank	Movie (Year)	Adj. B.O. Dom.	Review %	Nom Win	UMR Score
26th	Belle of the Nineties (1934)	$136,569,582	63.00	00 / 00	87.48
27th	Little Miss Marker (1934)	$108,099,386	72.00	00 / 00	87.47
28th	Manhattan Melodrama (1934)	$83,634,785	76.50	01 / 01	86.95
29th	Judge Priest (1934)	$136,546,563	61.50	00 / 00	86.78
30th	Bolero (1934)	$125,167,699	65.00	00 / 00	86.73
31st	Little Man, What Now? (1934)	$84,375,664	77.00	00 / 00	86.36
32nd	Sadie McKee (1934)	$95,355,041	73.00	00 / 00	86.17
33rd	The Richest Girl in The World (1934)	$124,598,744	62.50	01 / 00	85.96
34th	The Mighty Barnum (1934)	$109,832,504	67.00	00 / 00	85.59
35th	The Merry Widow (1934)	$97,972,172	68.50	01 / 01	85.57
36th	Here Is My Heart (1934)	$92,740,264	71.50	00 / 00	85.23
37th	Broadway Bill (1934)	$99,166,920	69.00	00 / 00	85.06
38th	Baby Takes a Bow (1934)	$98,427,342	68.50	00 / 00	84.72
39th	The Scarlett Empress (1934)	$51,204,959	83.00	00 / 00	84.52
40th	Moulin Rouge (1934)	$90,637,440	69.50	00 / 00	84.04
41st	The Lost Patrol (1934)	$71,573,171	74.50	01 / 00	83.91
42nd	Riptide (1934)	$122,825,918	59.00	00 / 00	83.84
43rd	Bulldog Drummond Strikes Back (1934)	$95,824,748	66.50	00 / 00	83.31
44th	The Count of Monte Cristo (1934)	$63,963,199	76.00	00 / 00	82.90
45th	Of Human Bondage (1934)	$61,445,958	75.00	01 / 00	82.38
46th	Men in White (1934)	$101,272,044	62.00	00 / 00	81.61
47th	The Scarlet Pimpernel (1934)	$59,283,960	75.00	00 / 00	81.43
48th	Crime Without Passion (1934)	$71,118,002	71.00	00 / 00	81.21
49th	Twenty Million Sweethearts (1934)	$93,420,614	63.50	00 / 00	80.89
50th	The Girl From Missouri (1934)	$77,603,960	68.00	00 / 00	80.58

1935 Top 50 Movies

Rank	Movie (Year)	Adj. B.O. Dom.	Review %	Nom Win	UMR Score
1st	Mutiny on the Bounty (1935)	$311,265,557	86.00	08 / 01	99.63
2nd	Top Hat (1935)	$194,431,919	86.00	04 / 00	99.34
3rd	The Lives of a Bengal Lancer (1935)	$169,023,801	79.00	08 / 02	99.02
4th	Broadway Melody of 1936 (1935)	$180,473,801	75.00	03 / 01	98.79
5th	David Copperfield (1935)	$187,125,701	76.00	00 / 00	98.75
6th	Captain Blood (1935)	$118,534,751	86.00	05 / 00	98.38
7th	The Bride of Frankenstein (1935)	$218,095,258	85.50	01 / 00	97.93
8th	A Tale of Two Cities (1935)	$121,164,019	82.50	02 / 00	97.88
9th	Ruggles of Red Gap (1935)	$109,047,510	79.50	01 / 00	96.84
10th	Naughty Marietta (1935)	$115,372,380	70.00	02 / 01	95.73
11th	The Informer (1935)	$49,616,661	83.00	06 / 04	95.59
12th	A Midsummer Night's Dream (1935)	$79,713,792	72.67	04 / 02	94.36
13th	Alice Adams (1935)	$62,593,339	81.50	02 / 00	94.22
14th	A Night At The Opera (1935)	$126,931,421	89.00	00 / 00	94.14
15th	China Seas (1935)	$186,471,421	70.00	00 / 00	94.13
16th	Steamboat Round the Bend (1935)	$163,571,421	75.00	00 / 00	93.61
17th	Roberta (1935)	$159,972,878	75.00	01 / 00	93.55
18th	The Littlest Rebel (1935)	$141,761,919	76.50	00 / 00	92.25
19th	The Whole Town's Talking (1935)	$119,952,380	81.00	00 / 00	91.60
20th	The Little Colonel (1935)	$130,857,131	75.50	00 / 00	90.97
21st	In Old Kentucky (1935)	$152,666,670	68.50	00 / 00	90.95
22nd	'G' Men (1935)	$124,641,421	77.00	00 / 00	90.84
23rd	The Crusades (1935)	$162,641,369	60.00	01 / 00	89.50
24th	Hands Across The Table (1935)	$119,952,380	74.00	00 / 00	89.45
25th	The Dark Angel (1935)	$112,973,330	72.00	03 / 01	89.22

1935 Top 50 Movies

Rank	Movie (Year)	Adj. B.O. Dom.	Review %	Nom Win	UMR Score
26th	Mississippi (1935)	$103,618,680	78.50	00 / 00	89.19
27th	Curly Top (1935)	$119,952,380	71.50	00 / 00	88.58
28th	Gold Diggers of 1935 (1935)	$97,815,710	73.50	02 / 01	87.84
29th	Magnificent Obsession (1935)	$142,039,119	62.00	00 / 00	87.76
30th	Anna Karenina (1935)	$94,326,208	77.00	00 / 00	87.68
31st	Barbary Coast (1935)	$109,282,272	70.00	01 / 00	87.11
32nd	Devil Dogs of the Air (1935)	$129,221,421	64.50	00 / 00	87.10
33rd	The Gilded Lily (1935)	$100,323,792	72.00	00 / 00	86.43
34th	The Good Fairy (1935)	$78,891,150	76.50	00 / 00	85.52
35th	Thanks A Million (1935)	$130,857,131	58.50	00 / 00	84.85
36th	The Ghost Goes West (1935)	$89,977,498	71.00	00 / 00	84.65
37th	Go Into Your Dance (1935)	$99,451,421	66.50	01 / 00	84.32
38th	No More Ladies (1935)	$121,806,208	60.00	00 / 00	84.18
39th	She (1935)	$109,047,629	63.00	01 / 00	84.09
40th	Bonnie Scotland (1935)	$92,147,658	69.00	00 / 00	84.00
41st	Goin' To Town (1935)	$119,952,380	60.00	00 / 00	83.92
42nd	Page Miss Glory (1935)	$83,530,461	71.50	00 / 00	83.85
43rd	The Bride Comes Home (1935)	$106,321,421	64.00	00 / 00	83.77
44th	Rendezvous (1935)	$103,116,758	64.00	00 / 00	83.21
45th	Professional Soldier (1935)	$98,483,319	65.00	00 / 00	82.84
46th	Our Little Girl (1935)	$108,502,380	61.00	00 / 00	82.37
47th	The Glass Key (1935)	$86,710,740	67.50	00 / 00	82.14
48th	Four Hours To Kill! (1935)	$99,804,841	62.50	00 / 00	81.57
49th	One More Spring (1935)	$103,826,658	61.00	00 / 00	81.44
50th	Call of the Wild (1935)	$93,690,697	63.00	00 / 00	80.70

1936 Top 50 Movies

Rank	Movie (Year)	Adj. B.O. Dom.	Review %	Nom Win	UMR Score
1st	Mr. Deeds Goes to Town (1936)	$244,266,679	87.00	05 / 01	99.58
2nd	San Francisco (1936)	$462,380,678	86.00	06 / 01	99.57
3rd	Dodsworth (1936)	$195,413,321	84.50	07 / 01	99.44
4th	Libeled Lady (1936)	$195,535,479	78.50	01 / 00	99.00
5th	The Great Ziegfeld (1936)	$377,269,879	64.50	07 / 03	98.85
6th	Three Smart Girls (1936)	$199,785,719	70.00	03 / 00	98.78
7th	Modern Times (1936)	$366,400,000	94.70	00 / 00	98.60
8th	After the Thin Man (1936)	$243,289,600	87.67	01 / 00	98.20
9th	Swing Time (1936)	$198,344,521	85.00	02 / 01	98.05
10th	My Man Godfrey (1936)	$183,200,000	86.00	06 / 00	97.87
11th	Show Boat (1936)	$183,024,384	82.50	00 / 00	96.61
12th	Anthony Adverse (1936)	$217,763,721	39.50	07 / 04	96.56
13th	Romeo and Juliet (1936)	$117,492,279	71.50	04 / 00	96.24
14th	Camille (1936)	$177,581,879	81.00	01 / 00	96.13
15th	Rose-Marie (1936)	$207,016,000	74.00	00 / 00	95.99
16th	Born To Dance (1936)	$199,321,600	70.00	02 / 00	95.51
17th	Follow the Fleet (1936)	$187,108,279	74.00	00 / 00	95.21
18th	Poor Little Rich Girl (1936)	$177,704,000	74.50	00 / 00	94.56
19th	The Story of Louis Pasteur (1936)	$81,218,679	71.50	04 / 03	94.50
20th	Lloyds of London (1936)	$244,266,679	64.00	02 / 00	94.10
21st	Captain January (1936)	$158,773,321	76.00	00 / 00	93.47
22nd	The Charge of the Light Brigade (1936)	$143,628,800	77.00	03 / 01	93.43
23rd	Desire (1936)	$160,605,321	72.00	00 / 00	92.61
24th	Wife vs. Secretary (1936)	$164,880,000	70.50	00 / 00	92.55
25th	The Trail of the Lonesome Pine (1936)	$203,454,336	57.00	01 / 00	92.14

1936 Top 50 Movies

Rank	Movie (Year)	Adj. B.O. Dom.	Review %	Nom Win	UMR Score
26th	The Country Doctor (1936)	$170,986,679	63.00	00 / 00	91.05
27th	Theodora Goes Wild (1936)	$137,452,762	73.00	02 / 00	91.04
28th	The General Died at Dawn (1936)	$164,269,321	62.00	03 / 00	90.86
29th	Come and Get It (1936)	$107,042,038	79.00	02 / 01	90.64
30th	These Three (1936)	$100,760,000	82.50	01 / 00	90.47
31st	The King Steps Out (1936)	$128,240,000	74.50	00 / 00	90.41
32nd	Suzy (1936)	$172,568,281	59.50	01 / 00	90.40
33rd	Love on the Run (1936)	$139,354,121	69.50	00 / 00	90.01
34th	Fury (1936)	$83,661,321	86.00	01 / 00	89.84
35th	The Milky Way (1936)	$142,896,000	68.00	00 / 00	89.82
36th	The Road To Glory (1936)	$122,133,321	74.50	00 / 00	89.80
37th	Stowaway (1936)	$128,240,000	70.50	00 / 00	89.10
38th	Under Two Flags (1936)	$146,560,000	64.00	00 / 00	88.90
39th	The Prisoner of Shark Island (1936)	$106,866,679	74.50	00 / 00	88.18
40th	Small Town Girl (1936)	$135,323,721	64.50	00 / 00	87.85
41st	King of Burlesque (1936)	$134,346,679	63.50	01 / 00	87.68
42nd	Tarzan Escapes (1936)	$122,255,479	68.00	00 / 00	87.63
43rd	Dimples (1936)	$122,133,321	67.50	00 / 00	87.45
44th	The Plainsman (1936)	$149,189,909	59.00	00 / 00	87.45
45th	The Gorgeous Hussy (1936)	$178,070,400	48.00	02 / 00	87.35
46th	The Green Pastures (1936)	$119,690,679	68.00	00 / 00	87.26
47th	The Petrified Forest (1936)	$71,203,721	82.00	00 / 00	86.77
48th	Sing Baby Sing (1936)	$122,133,321	65.00	01 / 00	86.65
49th	His Brother's Wife (1936)	$146,071,479	58.00	00 / 00	86.58
50th	Klondike Annie (1936)	$128,240,000	63.00	00 / 00	86.35

1937 Top 50 Movies

Rank	Movie (Year)	Adj. B.O. Dom.	Review %	Nom Win	UMR Score
1st	The Good Earth (1937)	$282,128,000	85.00	05 / 02	99.53
2nd	Captains Courageous (1937)	$237,878,147	85.50	04 / 01	99.45
3rd	The Life of Emile Zola (1937)	$271,699,688	72.00	10 / 03	99.21
4th	Stage Door (1937)	$176,153,853	87.67	04 / 00	99.19
5th	Lost Horizon (1937)	$186,566,153	78.00	07 / 02	99.15
6th	The Awful Truth (1937)	$149,730,771	86.33	06 / 01	98.97
7th	One Hundred Men and a Girl (1937)	$319,923,552	68.50	05 / 01	98.85
8th	A Star Is Born (1937)	$155,015,376	81.00	07 / 01	98.84
9th	Snow White and the Seven Dwarfs (1937)	$998,166,006	90.00	01 / 00	98.38
10th	Dead End (1937)	$119,080,000	80.50	04 / 00	97.78
11th	The Prisoner of Zenda (1937)	$197,292,312	82.00	02 / 00	97.53
12th	Stella Dallas (1937)	$211,384,624	77.50	02 / 00	97.00
13th	Saratoga (1937)	$342,724,917	78.00	00 / 00	96.80
14th	Maytime (1937)	$307,635,083	76.00	02 / 00	96.72
15th	A Day At The Races (1937)	$225,758,771	76.00	01 / 00	96.57
16th	Shall We Dance (1937)	$179,676,917	80.50	01 / 00	96.13
17th	Wee Willie Winkie (1937)	$197,996,917	71.00	01 / 00	95.44
18th	Topper (1937)	$158,538,459	82.67	02 / 00	95.44
19th	Double Wedding (1937)	$185,172,917	72.50	00 / 00	94.64
20th	Wake up and Live (1937)	$176,153,853	73.00	00 / 00	94.06
21st	Broadway Melody of 1938 (1937)	$266,203,688	63.50	00 / 00	93.60
22nd	Heidi (1937)	$140,923,073	78.00	00 / 00	92.54
23rd	Easy Living (1937)	$123,943,539	82.00	00 / 00	92.21
24th	Life Begins in College (1937)	$211,384,624	58.00	00 / 00	92.21
25th	Wells Fargo (1937)	$176,153,853	64.50	01 / 00	92.16

1937 Top 50 Movies

Rank	Movie (Year)	Adj. B.O. Dom.	Review %	Nom Win	UMR Score
26th	The Firefly (1937)	$175,308,312	65.50	00 / 00	92.12
27th	On the Avenue (1937)	$183,200,000	62.50	00 / 00	91.98
28th	The Hurricane (1937)	$155,015,376	69.50	01 / 00	91.71
29th	Rosalie (1937)	$274,236,312	54.50	00 / 00	91.23
30th	Green Light (1937)	$176,294,771	61.50	00 / 00	91.09
31st	Nothing Sacred (1937)	$120,689,485	77.50	00 / 00	90.67
32nd	Make Way For Tomorrow (1937)	$100,789,880	83.00	00 / 00	90.38
33rd	Tovarich (1937)	$142,896,000	69.50	00 / 00	90.35
34th	Love is News (1937)	$140,923,073	70.00	00 / 00	90.27
35th	This Is My Affair (1937)	$140,923,073	69.50	00 / 00	90.13
36th	Slave Ship (1937)	$155,015,376	65.00	00 / 00	90.06
37th	Souls at Sea (1937)	$114,852,312	75.00	03 / 00	90.06
38th	Thin Ice (1937)	$183,200,000	54.50	01 / 00	89.85
39th	La Grande Illusion (1937)	$13,178,602	81.50	01 / 00	89.75
40th	A Damsel in Distress (1937)	$142,332,312	65.00	02 / 01	89.67
41st	Wife Doctor and Nurse (1937)	$140,923,073	68.00	00 / 00	89.58
42nd	History Is Made At Night (1937)	$110,906,459	77.00	00 / 00	89.43
43rd	Personal Property (1937)	$153,042,459	63.50	00 / 00	89.39
44th	High, Wide and Handsome (1937)	$147,969,229	65.00	00 / 00	89.33
45th	Way Out West (1937)	$86,727,017	83.00	01 / 00	89.17
46th	Kid Galahad (1937)	$146,137,229	64.00	00 / 00	88.87
47th	Madame X (1937)	$127,129,671	69.00	00 / 00	88.49
48th	Every Day's a Holiday (1937)	$123,307,688	69.00	01 / 00	88.35
49th	Vogues of 1938 (1937)	$155,216,768	58.00	02 / 00	88.32
50th	Swing High, Swing Low (1937)	$140,924,484	64.00	00 / 00	88.30

1938 Top 50 Movies

Rank	Movie (Year)	Adj. B.O. Dom.	Review %	Nom Win	UMR Score
1st	The Adventures of Robin Hood (1938)	$339,259,250	92.30	04 / 03	99.87
2nd	Boys Town (1938)	$383,770,071	86.00	05 / 02	99.58
3rd	Alexander's Ragtime Band (1938)	$407,111,107	75.50	06 / 01	99.13
4th	In Old Chicago (1938)	$339,259,250	68.00	06 / 02	98.90
5th	Four Daughters (1938)	$180,757,339	80.50	00 / 00	98.87
6th	Jezebel (1938)	$144,660,152	84.50	05 / 02	98.82
7th	You Can't Take It with You (1938)	$271,407,411	63.00	07 / 02	98.74
8th	Test Pilot (1938)	$329,895,715	68.50	03 / 00	98.71
9th	Angels with Dirty Faces (1938)	$219,025,786	89.50	03 / 00	98.47
10th	The Citadel (1938)	$133,939,554	79.00	04 / 00	98.13
11th	Pygmalion (1938)	$117,790,812	82.00	04 / 01	98.04
12th	Marie Antoinette (1938)	$221,604,143	76.50	04 / 00	97.08
13th	Mad About Music (1938)	$217,125,929	75.50	04 / 00	96.94
14th	Suez (1938)	$271,407,411	73.00	03 / 00	96.30
15th	Sweethearts (1938)	$273,714,375	68.50	02 / 01	95.52
16th	The Girl of the Golden West (1938)	$216,718,822	71.00	00 / 00	95.41
17th	The Dawn Patrol (1938)	$178,178,964	76.50	00 / 00	95.10
18th	The Young In Heart (1938)	$175,736,304	74.50	03 / 00	95.02
19th	Little Miss Broadway (1938)	$237,481,482	69.00	00 / 00	94.97
20th	Love Finds Andy Hardy (1938)	$222,146,964	68.00	00 / 00	94.71
21st	That Certain Age (1938)	$223,911,107	66.00	02 / 00	94.58
22nd	Three Comrades (1938)	$161,894,518	77.00	01 / 00	94.08
23rd	Kentucky (1938)	$237,481,482	63.50	01 / 01	94.05
24th	Out West with the Hardys (1938)	$212,783,411	64.00	00 / 00	93.74
25th	Vivacious Lady (1938)	$141,403,259	82.00	00 / 00	93.60

1938 Top 50 Movies

Rank	Movie (Year)	Adj. B.O. Dom.	Review %	Nom Win	UMR Score
26th	Carefree (1938)	$151,038,223	76.00	03 / 00	93.47
27th	Too Hot To Handle (1938)	$220,789,929	62.00	00 / 00	93.25
28th	Rebecca of Sunnybrook Farm (1938)	$169,629,625	71.00	00 / 00	93.07
29th	Bringing Up Baby (1938)	$110,055,705	88.67	00 / 00	92.72
30th	Crime School (1938)	$149,138,366	74.50	00 / 00	92.31
31st	Stablemates (1938)	$177,093,339	66.50	00 / 00	92.29
32nd	The Big Broadcast of 1938 (1938)	$176,414,822	63.50	01 / 01	92.24
33rd	Happy Landing (1938)	$271,407,411	56.00	00 / 00	91.65
34th	The Crowd Roars (1938)	$185,778,375	60.00	00 / 00	91.53
35th	Holiday (1938)	$105,034,670	84.50	01 / 00	91.46
36th	Submarine Patrol (1938)	$128,918,518	76.00	00 / 00	90.90
37th	The Buccaneer (1938)	$188,492,446	55.50	01 / 00	90.72
38th	A Yank at Oxford (1938)	$175,193,482	59.50	00 / 00	90.41
39th	Bluebeard's Eighth Wife (1938)	$189,985,178	53.00	00 / 00	89.83
40th	If I Were King (1938)	$108,735,988	75.00	04 / 00	89.66
41st	Brother Rat (1938)	$160,537,482	61.00	00 / 00	89.36
42nd	The Arkansas Traveler (1938)	$132,989,634	68.00	00 / 00	88.80
43rd	White Banners (1938)	$94,314,071	79.00	01 / 00	88.68
44th	Just Around the Corner (1938)	$135,703,705	66.50	00 / 00	88.60
45th	The Great Waltz (1938)	$124,576,000	66.00	03 / 01	88.43
46th	The Rage of Paris (1938)	$122,870,610	70.00	00 / 00	88.37
47th	There's Always A Woman (1938)	$128,323,319	68.00	00 / 00	88.27
48th	Sing, You Sinners (1938)	$101,290,877	75.50	00 / 00	87.94
49th	Block-Heads (1938)	$79,267,516	80.00	01 / 00	87.32
50th	A Slight Case of Murder (1938)	$99,335,107	73.50	00 / 00	86.88

1939 Top 50 Movies

Rank	Movie (Year)	Adj. B.O. Dom.	Review %	Nom Win	UMR Score
1st	Gone with the Wind (1939)	$1,851,628,634	92.50	13 / 08	99.98
2nd	Mr. Smith Goes to Washington (1939)	$314,057,159	89.00	11 / 01	99.85
3rd	The Wizard of Oz (1939)	$320,338,280	91.00	06 / 02	99.85
4th	Wuthering Heights (1939)	$215,914,280	85.00	08 / 01	99.59
5th	Goodbye, Mr. Chips (1939)	$224,681,720	79.50	07 / 01	99.32
6th	Stagecoach (1939)	$162,526,668	83.50	07 / 02	99.09
7th	Ninotchka (1939)	$163,571,421	86.50	04 / 00	99.02
8th	Dark Victory (1939)	$152,448,570	80.00	03 / 00	98.55
9th	The Hunchback of Notre Dame (1939)	$244,441,140	83.50	02 / 00	97.83
10th	Beau Geste (1939)	$189,742,860	86.00	02 / 00	97.71
11th	The Women (1939)	$221,279,421	83.50	00 / 00	97.63
12th	Gunga Din (1939)	$263,284,579	80.67	01 / 00	97.37
13th	Another Thin Man (1939)	$199,295,421	80.50	00 / 00	97.14
14th	Of Mice and Men (1939)	$85,057,140	85.00	04 / 00	96.87
15th	The Roaring Twenties (1939)	$159,645,720	89.00	00 / 00	96.44
16th	Drums Along the Mohawk (1939)	$287,885,720	74.50	02 / 00	96.43
17th	Dodge City (1939)	$220,886,860	76.00	00 / 00	96.39
18th	Babes in Arms (1939)	$302,410,860	74.00	02 / 00	96.36
19th	Only Angels Have Wings (1939)	$157,028,579	85.00	02 / 00	95.77
20th	The Old Maid (1939)	$187,387,421	76.50	00 / 00	95.73
21st	The Cat and the Canary (1939)	$196,154,860	71.00	00 / 00	95.14
22nd	The Rains Came (1939)	$307,514,280	63.50	06 / 01	95.08
23rd	Jesse James (1939)	$309,477,159	68.00	00 / 00	94.70
24th	Bachelor Mother (1939)	$153,102,860	81.00	02 / 00	94.65
25th	Stanley and Livingstone (1939)	$261,714,280	67.50	00 / 00	94.58

1939 Top 50 Movies

Rank	Movie (Year)	Adj. B.O. Dom.	Review %	Nom Win	UMR Score
26th	Love Affair (1939)	$70,335,720	77.00	06 / 00	94.54
27th	The Little Princess (1939)	$157,028,579	80.50	00 / 00	94.36
28th	Judge Hardy and Son (1939)	$188,696,000	69.00	00 / 00	94.00
29th	Andy Hardy Gets Spring Fever (1939)	$204,137,140	65.00	00 / 00	93.93
30th	Intermezzo: A Love Story (1939)	$157,028,579	76.50	02 / 00	93.83
31st	Rose of Washington Square (1939)	$196,285,720	65.00	00 / 00	93.65
32nd	The Hardys Ride High (1939)	$195,762,280	62.50	00 / 00	92.99
33rd	Union Pacific (1939)	$179,928,579	66.50	01 / 00	92.95
34th	The Real Glory (1939)	$258,894,448	58.00	00 / 00	92.20
35th	The Oklahoma Kid (1939)	$200,604,000	58.00	00 / 00	92.19
36th	Each Dawn I Die (1939)	$145,382,290	72.50	00 / 00	91.45
37th	The Story of Vernon and Irene Castle (1939)	$146,560,000	71.50	00 / 00	91.25
38th	The Man In The Iron Mask (1939)	$143,942,860	71.50	01 / 00	91.22
39th	Swanee River (1939)	$163,571,421	64.50	01 / 00	91.01
40th	Young Mr. Lincoln (1939)	$98,142,860	83.00	01 / 00	90.37
41st	Destry Rides Again (1939)	$94,838,710	84.67	00 / 00	90.29
42nd	The Private Lives of Elizabeth and Essex (1939)	$124,968,570	71.00	05 / 00	90.29
43rd	Four Wives (1939)	$156,374,280	65.00	00 / 00	90.17
44th	First Love (1939)	$114,500,000	73.50	03 / 00	89.48
45th	Lady of The Tropics (1939)	$136,353,140	67.50	01 / 00	89.24
46th	Honolulu (1939)	$176,814,179	55.50	00 / 00	89.20
47th	Juarez (1939)	$152,972,000	61.00	02 / 00	89.12
48th	Second Fiddle (1939)	$157,028,579	60.50	01 / 00	89.07
49th	The Four Feathers (1939)	$90,945,710	80.50	01 / 00	88.78
50th	Dancing Co-Ed (1939)	$106,703,924	76.00	00 / 00	88.70

Top 100 1930-1939 Countdown

Rank	Movie (Year)	Adj. B.O. Dom.	Review %	Nom Win	UMR Score
100th	The Roaring Twenties (1939)	$159,645,720	89.00	00 / 00	96.44
99th	The House of Rothschild (1934)	$118,454,170	75.00	01 / 00	96.54
98th	Anthony Adverse (1936)	$217,763,721	39.50	07 / 04	96.56
97th	A Day At The Races (1937)	$225,758,771	76.00	01 / 00	96.57
96th	Footlight Parade (1933)	$182,175,912	82.50	00 / 00	96.58
95th	Palmy Days (1931)	$206,480,708	77.00	00 / 00	96.60
94th	I'm No Angel (1933)	$261,714,299	77.00	00 / 00	96.61
93rd	Show Boat (1936)	$183,024,384	82.50	00 / 00	96.61
92nd	Horse Feathers (1932)	$178,441,545	84.00	00 / 00	96.65
91st	State Fair (1933)	$137,456,911	69.00	02 / 00	96.70
90th	Maytime (1937)	$307,635,083	76.00	02 / 00	96.72
89th	The Kid From Spain (1932)	$311,796,874	78.00	00 / 00	96.79
88th	Dracula (1931)	$182,636,184	83.50	00 / 00	96.80
87th	Saratoga (1937)	$342,724,917	78.00	00 / 00	96.83
86th	Ruggles of Red Gap (1935)	$109,047,510	79.50	01 / 00	96.85
85th	Of Mice and Men (1939)	$85,057,140	85.00	04 / 00	96.87
84th	Dishonored (1931)	$193,575,660	80.50	00 / 00	96.90
83rd	Mad About Music (1938)	$217,125,929	75.50	04 / 00	96.95
82nd	Stella Dallas (1937)	$211,384,624	77.50	02 / 00	97.01
81st	Marie Antoinette (1938)	$221,604,143	76.50	04 / 00	97.08
80th	Another Thin Man (1939)	$199,295,421	80.50	00 / 00	97.14
79th	Whoopee! (1930)	$380,492,294	80.50	00 / 00	97.20
78th	Gold Diggers of 1933 (1933)	$250,563,006	80.00	01 / 00	97.28
77th	Cimarron (1931)	$155,892,904	59.00	07 / 03	97.29
76th	Frankenstein (1931)	$232,290,803	81.00	00 / 00	97.33

Top 100 1930-1939 Countdown

Rank	Movie (Year)	Adj. B.O. Dom.	Review %	Nom Win	UMR Score
75th	The Barretts of Wimpole Street (1934)	$143,146,343	71.00	02 / 00	97.33
74th	Gunga Din (1939)	$263,284,579	80.67	01 / 00	97.37
73rd	The Smiling Lieutenant (1931)	$125,824,160	78.50	01 / 00	97.50
72nd	The Prisoner of Zenda (1937)	$197,292,312	82.00	02 / 00	97.53
71st	Morocco (1930)	$281,846,147	80.00	04 / 00	97.61
70th	The Women (1939)	$221,279,421	83.50	00 / 00	97.65
69th	Beau Geste (1939)	$189,742,860	86.00	02 / 00	97.71
68th	Dead End (1937)	$119,080,000	80.50	04 / 00	97.78
67th	Imitation of Life (1934)	$117,999,001	82.00	03 / 00	97.83
66th	The Hunchback of Notre Dame (1939)	$244,441,140	83.50	02 / 00	97.83
65th	My Man Godfrey (1936)	$183,200,000	86.00	06 / 00	97.87
64th	A Tale of Two Cities (1935)	$121,164,019	82.50	02 / 00	97.89
63rd	The Bride of Frankenstein (1935)	$218,095,258	85.50	01 / 00	97.94
62nd	One Hour with You (1932)	$136,805,186	79.00	01 / 00	97.95
61st	Pygmalion (1938)	$117,790,812	82.00	04 / 01	98.04
60th	Swing Time (1936)	$198,344,521	85.00	02 / 01	98.05
59th	The Thin Man (1934)	$105,248,959	87.50	04 / 00	98.08
58th	The Citadel (1938)	$133,939,554	79.00	04 / 00	98.14
57th	After the Thin Man (1936)	$243,289,600	87.67	01 / 00	98.21
56th	City Lights (1931)	$429,737,956	88.50	00 / 00	98.21
55th	King Kong (1933)	$364,124,216	89.70	00 / 00	98.32
54th	Captain Blood (1935)	$118,534,751	86.00	05 / 00	98.38
53rd	Snow White and the Seven Dwarfs (1937)	$998,166,006	90.00	01 / 00	98.39
52nd	The Gay Divorcee (1934)	$122,550,568	83.50	05 / 01	98.40
51st	Les Misérables (1934)	$135,977,654	81.50	04 / 00	98.41

Top 100 1930-1939 Countdown

Rank	Movie (Year)	Adj. B.O. Dom.	Review %	Nom Win	UMR Score
50th	Angels with Dirty Faces (1938)	$219,025,786	89.50	03 / 00	98.46
49th	Arrowsmith (1931)	$167,765,583	72.50	04 / 00	98.48
48th	Grand Hotel (1932)	$146,916,864	81.50	01 / 01	98.52
47th	Trader Horn (1931)	$281,329,944	66.00	01 / 00	98.52
46th	Dark Victory (1939)	$152,448,570	80.00	03 / 00	98.55
45th	Modern Times (1936)	$366,400,000	94.70	00 / 00	98.61
44th	Test Pilot (1938)	$329,895,715	68.50	03 / 00	98.71
43rd	42nd Street (1933)	$163,628,304	81.00	02 / 00	98.72
42nd	You Can't Take It with You (1938)	$271,407,411	63.00	07 / 02	98.74
41st	David Copperfield (1935)	$187,125,701	76.00	00 / 00	98.75
40th	Three Smart Girls (1936)	$199,785,719	70.00	03 / 00	98.78
39th	Broadway Melody of 1936 (1935)	$180,473,801	75.00	03 / 01	98.79
38th	Little Women (1933)	$158,963,006	82.50	03 / 01	98.80
37th	Jezebel (1938)	$144,660,152	84.50	05 / 02	98.83
36th	A Star Is Born (1937)	$155,015,376	81.00	07 / 01	98.84
35th	The Great Ziegfeld (1936)	$377,269,879	64.50	07 / 03	98.85
34th	One Hundred Men and a Girl (1937)	$319,923,552	68.50	05 / 01	98.85
33rd	A Farewell To Arms (1932)	$190,337,674	71.50	04 / 02	98.86
32nd	Four Daughters (1938)	$180,757,339	80.50	00 / 00	98.87
31st	The Big House (1930)	$180,240,624	75.00	04 / 02	98.88
30th	In Old Chicago (1938)	$339,259,250	68.00	06 / 02	98.90
29th	She Done Him Wrong (1933)	$250,335,399	75.00	01 / 00	98.92
28th	The Awful Truth (1937)	$149,730,771	86.33	06 / 01	98.97
27th	Cleopatra (1934)	$219,516,963	72.00	05 / 01	98.98
26th	The Champ (1931)	$193,575,660	74.00	04 / 02	99.00

Top 100 1930-1939 Countdown

Rank	Movie (Year)	Adj. B.O. Dom.	Review %	Nom Win	UMR Score
25th	Libeled Lady (1936)	$195,535,479	78.50	01 / 00	99.00
24th	The Lives of a Bengal Lancer (1935)	$169,023,801	79.00	08 / 02	99.02
23rd	Ninotchka (1939)	$163,571,421	86.50	04 / 00	99.02
22nd	Stagecoach (1939)	$162,526,668	83.50	07 / 02	99.09
21st	Alexander's Ragtime Band (1938)	$407,111,107	75.50	06 / 01	99.14
20th	Lost Horizon (1937)	$186,566,153	78.00	07 / 02	99.15
19th	Stage Door (1937)	$176,153,853	87.67	04 / 00	99.19
18th	The Life of Emile Zola (1937)	$271,699,688	72.00	10 / 03	99.21
17th	Shanghai Express (1932)	$285,506,501	82.50	03 / 01	99.30
16th	Goodbye, Mr. Chips (1939)	$224,681,720	79.50	07 / 01	99.32
15th	Top Hat (1935)	$194,431,919	86.00	04 / 00	99.34
14th	Dodsworth (1936)	$195,413,321	84.50	07 / 01	99.44
13th	Captains Courageous (1937)	$237,878,147	85.50	04 / 01	99.45
12th	All Quiet on the Western Front (1930)	$211,384,624	84.50	04 / 02	99.48
11th	The Good Earth (1937)	$282,128,000	85.00	05 / 02	99.53
10th	San Francisco (1936)	$462,380,678	86.00	06 / 01	99.57
9th	Mr. Deeds Goes to Town (1936)	$244,266,679	87.00	05 / 01	99.58
8th	Boys Town (1938)	$383,770,071	86.00	05 / 02	99.58
7th	Wuthering Heights (1939)	$215,914,280	85.00	08 / 01	99.59
6th	Mutiny on the Bounty (1935)	$311,265,557	86.00	08 / 01	99.63
5th	The Wizard of Oz (1939)	$320,338,280	91.00	06 / 02	99.85
4th	Mr. Smith Goes to Washington (1939)	$314,057,159	89.00	11 / 01	99.85
3rd	The Adventures of Robin Hood (1938)	$339,259,250	92.30	04 / 03	99.87
2nd	It Happened One Night (1934)	$207,261,323	90.67	05 / 05	99.90
1st	Gone with the Wind (1939)	$1,851,628,634	92.50	13 / 08	99.98

UMR Top 25 Statistical Stars of the 1930s

1. Clark Gable
2. Fred Astaire
3. Norma Shearer
4. Tyrone Power
5. Greta Garbo
6. Shirley Temple
7. Errol Flynn
8. Charles Laughton
9. James Stewart
10. Marlene Dietrich
11. Marie Dressler
12. Olivia de Havilland
13. Paul Muni
14. Claudette Colbert
15. Jean Arthur
16. Wallace Beery
17. Jean Harlow
18. Ronald Colman
19. Claude Rains
20. Jeanette MacDonald
21. Gary Cooper
22. Fredric March
23. Ginger Rogers
24. Mickey Rooney
25. Don Ameche

1940-1949

1940 Top 50 Movies

Rank	Movie (Year)	Adj. B.O. Dom.	Review %	Nom Win	UMR Score
1st	The Philadelphia Story (1940)	$221,896,328	91.00	06 / 02	99.85
2nd	Rebecca (1940)	$280,408,173	87.00	11 / 02	99.82
3rd	The Grapes of Wrath (1940)	$233,673,469	88.00	07 / 02	99.74
4th	The Great Dictator (1940)	$327,142,841	90.67	05 / 00	99.70
5th	Pinocchio (1940)	$617,293,646	90.50	02 / 02	98.59
6th	Foreign Correspondent (1940)	$133,524,569	82.70	06 / 00	98.50
7th	Kitty Foyle (1940)	$159,832,638	73.00	05 / 01	98.48
8th	Fantasia (1940)	$760,976,453	90.50	00 / 00	98.37
9th	The Letter (1940)	$113,097,961	84.00	07 / 00	98.23
10th	All This, and Heaven Too (1940)	$137,026,107	78.50	03 / 00	98.11
11th	Northwest Passage (1940)	$202,735,111	85.50	01 / 00	97.94
12th	The Mark of Zorro (1940)	$186,938,782	82.50	01 / 00	97.00
13th	Boom Town (1940)	$428,689,392	75.50	02 / 00	96.62
14th	Strike Up The Band (1940)	$211,708,173	72.50	03 / 01	96.41
15th	The Sea Hawk (1940)	$152,448,570	85.00	04 / 00	95.83
16th	His Girl Friday (1940)	$166,515,720	78.67	00 / 00	94.76
17th	Andy Hardy Meets Debutante (1940)	$181,797,970	73.00	00 / 00	94.48
18th	The Long Voyage Home (1940)	$61,376,946	78.33	06 / 00	94.19
19th	I Love You Again (1940)	$143,755,932	83.00	00 / 00	93.97
20th	Road to Singapore (1940)	$154,224,502	79.33	00 / 00	93.92
21st	My Little Chickadee (1940)	$149,550,932	80.50	00 / 00	93.81
22nd	The Ghost Breakers (1940)	$149,550,932	78.00	00 / 00	93.22
23rd	Down Argentina Way (1940)	$182,265,314	64.00	03 / 00	92.94
24th	My Favorite Wife (1940)	$135,717,537	78.33	03 / 00	92.83
25th	Our Town (1940)	$58,093,270	77.00	00 / 00	92.38

1940 Top 50 Movies

Rank	Movie (Year)	Adj. B.O. Dom.	Review %	Nom Win	UMR Score
26th	The Fighting 69th (1940)	$170,301,218	67.50	00 / 00	92.26
27th	Young Tom Edison (1940)	$153,776,871	72.50	00 / 00	92.17
28th	Tin Pan Alley (1940)	$186,938,782	59.50	01 / 01	92.05
29th	The Westerner (1940)	$114,032,648	79.00	03 / 01	91.51
30th	Knute Rockne All American (1940)	$141,699,603	73.50	00 / 00	91.36
31st	The Thief of Bagdad (1940)	$93,469,391	81.50	04 / 03	91.29
32nd	The Mortal Storm (1940)	$108,331,033	83.50	00 / 00	91.20
33rd	Waterloo Bridge (1940)	$116,836,753	78.00	02 / 00	90.86
34th	They Drive By Night (1940)	$102,068,570	83.50	00 / 00	90.66
35th	North West Mounted Police (1940)	$140,204,068	65.00	05 / 01	90.23
36th	Remember the Night (1940)	$93,516,107	84.00	00 / 00	89.98
37th	Pride and Prejudice (1940)	$93,562,860	81.50	01 / 01	89.77
38th	The Shop Around the Corner (1940)	$78,514,290	88.00	00 / 00	89.66
39th	Santa Fe Trail (1940)	$163,384,502	60.00	00 / 00	89.29
40th	The Return of Frank James (1940)	$121,510,212	73.00	00 / 00	89.21
41st	Strange Cargo (1940)	$122,538,358	72.00	00 / 00	89.02
42nd	City for Conquest (1940)	$108,050,609	76.50	00 / 00	88.98
43rd	Escape (1940)	$126,837,961	69.00	00 / 00	88.44
44th	Arise, My Love (1940)	$112,163,247	68.50	04 / 01	88.26
45th	Christmas in July (1940)	$93,375,932	79.00	00 / 00	88.25
46th	Spring Parade (1940)	$93,469,391	72.50	04 / 00	87.04
47th	Broadway Melody of 1940 (1940)	$92,305,027	75.50	00 / 00	86.80
48th	Love Thy Neighbor (1940)	$126,179,000	63.50	00 / 00	86.23
49th	The Bank Dick (1940)	$70,113,351	80.50	00 / 00	85.93
50th	Virginia City (1940)	$141,886,531	57.50	00 / 00	85.84

1941 Top 50 Movies

Rank	Movie (Year)	Adj. B.O. Dom.	Review %	Nom Win	UMR Score
1st	How Green Was My Valley (1941)	$316,589,862	81.50	10 / 05	99.74
2nd	Sergeant York (1941)	$442,772,782	81.67	11 / 02	99.58
3rd	The Maltese Falcon (1941)	$187,125,720	89.50	03 / 00	99.36
4th	Suspicion (1941)	$168,847,910	86.20	03 / 01	99.10
5th	The Little Foxes (1941)	$143,142,111	87.00	09 / 00	98.95
6th	Citizen Kane (1941)	$104,474,646	93.67	09 / 01	98.76
7th	Here Comes Mr. Jordan (1941)	$126,635,956	84.00	07 / 02	98.64
8th	Ball of Fire (1941)	$195,863,608	86.50	04 / 00	98.19
9th	Dumbo (1941)	$316,589,862	85.50	02 / 01	98.17
10th	49th Parallel (1941)	$126,635,956	78.50	03 / 01	97.88
11th	Hold Back the Dawn (1941)	$94,976,962	84.00	06 / 00	97.47
12th	Sun Valley Serenade (1941)	$237,442,406	77.50	03 / 00	97.11
13th	They Died with Their Boots On (1941)	$197,446,548	77.00	00 / 00	96.42
14th	Babes on Broadway (1941)	$249,367,297	75.00	01 / 00	96.38
15th	One Foot in Heaven (1941)	$131,068,214	70.00	01 / 00	96.31
16th	Honky Tonk (1941)	$279,654,379	75.00	00 / 00	96.22
17th	Hold That Ghost (1941)	$168,847,910	85.00	00 / 00	96.18
18th	Blood and Sand (1941)	$184,677,416	77.00	02 / 01	96.17
19th	Meet John Doe (1941)	$172,119,350	82.50	01 / 00	96.03
20th	Blossoms in the Dust (1941)	$134,234,112	64.00	04 / 01	96.01
21st	Johnny Eager (1941)	$210,637,791	72.00	01 / 01	95.99
22nd	The Lady Eve (1941)	$147,741,933	87.50	01 / 00	95.58
23rd	Men of Boys Town (1941)	$226,889,408	71.50	00 / 00	95.53
24th	Ziegfeld Girl (1941)	$199,557,140	70.33	00 / 00	95.26
25th	Hellzapoppin' (1941)	$179,400,927	73.00	01 / 00	94.54

1941 Top 50 Movies

Rank	Movie (Year)	Adj. B.O. Dom.	Review %	Nom Win	UMR Score
26th	Louisiana Purchase (1941)	$290,207,376	65.50	02 / 00	94.44
27th	Charley's Aunt (1941)	$253,271,875	65.50	00 / 00	94.04
28th	Caught in The Draft (1941)	$232,165,898	65.00	00 / 00	93.91
29th	The Strawberry Blonde (1941)	$146,686,637	80.50	01 / 00	93.78
30th	Love Crazy (1941)	$140,882,504	82.50	00 / 00	93.65
31st	They Met in Bombay (1941)	$163,993,532	75.00	00 / 00	93.63
32nd	Shadow of the Thin Man (1941)	$153,335,029	77.00	00 / 00	93.31
33rd	That Hamilton Woman (1941)	$116,082,949	83.50	04 / 01	93.10
34th	Birth of the Blues (1941)	$163,571,421	72.00	01 / 00	93.05
35th	The Devil and Miss Jones (1941)	$126,213,845	83.00	02 / 00	93.05
36th	Sullivan's Travels (1941)	$121,359,429	85.50	00 / 00	92.85
37th	Week-End in Havana (1941)	$184,677,416	65.00	00 / 00	92.69
38th	Man Hunt (1941)	$147,741,933	76.50	00 / 00	92.66
39th	Road to Zanzibar (1941)	$139,035,710	78.67	00 / 00	92.58
40th	The Sea Wolf (1941)	$130,540,571	79.50	01 / 00	92.31
41st	High Sierra (1941)	$112,178,334	85.00	00 / 00	91.96
42nd	A Yank in the RAF (1941)	$290,207,376	55.50	01 / 00	91.73
43rd	Billy The Kid (1941)	$205,044,695	55.50	01 / 00	91.71
44th	A Woman's Face (1941)	$113,655,778	82.00	00 / 00	91.31
45th	That Night in Rio (1941)	$168,847,910	64.50	00 / 00	91.27
46th	H.M. Pulham, Esq. (1941)	$154,624,830	69.00	00 / 00	91.27
47th	Dive Bomber (1941)	$185,205,051	57.50	01 / 00	90.98
48th	The Bride Came C.O.D. (1941)	$153,651,608	66.50	00 / 00	90.44
49th	Life Begins for Andy Hardy (1941)	$177,712,446	58.50	00 / 00	90.33
50th	I Wake Up Screaming (1941)	$131,912,436	73.00	00 / 00	90.33

1942 Top 50 Movies

Rank	Movie (Year)	Adj. B.O. Dom.	Review %	Nom Win	UMR Score
1st	Casablanca (1942)	$374,086,999	95.60	08 / 03	99.96
2nd	Mrs. Miniver (1942)	$483,539,692	81.00	12 / 06	99.72
3rd	Yankee Doodle Dandy (1942)	$425,933,771	84.50	08 / 03	99.69
4th	The Pride of the Yankees (1942)	$331,294,190	84.00	11 / 01	99.63
5th	Random Harvest (1942)	$421,044,236	83.50	07 / 00	99.39
6th	Kings Row (1942)	$283,644,145	80.50	03 / 00	99.18
7th	The Pied Piper (1942)	$180,492,615	77.50	03 / 00	98.84
8th	Wake Island (1942)	$315,862,082	70.50	04 / 00	98.83
9th	In Which We Serve (1942)	$162,443,348	78.50	02 / 00	98.61
10th	Now, Voyager (1942)	$192,224,615	84.50	03 / 01	97.88
11th	Holiday Inn (1942)	$343,026,208	81.50	03 / 01	97.84
12th	The Talk of the Town (1942)	$99,270,932	84.33	07 / 00	97.78
13th	Bambi (1942)	$581,456,941	82.00	03 / 00	97.77
14th	The Major and the Minor (1942)	$261,714,280	84.50	00 / 00	97.75
15th	Road to Morocco (1942)	$360,985,194	80.67	02 / 00	97.46
16th	My Favorite Blonde (1942)	$225,615,765	79.50	00 / 00	97.05
17th	Woman of the Year (1942)	$174,626,588	81.50	02 / 01	96.45
18th	For Me and My Gal (1942)	$261,172,796	74.00	01 / 00	96.16
19th	The Black Swan (1942)	$270,738,932	71.00	03 / 01	96.09
20th	Tales of Manhattan (1942)	$225,615,765	73.00	00 / 00	95.78
21st	The Ox-Bow Incident (1942)	$67,684,724	85.00	01 / 00	95.29
22nd	My Sister Eileen (1942)	$198,541,864	70.00	01 / 00	95.28
23rd	The Magnificent Ambersons (1942)	$58,660,109	85.00	04 / 00	95.17
24th	Gentleman Jim (1942)	$160,187,204	82.50	00 / 00	95.14
25th	Pardon My Sarong (1942)	$225,615,765	69.00	00 / 00	94.96

1942 Top 50 Movies

Rank	Movie (Year)	Adj. B.O. Dom.	Review %	Nom Win	UMR Score
26th	Keeper of the Flame (1942)	$197,639,421	68.50	00 / 00	94.65
27th	Who Done It? (1942)	$157,931,041	81.00	00 / 00	94.62
28th	To Be or Not to Be (1942)	$135,369,448	87.00	01 / 00	94.49
29th	The Palm Beach Story (1942)	$153,418,724	82.00	00 / 00	94.48
30th	You Were Never Lovelier (1942)	$144,394,100	80.50	03 / 00	93.97
31st	This Above All (1942)	$198,541,864	61.00	04 / 01	93.94
32nd	Desperate Journey (1942)	$181,395,077	69.00	01 / 00	93.68
33rd	Ride 'em Cowboy (1942)	$234,640,380	63.00	00 / 00	93.51
34th	The Man Who Came To Dinner (1942)	$150,350,344	78.00	00 / 00	93.34
35th	To The Shores of Tripoli (1942)	$207,566,516	61.00	01 / 00	93.18
36th	Springtime in the Rockies (1942)	$180,492,615	67.50	00 / 00	93.06
37th	Tarzan's New York Adventure (1942)	$159,735,964	72.50	00 / 00	92.63
38th	Captains of the Clouds (1942)	$190,961,176	60.00	02 / 00	92.41
39th	Ten Gentlemen From West Point (1942)	$144,394,100	75.50	01 / 00	92.41
40th	Star Spangled Rhythm (1942)	$261,714,280	55.50	02 / 00	91.97
41st	Beyond the Blue Horizon (1942)	$180,492,615	63.00	00 / 00	91.89
42nd	In This Our Life (1942)	$148,996,652	72.50	00 / 00	91.72
43rd	Reap the Wild Wind (1942)	$360,985,194	52.67	03 / 01	91.72
44th	Once Upon a Honeymoon (1942)	$162,894,588	65.00	01 / 00	91.09
45th	Stand By For Action (1942)	$181,665,828	58.50	01 / 00	90.93
46th	Somewhere I'll Find You (1942)	$260,360,579	53.50	00 / 00	90.89
47th	Arabian Nights (1942)	$155,855,385	63.00	04 / 00	90.61
48th	Rio Rita (1942)	$173,904,615	60.00	00 / 00	90.39
49th	Andy Hardy's Double Life (1942)	$160,818,932	64.00	00 / 00	90.37
50th	Eagle Squadron (1942)	$156,735,533	65.00	00 / 00	90.20

1943 Top 50 Movies

Rank	Movie (Year)	Adj. B.O. Dom.	Review %	Nom Win	UMR Score
1st	The Song of Bernadette (1943)	$410,019,041	77.00	12 / 04	99.45
2nd	For Whom the Bell Tolls (1943)	$462,361,919	76.50	09 / 01	99.26
3rd	Heaven Can Wait (1943)	$218,095,240	77.50	03 / 00	99.10
4th	The Human Comedy (1943)	$246,360,362	73.50	05 / 01	99.03
5th	Madame Curie (1943)	$224,638,100	72.50	07 / 00	99.02
6th	The More the Merrier (1943)	$157,028,561	82.50	06 / 01	98.89
7th	Watch on the Rhine (1943)	$187,474,661	69.00	04 / 01	98.64
8th	Arsenic and Old Lace (1943)	$247,407,240	87.67	00 / 00	98.13
9th	Sahara (1943)	$200,647,638	82.00	03 / 00	97.77
10th	Air Force (1943)	$228,214,860	79.50	04 / 01	97.69
11th	So Proudly We Hail! (1943)	$261,714,299	79.00	04 / 00	97.45
12th	The Miracle of Morgan's Creek (1943)	$226,644,561	81.00	01 / 00	97.41
13th	Lassie Come Home (1943)	$227,953,140	75.50	01 / 00	96.48
14th	The Gang's All Here (1943)	$218,095,240	74.50	01 / 00	96.26
15th	Old Acquaintance (1943)	$198,815,638	75.50	00 / 00	96.24
16th	Immortal Sargeant (1943)	$218,095,240	73.00	00 / 00	95.81
17th	Girl Crazy (1943)	$227,516,959	72.50	00 / 00	95.70
18th	My Friend Flicka (1943)	$209,371,439	72.00	00 / 00	95.65
19th	A Guy Named Joe (1943)	$346,335,240	69.50	01 / 00	95.32
20th	Dixie (1943)	$270,699,801	70.50	00 / 00	95.31
21st	Mr. Lucky (1943)	$241,649,539	68.00	00 / 00	94.70
22nd	Presenting Lily Mars (1943)	$193,319,638	70.00	00 / 00	94.66
23rd	Hello Frisco, Hello (1943)	$296,609,539	64.50	02 / 01	94.52
24th	Edge of Darkness (1943)	$177,878,461	74.00	00 / 00	94.43
25th	Destination Tokyo (1943)	$285,530,299	66.00	01 / 00	94.32

1943 Top 50 Movies

Rank	Movie (Year)	Adj. B.O. Dom.	Review %	Nom Win	UMR Score
26th	Jane Eyre (1943)	$152,666,670	81.00	00 / 00	94.19
27th	Sweet Rosie O'Grady (1943)	$296,609,539	66.00	00 / 00	94.14
28th	Guadalcanal Diary (1943)	$261,714,299	65.50	00 / 00	94.03
29th	Thousands Cheer (1943)	$327,230,118	63.00	03 / 00	94.02
30th	Coney Island (1943)	$305,333,339	64.00	01 / 00	93.90
31st	The Desert Song (1943)	$223,416,760	64.00	01 / 00	93.87
32nd	Five Graves To Cairo (1943)	$143,942,869	80.00	03 / 00	93.85
33rd	The Constant Nymph (1943)	$165,752,362	74.50	01 / 00	93.82
34th	This is the Army (1943)	$741,523,837	60.50	03 / 01	93.60
35th	Action in the North Atlantic (1943)	$187,038,461	66.50	01 / 00	93.52
36th	A Lady Takes a Chance (1943)	$198,466,661	62.00	00 / 00	93.13
37th	Cabin in The Sky (1943)	$149,962,299	76.50	01 / 00	93.13
38th	Princess O'Rourke (1943)	$196,896,362	60.50	01 / 01	93.11
39th	Crash Dive (1943)	$252,990,461	59.00	01 / 01	92.97
40th	Bataan (1943)	$178,750,860	67.50	00 / 00	92.91
41st	Shadow of a Doubt (1943)	$104,685,701	90.00	01 / 00	92.86
42nd	Claudia (1943)	$196,285,701	60.50	00 / 00	92.52
43rd	The Outlaw (1943)	$442,733,321	59.00	00 / 00	92.46
44th	Thank Your Lucky Stars (1943)	$218,356,959	58.00	01 / 00	92.41
45th	China (1943)	$218,095,240	58.00	00 / 00	92.21
46th	Phantom of the Opera (1943)	$139,580,969	70.00	04 / 02	91.81
47th	Stormy Weather (1943)	$139,580,969	75.00	00 / 00	91.65
48th	Best Foot Forward (1943)	$178,925,339	62.50	00 / 00	91.59
49th	Stage Door Canteen (1943)	$378,572,504	54.00	02 / 00	91.58
50th	Du Barry Was a Lady (1943)	$224,376,362	55.50	00 / 00	91.53

1944 Top 50 Movies

Rank	Movie (Year)	Adj. B.O. Dom.	Review %	Nom Win	UMR Score
1st	Double Indemnity (1944)	$239,988,299	94.70	07 / 00	99.88
2nd	Gaslight (1944)	$208,962,500	83.00	07 / 02	99.53
3rd	Going My Way (1944)	$489,395,167	75.00	10 / 07	99.40
4th	Since You Went Away (1944)	$399,342,401	73.50	09 / 01	99.16
5th	Wilson (1944)	$184,677,416	69.00	10 / 05	99.03
6th	To Have and Have Not (1944)	$337,220,967	87.50	00 / 00	98.10
7th	Laura (1944)	$184,677,416	86.00	05 / 01	97.96
8th	Meet Me in St. Louis (1944)	$389,300,000	83.00	04 / 00	97.94
9th	National Velvet (1944)	$339,621,766	79.50	05 / 02	97.92
10th	The Woman in the Window (1944)	$185,600,799	85.50	01 / 00	97.39
11th	Thirty Seconds Over Tokyo (1944)	$396,779,433	78.50	02 / 01	97.36
12th	Cover Girl (1944)	$216,271,301	75.00	05 / 01	97.17
13th	The Uninvited (1944)	$234,540,316	78.50	01 / 00	97.02
14th	The Keys of the Kingdom (1944)	$221,612,881	73.50	04 / 00	96.55
15th	The Seventh Cross (1944)	$192,249,201	77.50	01 / 00	96.36
16th	Henry V (1944)	$92,338,699	79.50	04 / 00	96.27
17th	Mrs. Parkington (1944)	$282,741,115	73.00	02 / 00	96.10
18th	Two Girls and a Sailor (1944)	$263,350,000	73.50	01 / 00	96.01
19th	Here Come the Waves (1944)	$193,911,301	74.50	01 / 00	95.88
20th	The Princess and The Pirate (1944)	$180,060,502	77.50	02 / 00	95.76
21st	Up in Arms (1944)	$308,780,669	71.00	02 / 00	95.73
22nd	Music For Millions (1944)	$216,164,916	71.00	01 / 00	95.60
23rd	I'll Be Seeing You (1944)	$277,016,115	71.50	00 / 00	95.54
24th	Hollywood Canteen (1944)	$354,131,975	71.50	00 / 00	95.53
25th	Bathing Beauty (1944)	$303,240,316	70.00	00 / 00	95.19

1944 Top 50 Movies

Rank	Movie (Year)	Adj. B.O. Dom.	Review %	Nom Win	UMR Score
26th	Hail the Conquering Hero (1944)	$156,237,119	82.50	01 / 00	95.05
27th	The Lodger (1944)	$184,677,416	74.00	00 / 00	95.01
28th	The Fighting Seabees (1944)	$168,887,500	78.00	01 / 00	94.94
29th	Irish Eyes are Smiling (1944)	$207,762,119	68.00	01 / 00	94.91
30th	Christmas Holiday (1944)	$178,906,250	74.00	01 / 00	94.77
31st	Mr. Skeffington (1944)	$226,782,886	66.50	02 / 00	94.75
32nd	Wing and a Prayer (1944)	$207,762,119	66.50	01 / 00	94.50
33rd	The White Cliffs of Dover (1944)	$373,533,185	64.00	01 / 00	93.88
34th	Winged Victory (1944)	$277,016,024	65.00	00 / 00	93.87
35th	The Hitler Gang (1944)	$277,016,115	61.50	00 / 00	93.08
36th	The Story of Dr. Wassell (1944)	$259,665,683	60.00	01 / 00	92.89
37th	Frenchman's Creek (1944)	$323,185,502	58.00	01 / 01	92.67
38th	Passage to Marseille (1944)	$199,174,619	60.00	00 / 00	92.63
39th	Tall in the Saddle (1944)	$169,903,234	69.00	00 / 00	92.57
40th	The Suspect (1944)	$153,228,791	74.00	00 / 00	92.53
41st	The Canterville Ghost (1944)	$161,140,283	71.50	00 / 00	92.50
42nd	Shine on Harvest Moon (1944)	$236,110,084	59.00	00 / 00	92.44
43rd	The Three Caballeros (1944)	$138,508,076	76.50	02 / 00	92.40
44th	Kismet (1944)	$180,706,850	61.50	04 / 00	92.38
45th	See Here Private Hargroves (1944)	$262,714,901	58.00	00 / 00	92.18
46th	Sunday Dinner for a Solider (1944)	$184,677,416	62.00	00 / 00	91.99
47th	The Adventures of Mark Twain (1944)	$160,300,000	67.00	03 / 00	91.88
48th	Uncertain Glory (1944)	$127,704,424	79.50	00 / 00	91.82
49th	Casanova Brown (1944)	$221,428,234	54.00	03 / 00	91.80
50th	Lady in The Dark (1944)	$277,016,115	53.00	03 / 00	91.54

1945 Top 50 Movies

Rank	Movie (Year)	Adj. B.O. Dom.	Review %	Nom Win	UMR Score
1st	The Lost Weekend (1945)	$254,863,535	85.50	07 / 04	99.75
2nd	The Bells of St. Mary's (1945)	$531,339,870	87.00	08 / 01	99.69
3rd	Mildred Pierce (1945)	$260,655,879	82.00	06 / 01	99.37
4th	Spellbound (1945)	$336,016,317	78.50	06 / 01	99.23
5th	Anchors Aweigh (1945)	$336,615,014	68.50	05 / 01	98.85
6th	A Tree Grows in Brooklyn (1945)	$224,509,786	86.00	02 / 01	98.22
7th	Wonder Man (1945)	$244,715,684	82.50	04 / 01	98.01
8th	Leave Her to Heaven (1945)	$382,040,847	81.50	04 / 01	97.90
9th	Scarlet Street (1945)	$187,091,498	87.50	00 / 00	97.64
10th	Road to Utopia (1945)	$336,764,689	82.33	01 / 00	97.58
11th	Christmas in Connecticut (1945)	$244,940,214	80.50	00 / 00	97.20
12th	They Were Expendable (1945)	$239,477,135	78.33	02 / 00	97.10
13th	Story of G.I. Joe (1945)	$224,509,786	74.00	04 / 00	96.66
14th	State Fair (1945)	$300,693,470	74.50	02 / 01	96.65
15th	Our Vines Have Tender Grapes (1945)	$224,509,786	75.00	00 / 00	96.21
16th	The Valley of Decision (1945)	$341,703,907	73.00	02 / 00	96.08
17th	The Clock (1945)	$162,619,935	82.50	00 / 00	95.34
18th	Ziegfeld Follies (1945)	$267,091,842	70.50	00 / 00	95.30
19th	Love Letters (1945)	$224,509,786	67.00	04 / 00	95.24
20th	Without Love (1945)	$202,208,502	69.50	00 / 00	95.06
21st	A Walk in the Sun (1945)	$168,382,344	78.00	00 / 00	94.71
22nd	Week-end at the Waldorf (1945)	$326,740,498	67.00	00 / 00	94.37
23rd	Incendiary Blonde (1945)	$198,415,786	66.00	01 / 00	94.23
24th	Diamond Horseshoe (1945)	$224,509,786	65.50	00 / 00	94.03
25th	Pride of the Marines (1945)	$171,750,000	73.50	01 / 00	93.99

1945 Top 50 Movies

Rank	Movie (Year)	Adj. B.O. Dom.	Review %	Nom Win	UMR Score
26th	Thrill Of A Romance (1945)	$324,641,172	65.00	00 / 00	93.87
27th	Duffy's Tavern (1945)	$206,399,349	63.50	00 / 00	93.59
28th	The Dolly Sisters (1945)	$295,754,251	63.50	00 / 00	93.57
29th	God Is My Co-Pilot (1945)	$252,423,842	63.00	00 / 00	93.51
30th	San Antonio (1945)	$265,894,428	61.00	02 / 00	93.40
31st	A Song to Remember (1945)	$175,230,727	65.50	06 / 00	93.39
32nd	The Enchanted Cottage (1945)	$144,584,325	79.00	01 / 00	93.34
33rd	The House on 92nd Street (1945)	$187,091,498	64.00	01 / 01	93.25
34th	Son of Lassie (1945)	$187,016,679	66.00	00 / 00	93.16
35th	The Stork Club (1945)	$239,477,135	61.50	00 / 00	93.09
36th	Rhapsody in Blue (1945)	$250,103,907	59.50	02 / 00	93.01
37th	The Corn Is Green (1945)	$164,790,214	70.50	02 / 00	92.93
38th	Saratoga Trunk (1945)	$370,291,498	60.00	01 / 00	92.90
39th	Conflict (1945)	$169,504,902	70.50	00 / 00	92.89
40th	Tonight And Every Other Night (1945)	$186,717,330	63.00	02 / 00	92.83
41st	The Seventh Veil (1945)	$149,673,218	74.00	01 / 01	92.74
42nd	Objective, Burma! (1945)	$158,429,088	70.00	03 / 00	92.54
43rd	Thunderhead: Son of Flicka (1945)	$168,382,344	68.50	00 / 00	92.36
44th	The Southerner (1945)	$130,705,414	76.50	03 / 00	91.94
45th	Along Came Jones (1945)	$198,691,172	57.00	00 / 00	91.79
46th	Roughly Speaking (1945)	$138,447,712	76.00	00 / 00	91.77
47th	Nob Hill (1945)	$232,292,800	55.00	00 / 00	91.39
48th	A Bell for Adano (1945)	$187,091,498	59.00	00 / 00	91.34
49th	The Bandit of Sherwood Forest (1945)	$224,509,786	54.00	00 / 00	91.10
50th	Doll Face (1945)	$187,091,498	58.00	00 / 00	91.04

1946 Top 50 Movies

Rank	Movie (Year)	Adj. B.O. Dom.	Review %	Nom Win	UMR Score
1st	The Best Years of Our Lives (1946)	$505,745,181	90.70	08 / 07	99.93
2nd	It's a Wonderful Life (1946)	$233,420,854	94.00	05 / 00	99.83
3rd	The Yearling (1946)	$367,814,670	81.33	07 / 02	99.40
4th	The Razor's Edge (1946)	$353,667,966	79.00	04 / 01	99.19
5th	Great Expectations (1946)	$141,467,168	84.50	05 / 02	98.78
6th	Notorious (1946)	$343,057,902	90.00	02 / 00	98.44
7th	The Big Sleep (1946)	$212,200,762	89.00	00 / 00	98.24
8th	Gilda (1946)	$268,787,632	87.00	00 / 00	98.02
9th	The Postman Always Rings Twice (1946)	$267,751,325	85.00	00 / 00	97.80
10th	To Each His Own (1946)	$254,640,928	81.00	02 / 01	97.67
11th	My Darling Clementine (1946)	$194,517,363	85.50	00 / 00	97.66
12th	The Spiral Staircase (1946)	$194,517,363	84.00	01 / 00	97.58
13th	The Jolson Story (1946)	$438,548,264	75.50	06 / 02	97.56
14th	The Killers (1946)	$176,833,983	87.00	04 / 00	97.54
15th	The Harvey Girls (1946)	$292,415,358	78.50	02 / 01	97.35
16th	The Strange Love of Martha Ivers (1946)	$233,420,854	80.00	01 / 00	97.27
17th	The Blue Dahlia (1946)	$194,517,363	79.00	01 / 00	96.83
18th	Anna and the King of Siam (1946)	$247,567,558	71.00	05 / 02	96.70
19th	Tomorrow Is Forever (1946)	$226,347,502	77.50	00 / 00	96.69
20th	Monsieur Beaucaire (1946)	$247,567,558	75.00	00 / 00	96.23
21st	13 Rue Madeleine (1946)	$194,517,363	76.00	00 / 00	96.00
22nd	Blue Skies (1946)	$353,667,966	72.00	02 / 00	95.91
23rd	A Stolen Life (1946)	$227,903,621	72.00	01 / 00	95.76
24th	The Stranger (1946)	$159,150,585	85.00	01 / 00	95.74
25th	Margie (1946)	$290,007,725	72.50	00 / 00	95.71

1946 Top 50 Movies

Rank	Movie (Year)	Adj. B.O. Dom.	Review %	Nom Win	UMR Score
26th	The Green Years (1946)	$298,639,266	70.50	02 / 00	95.63
27th	Duel in the Sun (1946)	$466,139,320	70.00	02 / 00	95.56
28th	The Kid From Brooklyn (1946)	$280,105,032	71.50	00 / 00	95.52
29th	Dragonwyck (1946)	$212,200,762	71.00	00 / 00	95.43
30th	Smoky (1946)	$282,934,373	71.00	00 / 00	95.39
31st	Canyon Passage (1946)	$205,127,410	68.00	01 / 00	94.90
32nd	Without Reservations (1946)	$194,517,363	70.33	00 / 00	94.86
33rd	Till The Clouds Roll By (1946)	$336,808,803	68.00	00 / 00	94.68
34th	The Dark Mirror (1946)	$194,517,363	68.50	01 / 00	94.60
35th	Two Years Before The Mast (1946)	$311,227,818	65.50	00 / 00	94.01
36th	Calcutta (1946)	$198,054,058	65.50	00 / 00	93.93
37th	O.S.S. (1946)	$198,054,058	65.50	00 / 00	93.93
38th	Centennial Summer (1946)	$212,200,762	63.00	02 / 00	93.84
39th	My Reputation (1946)	$196,285,720	65.50	00 / 00	93.78
40th	Song of the South (1946)	$353,667,966	61.50	02 / 01	93.77
41st	Undercurrent (1946)	$200,034,596	63.50	00 / 00	93.58
42nd	The Time, the Place and the Girl (1946)	$240,494,206	60.00	01 / 00	92.90
43rd	No Leave, No Love (1946)	$204,490,826	60.50	00 / 00	92.80
44th	Easy to Wed (1946)	$284,931,088	59.50	00 / 00	92.62
45th	Two Sisters From Boston (1946)	$235,825,794	59.50	00 / 00	92.61
46th	Nobody Lives Forever (1946)	$148,116,128	76.00	00 / 00	92.58
47th	Cloak and Dagger (1946)	$176,833,983	66.50	00 / 00	92.51
48th	The Secret Heart (1946)	$183,270,734	64.00	00 / 00	92.42
49th	Stairway To Heaven / A Matter of Life And Death (1946)	$106,100,307	86.50	00 / 00	91.89
50th	Two Guys From Milwaukee (1946)	$176,833,983	64.00	00 / 00	91.84

1947 Top 50 Movies

Rank	Movie (Year)	Adj. B.O. Dom.	Review %	Nom Win	UMR Score
1st	Miracle on 34th Street (1947)	$177,311,897	86.50	04 / 03	99.31
2nd	Gentleman's Agreement (1947)	$260,949,604	75.00	08 / 03	99.27
3rd	The Bishop's Wife (1947)	$231,509,126	78.30	05 / 01	99.20
4th	Crossfire (1947)	$167,275,395	76.50	05 / 00	98.67
5th	Life with Father (1947)	$338,364,648	81.00	04 / 00	97.73
6th	Dark Passage (1947)	$200,730,463	84.00	00 / 00	97.69
7th	Road to Rio (1947)	$301,095,685	80.67	01 / 00	97.37
8th	The Hucksters (1947)	$243,218,408	79.00	00 / 00	96.96
9th	The Farmer's Daughter (1947)	$220,803,504	74.50	02 / 01	96.65
10th	Pursued (1947)	$194,039,449	77.50	00 / 00	96.32
11th	The Secret Life of Walter Mitty (1947)	$239,538,360	75.50	00 / 00	96.29
12th	The Bachelor and the Bobby-Soxer (1947)	$327,859,740	73.00	01 / 01	96.21
13th	The Egg and I (1947)	$368,005,858	74.00	01 / 00	96.15
14th	Dear Ruth (1947)	$254,258,572	74.50	00 / 00	96.05
15th	Desert Fury (1947)	$200,730,463	73.00	00 / 00	95.80
16th	Green Dolphin Street (1947)	$287,981,295	67.00	04 / 01	95.54
17th	Wild Harvest (1947)	$170,620,902	80.50	00 / 00	95.43
18th	My Favorite Brunette (1947)	$207,421,458	70.00	00 / 00	95.18
19th	Mother Wore Tights (1947)	$274,331,631	64.50	03 / 01	94.76
20th	Brute Force (1947)	$147,202,336	84.00	00 / 00	94.55
21st	Sinbad, the Sailor (1947)	$187,348,436	71.00	00 / 00	94.42
22nd	I Wonder Who's Kissing Her Now (1947)	$214,112,508	67.00	00 / 00	94.41
23rd	Unconquered (1947)	$351,278,306	64.00	01 / 00	93.89
24th	The Sea of Grass (1947)	$210,767,002	64.50	00 / 00	93.81
25th	The Foxes of Harrow (1947)	$214,112,508	63.50	01 / 00	93.76

1947 Top 50 Movies

Rank	Movie (Year)	Adj. B.O. Dom.	Review %	Nom Win	UMR Score
26th	The Perils of Pauline (1947)	$254,258,572	62.50	01 / 00	93.53
27th	Song of Love (1947)	$207,421,458	62.50	00 / 00	93.35
28th	Captain from Castile (1947)	$244,222,070	61.00	01 / 00	93.19
29th	California (1947)	$260,949,604	61.00	00 / 00	92.98
30th	The Voice of the Turtle (1947)	$175,103,879	68.50	00 / 00	92.87
31st	Where There's Life (1947)	$200,730,463	59.00	00 / 00	92.45
32nd	Variety Girl (1947)	$240,876,563	59.00	00 / 00	92.44
33rd	Possessed (1947)	$132,950,466	78.50	01 / 00	92.27
34th	Tycoon (1947)	$189,021,180	61.67	00 / 00	92.25
35th	Cheyenne (1947)	$167,676,841	68.00	00 / 00	92.12
36th	Out of the Past (1947)	$100,030,690	88.50	00 / 00	91.91
37th	Welcome Stranger (1947)	$361,314,844	56.00	00 / 00	91.63
38th	Boomerang! (1947)	$150,547,843	70.50	01 / 00	91.56
39th	Forever Amber (1947)	$334,550,790	55.50	00 / 00	91.55
40th	The Homestretch (1947)	$157,238,856	69.00	00 / 00	91.50
41st	Nora Prentiss (1947)	$149,142,726	71.50	00 / 00	91.47
42nd	Golden Earrings (1947)	$200,730,463	55.00	00 / 00	91.38
43rd	Fun and Fancy Free (1947)	$160,584,363	67.50	00 / 00	91.37
44th	The Unsuspected (1947)	$133,820,299	75.50	00 / 00	91.27
45th	Kiss of Death (1947)	$110,401,743	81.00	02 / 00	91.16
46th	Body and Soul (1947)	$93,674,218	84.00	03 / 01	91.12
47th	Cass Timberlane (1947)	$266,533,247	53.50	00 / 00	90.91
48th	The Wistful Widow of Wagon Gap (1947)	$160,584,363	66.00	00 / 00	90.89
49th	Odd Man Out (1947)	$93,674,218	86.00	01 / 00	90.82
50th	My Wild Irish Rose (1947)	$262,354,711	51.50	01 / 00	90.59

1948 Top 50 Movies

Rank	Movie (Year)	Adj. B.O. Dom.	Review %	Nom Win	UMR Score
1st	Hamlet (1948)	$204,894,727	81.00	07 / 04	99.56
2nd	The Snake Pit (1948)	$247,078,945	84.00	06 / 01	99.47
3rd	The Treasure of the Sierra Madre (1948)	$138,605,273	90.70	04 / 03	99.01
4th	The Red Shoes (1948)	$132,578,955	87.00	05 / 02	98.76
5th	Johnny Belinda (1948)	$257,082,636	80.50	12 / 01	98.33
6th	Key Largo (1948)	$198,868,436	88.00	01 / 01	98.31
7th	Red River (1948)	$269,677,636	83.50	02 / 00	97.83
8th	I Remember Mama (1948)	$174,763,164	88.50	05 / 00	97.79
9th	Easter Parade (1948)	$249,730,527	81.50	01 / 00	97.46
10th	Fort Apache (1948)	$190,732,891	81.00	00 / 00	96.83
11th	Sitting Pretty (1948)	$216,947,364	77.00	01 / 00	96.75
12th	The Paleface (1948)	$210,921,036	74.00	01 / 01	96.42
13th	State of the Union (1948)	$210,921,036	75.50	00 / 00	96.29
14th	Joan of Arc (1948)	$247,078,945	64.50	07 / 02	95.73
15th	Sorry, Wrong Number (1948)	$171,750,000	80.50	01 / 00	95.68
16th	The Three Musketeers (1948)	$248,525,273	71.50	01 / 00	95.66
17th	Julia Misbehaves (1948)	$177,655,800	76.00	00 / 00	94.92
18th	The Naked City (1948)	$144,631,564	81.00	03 / 02	94.80
19th	Command Decision (1948)	$174,823,436	76.00	00 / 00	94.67
20th	The Fuller Brush Man (1948)	$186,815,800	72.00	00 / 00	94.66
21st	Rope (1948)	$133,061,045	89.00	00 / 00	94.64
22nd	A Foreign Affair (1948)	$150,657,882	81.50	02 / 00	94.56
23rd	Homecoming (1948)	$222,913,436	67.00	00 / 00	94.40
24th	Yellow Sky (1948)	$168,736,836	75.00	00 / 00	93.96
25th	Mr. Blandings Builds His Dream House (1948)	$165,723,673	75.50	00 / 00	93.83

1948 Top 50 Movies

Rank	Movie (Year)	Adj. B.O. Dom.	Review %	Nom Win	UMR Score
26th	When My Baby Smiles at Me (1948)	$204,894,727	62.50	02 / 00	93.70
27th	Abbott and Costello Meet Frankenstein (1948)	$135,592,109	82.00	00 / 00	93.14
28th	Call Northside 777 (1948)	$162,710,527	72.67	00 / 00	92.93
29th	A Connecticut Yankee in King Arthur's Court (1948)	$180,789,473	63.00	00 / 00	91.93
30th	The Emperor Waltz (1948)	$241,052,030	55.33	02 / 00	91.91
31st	A Date with Judy (1948)	$206,762,891	56.50	00 / 00	91.79
32nd	Road House (1948)	$144,932,882	73.50	00 / 00	91.68
33rd	Words and Music (1948)	$208,088,673	56.00	00 / 00	91.62
34th	The Big Clock (1948)	$120,526,318	81.00	00 / 00	91.61
35th	Tap Roots (1948)	$150,657,882	71.00	00 / 00	91.49
36th	Whispering Smith (1948)	$171,750,000	64.00	00 / 00	91.41
37th	On an Island with You (1948)	$186,815,800	59.00	00 / 00	91.33
38th	Good Sam (1948)	$169,640,800	64.00	00 / 00	91.21
39th	Miss Tatlock's Millions (1948)	$138,605,273	72.00	00 / 00	90.68
40th	Every Girl Should Be Married (1948)	$171,750,000	61.50	00 / 00	90.66
41st	3 Godfathers (1948)	$125,226,836	75.67	00 / 00	90.52
42nd	Rachel and the Stranger (1948)	$144,631,564	69.50	00 / 00	90.52
43rd	The Bride Goes Wild (1948)	$163,132,364	62.50	00 / 00	90.07
44th	Apartment For Peggy (1948)	$165,723,673	61.00	00 / 00	89.89
45th	Melody Time (1948)	$111,486,836	77.00	00 / 00	89.48
46th	Beyond Glory (1948)	$144,631,564	66.00	00 / 00	89.27
47th	The Loves of Carmen (1948)	$150,657,882	62.50	01 / 00	89.07
48th	Adventures of Don Juan (1948)	$130,469,727	64.50	02 / 01	88.28
49th	The Walls of Jericho (1948)	$105,460,518	75.00	00 / 00	88.24
50th	The Street with No Name (1948)	$141,618,427	63.00	00 / 00	88.04

1949 Top 50 Movies

Rank	Movie (Year)	Adj. B.O. Dom.	Review %	Nom Win	UMR Score
1st	Twelve O'Clock High (1949)	$195,271,323	86.67	04 / 02	99.51
2nd	Battleground (1949)	$279,415,504	80.50	06 / 02	99.35
3rd	The Heiress (1949)	$136,098,190	89.00	08 / 04	99.11
4th	A Letter to Three Wives (1949)	$162,726,099	84.50	03 / 02	98.99
5th	All the King's Men (1949)	$142,015,513	86.00	07 / 03	98.97
6th	The Stratton Story (1949)	$218,940,580	78.33	01 / 01	97.20
7th	Adam's Rib (1949)	$175,803,355	87.00	01 / 00	97.13
8th	Little Women (1949)	$202,667,968	76.50	02 / 01	97.02
9th	The Third Man (1949)	$153,850,133	90.00	03 / 01	96.99
10th	On the Town (1949)	$173,613,950	82.00	01 / 01	96.35
11th	Sands of Iwo Jima (1949)	$295,865,637	70.67	04 / 00	95.94
12th	I Was a Male War Bride (1949)	$242,609,818	73.33	00 / 00	95.87
13th	Come to the Stable (1949)	$177,519,371	74.50	07 / 00	95.82
14th	Pinky (1949)	$224,857,885	70.50	03 / 00	95.75
15th	Jolson Sings Again (1949)	$325,452,199	69.50	03 / 00	95.63
16th	Samson and Delilah (1949)	$603,565,884	63.50	05 / 02	95.20
17th	Sorrowful Jones (1949)	$201,188,628	69.50	00 / 00	95.08
18th	White Heat (1949)	$129,529,984	91.00	01 / 00	95.06
19th	She Wore a Yellow Ribbon (1949)	$162,726,099	78.50	01 / 01	94.91
20th	Take Me Out to the Ball Game (1949)	$176,750,133	75.00	00 / 00	94.62
21st	Neptune's Daughter (1949)	$205,744,958	65.00	01 / 01	94.39
22nd	Champion (1949)	$124,263,562	83.50	06 / 01	94.07
23rd	Mr. Belvedere Goes to College (1949)	$218,940,580	65.50	00 / 00	94.04
24th	Any Number Can Play (1949)	$145,920,934	82.50	00 / 00	93.99
25th	The Great Lover (1949)	$195,271,323	65.50	00 / 00	93.68

1949 Top 50 Movies

Rank	Movie (Year)	Adj. B.O. Dom.	Review %	Nom Win	UMR Score
26th	In the Good Old Summertime (1949)	$171,128,677	70.50	00 / 00	93.04
27th	Look For The Silver Lining (1949)	$182,785,803	63.00	01 / 00	92.31
28th	My Friend Irma (1949)	$165,684,761	68.00	00 / 00	91.95
29th	The Inspector General (1949)	$130,180,876	78.00	00 / 00	91.61
30th	The Barkleys of Broadway (1949)	$176,750,133	62.00	01 / 00	91.51
31st	Ma and Pa Kettle (1949)	$147,932,809	70.50	00 / 00	91.05
32nd	The Fountainhead (1949)	$124,263,562	76.00	00 / 00	90.47
33rd	House of Strangers (1949)	$118,346,266	77.50	00 / 00	90.37
34th	Chicago Deadline (1949)	$124,263,562	75.00	00 / 00	90.18
35th	Prince of Foxes (1949)	$147,932,809	64.50	02 / 00	89.71
36th	Flamingo Road (1949)	$133,908,785	70.50	00 / 00	89.65
37th	Mother Is A Freshman (1949)	$144,974,166	64.00	01 / 00	89.01
38th	Lost Boundaries (1949)	$118,346,266	72.50	00 / 00	88.75
39th	Top o' the Morning (1949)	$153,850,133	61.00	00 / 00	88.69
40th	Criss Cross (1949)	$85,801,042	82.50	00 / 00	88.65
41st	Mighty Joe Young (1949)	$113,908,264	71.50	01 / 00	88.15
42nd	The Undercover Man (1949)	$115,387,604	71.00	00 / 00	87.92
43rd	You're My Everything (1949)	$142,015,513	62.00	00 / 00	87.74
44th	Rope of Sand (1949)	$133,139,537	64.50	00 / 00	87.59
45th	Knock On Any Door (1949)	$124,263,562	67.00	00 / 00	87.46
46th	Caught (1949)	$73,966,405	81.00	00 / 00	86.69
47th	That Forsyte Woman (1949)	$109,766,158	68.50	01 / 00	86.55
48th	The Adventures of Ichabod and Mr. Toad (1949)	$87,280,355	76.00	00 / 00	86.31
49th	Colorado Territory (1949)	$98,582,430	71.50	00 / 00	85.94
50th	It Happens Every Spring (1949)	$109,470,290	66.00	01 / 00	85.47

Top 100 1940-1949 Countdown

Rank	Movie (Year)	Adj. B.O. Dom.	Review %	Nom Win	UMR Score
100th	Easter Parade (1948)	$249,730,527	81.50	01 / 00	97.46
99th	Road to Morocco (1942)	$360,985,194	80.67	02 / 00	97.47
98th	Hold Back the Dawn (1941)	$94,976,962	84.00	06 / 00	97.48
97th	The Killers (1946)	$176,833,983	87.00	04 / 00	97.55
96th	The Jolson Story (1946)	$438,548,264	75.50	06 / 02	97.57
95th	Road to Utopia (1945)	$336,764,689	82.33	01 / 00	97.58
94th	The Spiral Staircase (1946)	$194,517,363	84.00	01 / 00	97.59
93rd	Scarlet Street (1945)	$187,091,498	87.50	00 / 00	97.62
92nd	My Darling Clementine (1946)	$194,517,363	85.50	00 / 00	97.67
91st	To Each His Own (1946)	$254,640,928	81.00	02 / 01	97.67
90th	Air Force (1943)	$228,214,860	79.50	04 / 01	97.69
89th	Dark Passage (1947)	$200,730,463	84.00	00 / 00	97.70
88th	Life with Father (1947)	$338,364,648	81.00	04 / 00	97.75
87th	The Major and the Minor (1942)	$261,714,280	84.50	00 / 00	97.76
86th	Sahara (1943)	$200,647,638	82.00	03 / 00	97.77
85th	Bambi (1942)	$581,456,941	82.00	03 / 00	97.78
84th	The Talk of the Town (1942)	$99,270,932	84.33	07 / 00	97.79
83rd	I Remember Mama (1948)	$174,763,164	88.50	05 / 00	97.79
82nd	The Postman Always Rings Twice (1946)	$267,751,325	85.00	00 / 00	97.81
81st	Red River (1948)	$269,677,636	83.50	02 / 00	97.84
80th	Holiday Inn (1942)	$343,026,208	81.50	03 / 01	97.84
79th	49th Parallel (1941)	$126,635,956	78.50	03 / 01	97.88
78th	Now, Voyager (1942)	$192,224,615	84.50	03 / 01	97.89
77th	Leave Her to Heaven (1945)	$382,040,847	81.50	04 / 01	97.91
76th	National Velvet (1944)	$339,621,766	79.50	05 / 02	97.93

Top 100 1940-1949 Countdown

Rank	Movie (Year)	Adj. B.O. Dom.	Review %	Nom Win	UMR Score
75th	Meet Me in St. Louis (1944)	$389,300,000	83.00	04 / 00	97.95
74th	Northwest Passage (1940)	$202,735,111	85.50	01 / 00	97.96
73rd	Laura (1944)	$184,677,416	86.00	05 / 01	97.96
72nd	Wonder Man (1945)	$244,715,684	82.50	04 / 01	98.02
71st	Gilda (1946)	$268,787,632	87.00	00 / 00	98.02
70th	To Have and Have Not (1944)	$337,220,967	87.50	00 / 00	98.10
69th	All This, and Heaven Too (1940)	$137,026,107	78.50	03 / 00	98.12
68th	Arsenic and Old Lace (1943)	$247,407,240	87.67	00 / 00	98.13
67th	Dumbo (1941)	$316,589,862	85.50	02 / 01	98.17
66th	Ball of Fire (1941)	$195,863,608	86.50	04 / 00	98.19
65th	A Tree Grows in Brooklyn (1945)	$224,509,786	86.00	02 / 01	98.23
64th	The Letter (1940)	$113,097,961	84.00	07 / 00	98.23
63rd	The Big Sleep (1946)	$212,200,762	89.00	00 / 00	98.24
62nd	Key Largo (1948)	$198,868,436	88.00	01 / 01	98.31
61st	Johnny Belinda (1948)	$257,082,636	80.50	12 / 01	98.33
60th	Fantasia (1940)	$760,976,453	90.50	00 / 00	98.37
59th	Notorious (1946)	$343,057,902	90.00	02 / 00	98.45
58th	Kitty Foyle (1940)	$159,832,638	73.00	05 / 01	98.49
57th	Foreign Correspondent (1940)	$133,524,569	82.70	06 / 00	98.51
56th	Pinocchio (1940)	$617,293,646	90.50	02 / 02	98.59
55th	In Which We Serve (1942)	$162,443,348	78.50	02 / 00	98.61
54th	Here Comes Mr. Jordan (1941)	$126,635,956	84.00	07 / 02	98.64
53rd	Watch on the Rhine (1943)	$187,474,661	69.00	04 / 01	98.64
52nd	Crossfire (1947)	$167,275,395	76.50	05 / 00	98.68
51st	Citizen Kane (1941)	$104,474,646	93.67	09 / 01	98.76

Top 100 1940-1949 Countdown

Rank	Movie (Year)	Adj. B.O. Dom.	Review %	Nom Win	UMR Score
50th	The Red Shoes (1948)	$132,578,955	87.00	05 / 02	98.77
49th	Great Expectations (1946)	$141,467,168	84.50	05 / 02	98.79
48th	Wake Island (1942)	$315,862,082	70.50	04 / 00	98.83
47th	The Pied Piper (1942)	$180,492,615	77.50	03 / 00	98.85
46th	Anchors Aweigh (1945)	$336,615,014	68.50	05 / 01	98.86
45th	The More the Merrier (1943)	$157,028,561	82.50	06 / 01	98.90
44th	The Little Foxes (1941)	$143,142,111	87.00	09 / 00	98.95
43rd	All the King's Men (1949)	$142,015,513	86.00	07 / 03	98.97
42nd	A Letter to Three Wives (1949)	$162,726,099	84.50	03 / 02	98.99
41st	The Treasure of the Sierra Madre (1948)	$138,605,273	90.70	04 / 03	99.01
40th	Madame Curie (1943)	$224,638,100	72.50	07 / 00	99.02
39th	Wilson (1944)	$184,677,416	69.00	10 / 05	99.03
38th	The Human Comedy (1943)	$246,360,362	73.50	05 / 01	99.04
37th	Suspicion (1941)	$168,847,910	86.20	03 / 01	99.10
36th	Heaven Can Wait (1943)	$218,095,240	77.50	03 / 00	99.10
35th	The Heiress (1949)	$136,098,190	89.00	08 / 04	99.11
34th	Since You Went Away (1944)	$399,342,401	73.50	09 / 01	99.16
33rd	Kings Row (1942)	$283,644,145	80.50	03 / 00	99.18
32nd	The Razor's Edge (1946)	$353,667,966	79.00	04 / 01	99.19
31st	The Bishop's Wife (1947)	$231,509,126	78.30	05 / 01	99.20
30th	Spellbound (1945)	$336,016,317	78.50	06 / 01	99.24
29th	For Whom the Bell Tolls (1943)	$462,361,919	76.50	09 / 01	99.26
28th	Gentleman's Agreement (1947)	$260,949,604	75.00	08 / 03	99.27
27th	Miracle on 34th Street (1947)	$177,311,897	86.50	04 / 03	99.31
26th	Battleground (1949)	$279,415,504	80.50	06 / 02	99.35

Top 100 1940-1949 Countdown

Rank	Movie (Year)	Adj. B.O. Dom.	Review %	Nom Win	UMR Score
25th	The Maltese Falcon (1941)	$187,125,720	89.50	03 / 00	99.36
24th	Mildred Pierce (1945)	$260,655,879	82.00	06 / 01	99.37
23rd	Random Harvest (1942)	$421,044,236	83.50	07 / 00	99.39
22nd	The Yearling (1946)	$367,814,670	81.33	07 / 02	99.40
21st	Going My Way (1944)	$489,395,167	75.00	10 / 07	99.41
20th	The Song of Bernadette (1943)	$410,019,041	77.00	12 / 04	99.45
19th	The Snake Pit (1948)	$247,078,945	84.00	06 / 01	99.47
18th	Twelve O'Clock High (1949)	$195,271,323	86.67	04 / 02	99.51
17th	Gaslight (1944)	$208,962,500	83.00	07 / 02	99.53
16th	Hamlet (1948)	$204,894,727	81.00	07 / 04	99.56
15th	Sergeant York (1941)	$442,772,782	81.67	11 / 02	99.58
14th	The Pride of the Yankees (1942)	$331,294,190	84.00	11 / 01	99.62
13th	The Bells of St. Mary's (1945)	$531,339,870	87.00	08 / 01	99.69
12th	The Great Dictator (1940)	$327,142,841	90.67	05 / 00	99.69
11th	Yankee Doodle Dandy (1942)	$425,933,771	84.50	08 / 03	99.70
10th	Mrs. Miniver (1942)	$483,539,692	81.00	12 / 06	99.73
9th	How Green Was My Valley (1941)	$316,589,862	81.50	10 / 05	99.74
8th	The Grapes of Wrath (1940)	$233,673,469	88.00	07 / 02	99.74
7th	The Lost Weekend (1945)	$254,863,535	85.50	07 / 04	99.75
6th	Rebecca (1940)	$280,408,173	87.00	11 / 02	99.81
5th	It's a Wonderful Life (1946)	$233,420,854	94.00	05 / 00	99.83
4th	The Philadelphia Story (1940)	$221,896,328	91.00	06 / 02	99.85
3rd	Double Indemnity (1944)	$239,988,299	94.70	07 / 00	99.88
2nd	The Best Years of Our Lives (1946)	$505,745,181	90.70	08 / 07	99.93
1st	Casablanca (1942)	$374,086,999	95.60	08 / 03	99.96

Our Top 25 Statistical Stars of the 1940s

1. Katharine Hepburn
2. Gregory Peck
3. Ingrid Bergman
4. Gary Cooper
5. Judy Garland
6. Greer Garson
7. Bing Crosby
8. Jennifer Jones
9. Cary Grant
10. Bob Hope
11. Laurence Olivier
12. Bette Davis
13. Olivia de Havilland
14. Clark Gable
15. Joan Fontaine
16. Spencer Tracy
17. June Allyson
18. Humphrey Bogart
19. Esther Williams
20. Gene Kelly
21. Irene Dunne
22. Lana Turner
23. James Cagney
24. Jean Arthur
25. Mickey Rooney

1950-1959

1950 Top 50 Movies

Rank	Movie (Year)	Adj. B.O. Dom.	Review %	Nom Win	UMR Score
1st	All About Eve (1950)	$169,023,819	92.67	14 / 06	99.79
2nd	Born Yesterday (1950)	$224,365,480	81.00	05 / 01	99.32
3rd	Father of the Bride (1950)	$220,058,100	82.50	03 / 00	99.24
4th	Sunset Blvd. (1950)	$128,130,959	90.50	11 / 03	99.07
5th	King Solomon's Mines (1950)	$275,181,661	71.00	03 / 02	98.93
6th	Cinderella (1950)	$552,053,561	84.50	03 / 00	98.02
7th	Annie Get Your Gun (1950)	$253,535,701	78.70	04 / 01	97.58
8th	Broken Arrow (1950)	$193,559,520	71.33	03 / 00	95.60
9th	Harvey (1950)	$141,761,900	87.00	02 / 01	95.48
10th	Cheaper by the Dozen (1950)	$241,267,860	68.50	00 / 00	94.82
11th	Winchester '73 (1950)	$122,678,561	87.33	00 / 00	93.45
12th	Three Little Words (1950)	$164,607,380	73.00	01 / 00	93.38
13th	The Flame and the Arrow (1950)	$149,231,670	74.50	02 / 00	92.67
14th	The Gunfighter (1950)	$106,321,439	87.00	01 / 00	92.21
15th	Summer Stock (1950)	$136,200,480	75.50	00 / 00	91.44
16th	Kim (1950)	$157,900,959	68.50	00 / 00	91.43
17th	At War with the Army (1950)	$179,928,561	59.50	00 / 00	90.82
18th	Francis (1950)	$158,119,041	65.50	00 / 00	90.57
19th	Fancy Pants (1950)	$141,761,900	70.50	00 / 00	90.45
20th	Stars In My Crown (1950)	$106,975,710	79.50	00 / 00	89.86
21st	Cyrano de Bergerac (1950)	$103,595,231	78.50	01 / 01	89.84
22nd	Treasure Island (1950)	$114,500,000	77.00	00 / 00	89.78
23rd	Rio Grande (1950)	$122,678,561	74.00	00 / 00	89.67
24th	Dallas (1950)	$150,758,330	63.00	00 / 00	88.97
25th	In a Lonely Place (1950)	$74,970,231	87.00	00 / 00	88.92

1950 Top 50 Movies

Rank	Movie (Year)	Adj. B.O. Dom.	Review %	Nom Win	UMR Score
26th	Duchess of Idaho (1950)	$155,447,380	60.50	00 / 00	88.60
27th	The Asphalt Jungle (1950)	$58,722,140	87.00	04 / 00	88.29
28th	Breakthrough (1950)	$114,227,380	71.50	00 / 00	87.90
29th	Caged (1950)	$81,785,710	79.00	03 / 00	87.83
30th	Panic in the Streets (1950)	$65,428,561	84.00	01 / 01	87.64
31st	Our Very Own (1950)	$130,857,149	64.50	01 / 00	87.59
32nd	I'll Get By (1950)	$133,583,330	63.50	01 / 00	87.54
33rd	My Blue Heaven (1950)	$124,041,670	66.50	00 / 00	87.18
34th	The Furies (1950)	$87,238,100	77.00	01 / 00	87.04
35th	Tea for Two (1950)	$126,604,290	65.33	00 / 00	87.04
36th	Let's Dance (1950)	$130,857,149	63.50	00 / 00	86.83
37th	Ma and Pa Kettle Go To Town (1950)	$118,589,290	67.00	00 / 00	86.65
38th	Three Came Home (1950)	$103,595,231	71.00	00 / 00	86.38
39th	Two Weeks with Love (1950)	$92,417,851	73.00	00 / 00	85.75
40th	American Guerrilla in the Philippines (1950)	$124,314,290	62.00	00 / 00	85.42
41st	Kiss Tomorrow Goodbye (1950)	$92,690,480	72.00	00 / 00	85.42
42nd	The Yellow Cab Man (1950)	$106,375,959	67.50	00 / 00	85.35
43rd	Mr. Music (1950)	$125,404,769	61.50	00 / 00	85.30
44th	No Way Out (1950)	$73,607,140	77.00	01 / 00	85.26
45th	The Black Rose (1950)	$144,488,100	54.00	01 / 00	85.07
46th	Branded (1950)	$119,952,380	61.50	00 / 00	84.55
47th	Where the Sidewalk Ends (1950)	$54,523,819	82.00	00 / 00	84.48
48th	Night and the City (1950)	$68,100,231	77.50	00 / 00	84.37
49th	The West Point Story (1950)	$117,008,100	61.33	01 / 00	84.35
50th	The Damned Don't Cry (1950)	$83,966,670	72.50	00 / 00	84.32

1951 Top 50 Movies

Rank	Movie (Year)	Adj. B.O. Dom.	Review %	Nom Win	UMR Score
1st	A Streetcar Named Desire (1951)	$251,245,720	85.00	12 / 04	99.82
2nd	An American in Paris (1951)	$220,508,735	77.50	08 / 06	99.47
3rd	A Place in the Sun (1951)	$183,200,000	76.50	09 / 06	99.24
4th	Quo Vadis (1951)	$478,570,722	75.00	08 / 00	99.13
5th	The African Queen (1951)	$216,131,501	87.00	04 / 01	98.42
6th	Alice in Wonderland (1951)	$350,697,122	77.00	01 / 00	96.74
7th	Show Boat (1951)	$277,050,740	73.00	02 / 00	96.07
8th	The Great Caruso (1951)	$237,165,480	66.50	03 / 01	95.22
9th	The Stooge (1951)	$183,200,000	74.00	00 / 00	94.86
10th	The Thing from Another World (1951)	$138,708,579	86.30	00 / 00	94.36
11th	The Lemon Drop Kid (1951)	$172,731,421	73.00	00 / 00	93.78
12th	Father's Little Dividend (1951)	$167,497,140	72.50	00 / 00	93.29
13th	Decision before Dawn (1951)	$81,131,421	71.50	02 / 00	93.19
14th	On Moonlight Bay (1951)	$143,314,740	78.00	00 / 00	92.66
15th	Captain Horatio Hornblower (1951)	$135,986,740	79.50	00 / 00	92.54
16th	Across the Wide Missouri (1951)	$145,984,221	76.00	00 / 00	92.40
17th	Detective Story (1951)	$146,560,000	72.00	04 / 00	92.29
18th	Strangers on a Train (1951)	$93,589,021	90.67	00 / 00	91.90
19th	Royal Wedding (1951)	$133,369,600	77.00	01 / 00	91.80
20th	Westward the Women (1951)	$138,185,140	76.00	00 / 00	91.72
21st	Halls of Montezuma (1951)	$138,708,579	74.50	00 / 00	91.36
22nd	David and Bathsheba (1951)	$247,058,280	50.67	05 / 00	91.28
23rd	Flying Leathernecks (1951)	$136,091,421	70.00	00 / 00	89.73
24th	Go For Broke! (1951)	$132,479,779	70.00	01 / 00	89.61
25th	The Day the Earth Stood Still (1951)	$96,834,280	81.50	00 / 00	89.38

1951 Top 50 Movies

Rank	Movie (Year)	Adj. B.O. Dom.	Review %	Nom Win	UMR Score
26th	Operation Pacific (1951)	$134,154,740	69.33	00 / 00	89.33
27th	Here Comes the Groom (1951)	$133,474,280	66.50	02 / 01	89.22
28th	The Desert Fox: The Story of Rommel (1951)	$125,622,860	70.50	00 / 00	88.78
29th	The Blue Veil (1951)	$115,154,280	72.00	02 / 00	88.77
30th	My Favorite Spy (1951)	$136,091,421	66.50	00 / 00	88.61
31st	On the Riviera (1951)	$130,057,140	66.50	02 / 00	88.59
32nd	Ma and Pa Kettle Back on the Farm (1951)	$123,005,720	70.50	00 / 00	88.50
33rd	People Will Talk (1951)	$109,920,000	74.50	00 / 00	88.46
34th	Distant Drums (1951)	$157,918,400	57.50	00 / 00	87.87
35th	Painting The Clouds With Sunshine (1951)	$146,560,000	60.50	00 / 00	87.61
36th	The Enforcer (1951)	$82,911,080	79.50	00 / 00	87.21
37th	Ace in the Hole (1951)	$68,045,720	83.30	01 / 00	87.13
38th	That's My Boy (1951)	$198,902,860	42.00	00 / 00	86.86
39th	His Kind of Woman (1951)	$104,685,720	69.50	00 / 00	85.92
40th	The Lavender Hill Mob (1951)	$44,491,421	85.00	02 / 01	85.60
41st	Abbott & Costello Meet the Invisible Man (1951)	$83,748,579	74.00	00 / 00	85.06
42nd	Francis Goes To The Races (1951)	$120,388,579	62.00	00 / 00	84.88
43rd	Lullaby of Broadway (1951)	$110,024,680	65.33	00 / 00	84.87
44th	I'll See You in My Dreams (1951)	$127,664,221	59.33	00 / 00	84.70
45th	Rawhide (1951)	$102,068,579	67.00	00 / 00	84.44
46th	Jim Thorpe -- All-American (1951)	$117,562,060	62.00	00 / 00	84.43
47th	Death of a Salesman (1951)	$62,811,421	74.50	05 / 00	84.05
48th	Pandora and the Flying Dutchman (1951)	$65,428,579	77.50	00 / 00	83.97
49th	When Worlds Collide (1951)	$83,748,579	67.50	02 / 01	83.25
50th	The Mating Season (1951)	$85,057,140	69.00	01 / 00	83.16

1952 Top 50 Movies

Rank	Movie (Year)	Adj. B.O. Dom.	Review %	Nom Win	UMR Score
1st	High Noon (1952)	$157,292,919	92.70	07 / 04	99.42
2nd	The Quiet Man (1952)	$175,797,987	84.00	07 / 02	99.23
3rd	Moulin Rouge (1952)	$196,704,698	71.50	07 / 02	99.03
4th	Ivanhoe (1952)	$289,511,510	73.50	03 / 00	98.93
5th	The Greatest Show on Earth (1952)	$548,212,113	64.00	05 / 02	98.68
6th	Singin' in the Rain (1952)	$205,989,146	93.00	02 / 00	98.59
7th	Hans Christian Andersen (1952)	$277,575,755	73.50	06 / 00	96.88
8th	This is Cinerama (1952)	$467,252,516	72.50	01 / 00	95.84
9th	Sailor Beware (1952)	$198,929,277	68.00	00 / 00	94.58
10th	The Bad and the Beautiful (1952)	$109,503,632	85.00	06 / 05	94.46
11th	The Snows of Kilimanjaro (1952)	$300,707,081	64.33	02 / 00	94.13
12th	Son of Paleface (1952)	$157,292,919	77.50	01 / 00	93.84
13th	Come Back, Little Sheba (1952)	$161,919,195	72.50	03 / 01	93.67
14th	Bend of the River (1952)	$138,787,877	82.00	00 / 00	93.39
15th	With a Song in My Heart (1952)	$152,666,670	71.00	05 / 01	93.03
16th	Jumping Jacks (1952)	$185,050,503	62.50	00 / 00	92.10
17th	Stars and Stripes Forever (1952)	$138,787,877	76.00	00 / 00	91.78
18th	Scaramouche (1952)	$127,222,223	78.50	00 / 00	91.53
19th	The Crimson Pirate (1952)	$115,656,560	81.00	00 / 00	91.15
20th	Pat and Mike (1952)	$97,151,510	80.00	01 / 00	89.20
21st	Above and Beyond (1952)	$122,457,173	69.50	02 / 00	88.74
22nd	Sudden Fear (1952)	$76,333,321	82.50	04 / 00	88.70
23rd	Road to Bali (1952)	$138,787,877	65.50	00 / 00	88.54
24th	Million Dollar Mermaid (1952)	$131,894,739	66.50	01 / 00	88.40
25th	Ma and Pa Kettle at the Fair (1952)	$115,656,560	70.50	00 / 00	87.72

1952 Top 50 Movies

Rank	Movie (Year)	Adj. B.O. Dom.	Review %	Nom Win	UMR Score
26th	5 Fingers (1952)	$62,454,547	85.50	02 / 00	87.68
27th	Viva Zapata! (1952)	$87,898,994	73.00	05 / 01	87.38
28th	Affair in Trinidad (1952)	$124,909,094	65.50	01 / 00	87.22
29th	Room For One More (1952)	$109,734,950	70.50	00 / 00	86.92
30th	Monkey Business (1952)	$92,525,261	75.00	00 / 00	86.60
31st	The Lusty Men (1952)	$69,393,943	82.00	00 / 00	86.46
32nd	The Big Sky (1952)	$76,333,321	77.50	02 / 00	86.15
33rd	Ma and Pa Kettle on Vacation (1952)	$101,777,777	70.50	00 / 00	85.89
34th	The Merry Widow (1952)	$106,404,044	66.50	02 / 00	85.57
35th	The Story of Robin Hood and His Merrie Men (1952)	$97,151,510	70.00	00 / 00	85.15
36th	Somebody Loves Me (1952)	$101,777,777	68.00	00 / 00	84.91
37th	Just For You (1952)	$138,787,877	55.00	01 / 00	84.73
38th	Carrie (1952)	$83,272,726	71.00	02 / 00	84.32
39th	The World in His Arms (1952)	$136,474,739	55.33	00 / 00	84.08
40th	Belles on their Toes (1952)	$92,525,261	69.00	00 / 00	83.97
41st	Clash by Night (1952)	$69,393,943	75.67	00 / 00	83.69
42nd	April in Paris (1952)	$127,222,223	57.33	00 / 00	83.64
43rd	Lovely To Look At (1952)	$118,941,217	59.50	00 / 00	83.45
44th	Lure of the Wilderness (1952)	$92,525,261	67.50	00 / 00	83.23
45th	Don't Bother To Knock (1952)	$69,393,943	74.67	00 / 00	83.11
46th	The Prisoner of Zenda (1952)	$96,133,733	66.00	00 / 00	82.91
47th	Springfield Rifle (1952)	$111,030,311	61.00	00 / 00	82.79
48th	The Story of Will Rogers (1952)	$114,638,783	59.50	00 / 00	82.64
49th	Skirts Ahoy! (1952)	$119,588,893	58.00	00 / 00	82.62
50th	Off Limits (1952)	$115,656,560	59.00	00 / 00	82.46

1953 Top 50 Movies

Rank	Movie (Year)	Adj. B.O. Dom.	Review %	Nom Win	UMR Score
1st	From Here to Eternity (1953)	$471,878,792	81.50	13 / 08	99.72
2nd	Shane (1953)	$346,969,698	87.50	06 / 01	99.62
3rd	Roman Holiday (1953)	$138,787,877	89.20	10 / 03	99.14
4th	The Robe (1953)	$598,869,698	62.50	05 / 02	98.62
5th	Gentlemen Prefer Blondes (1953)	$235,939,396	83.67	00 / 00	97.65
6th	House of Wax (1953)	$462,626,276	82.00	00 / 00	97.43
7th	How To Marry a Millionaire (1953)	$337,717,182	80.33	01 / 00	97.33
8th	Julius Caesar (1953)	$93,496,761	82.00	05 / 01	97.12
9th	Stalag 17 (1953)	$152,666,670	89.50	03 / 01	96.85
10th	Peter Pan (1953)	$417,077,993	78.00	00 / 00	96.79
11th	Mogambo (1953)	$211,697,786	67.67	02 / 00	95.02
12th	Hondo (1953)	$175,936,761	75.00	02 / 00	94.97
13th	Knights of the Round Table (1953)	$209,014,547	62.50	02 / 00	93.72
14th	Scared Stiff (1953)	$161,919,195	72.50	00 / 00	92.76
15th	Salome (1953)	$219,747,466	60.00	00 / 00	92.65
16th	The Caddy (1953)	$161,919,195	70.50	00 / 00	92.27
17th	Living Desert (1953)	$120,282,827	80.00	01 / 01	91.86
18th	Lili (1953)	$102,240,412	80.50	06 / 01	91.54
19th	The Band Wagon (1953)	$106,404,044	82.50	03 / 00	91.43
20th	The Naked Spur (1953)	$104,090,915	84.00	01 / 00	91.24
21st	The Mississippi Gambler (1953)	$138,787,877	72.00	01 / 00	90.89
22nd	The Wild One (1953)	$131,848,490	74.00	00 / 00	90.62
23rd	The Moon Is Blue (1953)	$189,127,216	52.50	03 / 00	90.28
24th	Call Me Madam (1953)	$131,848,490	70.00	02 / 01	90.20
25th	Island in the Sky (1953)	$127,222,214	74.33	00 / 00	90.19

1953 Top 50 Movies

Rank	Movie (Year)	Adj. B.O. Dom.	Review %	Nom Win	UMR Score
26th	Little Boy Lost (1953)	$138,787,877	69.50	00 / 00	89.90
27th	Calamity Jane (1953)	$115,656,569	73.00	03 / 01	89.83
28th	Titanic (1953)	$104,090,915	77.00	02 / 01	89.60
29th	Pickup on South Street (1953)	$87,898,994	83.50	01 / 00	89.41
30th	The War of the Worlds (1953)	$92,525,252	78.00	03 / 01	89.02
31st	Niagara (1953)	$108,717,173	73.33	00 / 00	87.93
32nd	Money From Home (1953)	$161,919,195	55.50	00 / 00	87.59
33rd	Kiss Me Kate (1953)	$93,034,135	76.00	01 / 00	87.38
34th	Beneath the 12-Mile Reef (1953)	$166,545,453	52.50	01 / 00	87.30
35th	The Big Heat (1953)	$57,828,289	87.50	00 / 00	87.21
36th	The Beast from 20,000 Fathoms (1953)	$104,090,915	72.00	00 / 00	86.87
37th	Elephant Walk (1953)	$138,787,877	60.50	00 / 00	86.58
38th	Trouble Along the Way (1953)	$113,343,431	66.33	00 / 00	85.71
39th	Tokyo Story (1953)	$16,878,647	94.00	00 / 00	84.55
40th	So Big (1953)	$92,525,252	70.00	00 / 00	84.45
41st	White Witch Doctor (1953)	$115,656,569	62.50	00 / 00	84.33
42nd	Thunder Bay (1953)	$111,030,302	63.67	00 / 00	84.22
43rd	By the Light of the Silvery Moon (1953)	$87,251,317	70.33	00 / 00	83.86
44th	It Came From Outer Space (1953)	$74,020,201	73.50	00 / 00	83.26
45th	Miss Sadie Thompson (1953)	$138,787,877	52.00	01 / 00	83.21
46th	I Confess (1953)	$66,710,704	75.33	00 / 00	82.98
47th	All I Desire (1953)	$56,209,094	78.50	00 / 00	82.95
48th	Houdini (1953)	$83,272,717	70.00	00 / 00	82.93
49th	The Charge at Feather River (1953)	$106,080,201	62.00	00 / 00	82.48
50th	The President's Lady (1953)	$62,454,547	74.00	02 / 00	82.38

1954 Top 50 Movies

Rank	Movie (Year)	Adj. B.O. Dom.	Review %	Nom Win	UMR Score
1st	On the Waterfront (1954)	$238,956,517	92.00	12 / 08	99.97
2nd	The Caine Mutiny (1954)	$407,079,487	85.50	07 / 00	99.52
3rd	The Country Girl (1954)	$364,124,216	77.00	07 / 02	99.25
4th	Seven Brides for Seven Brothers (1954)	$314,398,497	78.50	05 / 01	99.20
5th	Rear Window (1954)	$461,885,489	94.00	04 / 00	98.69
6th	Three Coins in the Fountain (1954)	$284,472,044	60.00	03 / 02	98.43
7th	Sabrina (1954)	$227,577,635	83.70	06 / 01	98.31
8th	A Star Is Born (1954)	$260,576,389	83.50	06 / 00	98.17
9th	20,000 Leagues Under the Sea (1954)	$455,155,270	82.00	03 / 02	98.02
10th	The Glenn Miller Story (1954)	$364,124,216	79.00	03 / 01	97.51
11th	Magnificent Obsession (1954)	$295,850,926	78.00	01 / 00	96.93
12th	White Christmas (1954)	$540,496,902	78.00	01 / 00	96.92
13th	The Barefoot Contessa (1954)	$187,751,549	77.50	02 / 01	96.51
14th	The Bridges at Toko-Ri (1954)	$284,472,044	73.00	02 / 01	96.36
15th	Vera Cruz (1954)	$259,822,814	75.50	00 / 00	96.26
16th	Knock on Wood (1954)	$216,198,753	68.50	01 / 00	95.03
17th	Apache (1954)	$199,130,431	69.50	00 / 00	95.01
18th	There's No Business Like Show Business (1954)	$256,024,840	66.67	03 / 00	94.97
19th	Executive Suite (1954)	$152,590,807	80.50	04 / 00	94.85
20th	Dragnet (1954)	$270,248,451	68.50	00 / 00	94.84
21st	Désirée (1954)	$256,024,840	67.00	02 / 00	94.82
22nd	Johnny Guitar (1954)	$142,236,022	86.00	00 / 00	94.58
23rd	The Long, Long Trailer (1954)	$227,577,599	67.50	00 / 00	94.56
24th	Demetrius and the Gladiators (1954)	$241,801,247	66.00	00 / 00	94.15
25th	The Egyptian (1954)	$256,024,840	65.00	01 / 00	94.06

1954 Top 50 Movies

Rank	Movie (Year)	Adj. B.O. Dom.	Review %	Nom Win	UMR Score
26th	Casanova's Big Night (1954)	$170,683,245	74.50	00 / 00	93.95
27th	Broken Lance (1954)	$216,198,753	61.00	02 / 01	93.65
28th	The Far Country (1954)	$142,236,022	81.67	00 / 00	93.53
29th	River of No Return (1954)	$216,198,753	62.00	00 / 00	93.25
30th	Dial M for Murder (1954)	$131,312,301	83.70	00 / 00	93.18
31st	The High and the Mighty (1954)	$347,055,875	55.67	06 / 01	93.15
32nd	Woman's World (1954)	$170,683,245	70.50	00 / 00	92.97
33rd	Garden of Evil (1954)	$176,372,667	68.50	00 / 00	92.96
34th	Living It Up (1954)	$241,801,247	61.00	00 / 00	92.95
35th	Young at Heart (1954)	$142,236,022	76.67	00 / 00	92.30
36th	The Last Time I Saw Paris (1954)	$149,916,764	73.50	00 / 00	92.06
37th	Carmen Jones (1954)	$142,236,022	73.00	02 / 00	91.73
38th	The Naked Jungle (1954)	$130,857,149	75.50	00 / 00	90.94
39th	Brigadoon (1954)	$112,764,720	75.50	03 / 00	89.94
40th	Night People (1954)	$122,322,979	74.00	01 / 00	89.93
41st	The Student Prince (1954)	$143,829,065	68.00	00 / 00	89.86
42nd	Seven Samurai (1954)	$36,981,375	95.30	02 / 00	88.26
43rd	Black Widow (1954)	$142,236,022	63.00	00 / 00	88.05
44th	Them! (1954)	$91,713,786	78.00	00 / 00	87.69
45th	Susan Slept Here (1954)	$126,590,064	64.00	02 / 00	87.17
46th	3 Ring Circus (1954)	$221,888,194	42.00	00 / 00	87.02
47th	Vanishing Prairie (1954)	$102,409,936	70.00	01 / 01	86.64
48th	O'Rourke of the Royal Mounted (1954)	$128,012,411	63.50	00 / 00	86.45
49th	Riot in Cell Block 11 (1954)	$87,148,304	75.50	00 / 00	86.05
50th	Drum Beat (1954)	$170,683,245	48.50	00 / 00	85.87

1955 Top 50 Movies

Rank	Movie (Year)	Adj. B.O. Dom.	Review %	Nom Win	UMR Score
1st	Mister Roberts (1955)	$377,472,535	88.00	03 / 01	99.54
2nd	The Rose Tattoo (1955)	$211,384,624	75.50	08 / 03	99.29
3rd	Love Is a Many-Splendored Thing (1955)	$201,318,682	68.50	08 / 03	99.04
4th	Picnic (1955)	$319,593,389	65.00	06 / 02	98.77
5th	Marty (1955)	$100,659,350	85.50	08 / 04	98.46
6th	East of Eden (1955)	$251,648,338	84.50	04 / 01	98.25
7th	Rebel without a Cause (1955)	$231,516,472	86.00	03 / 00	98.16
8th	To Catch a Thief (1955)	$226,483,510	84.67	03 / 01	98.15
9th	Oklahoma! (1955)	$357,340,650	77.50	04 / 02	97.60
10th	The Man with the Golden Arm (1955)	$205,333,894	80.00	03 / 00	97.48
11th	I'll Cry Tomorrow (1955)	$302,179,350	77.50	04 / 01	97.44
12th	Lady and the Tramp (1955)	$509,334,948	81.00	00 / 00	97.31
13th	To Hell and Back (1955)	$291,904,651	80.50	00 / 00	97.18
14th	Guys and Dolls (1955)	$346,000,020	77.00	04 / 00	97.14
15th	The Seven Year Itch (1955)	$251,648,338	78.67	00 / 00	96.92
16th	Blackboard Jungle (1955)	$274,749,675	75.00	04 / 00	96.86
17th	Love Me or Leave Me (1955)	$203,080,204	69.67	06 / 01	96.33
18th	Cinerama Holiday (1955)	$402,637,363	75.00	00 / 00	96.20
19th	The Tall Men (1955)	$213,901,096	75.00	00 / 00	96.17
20th	The Long Gray Line (1955)	$196,285,720	75.00	00 / 00	95.94
21st	The Man From Laramie (1955)	$166,087,911	83.67	00 / 00	95.76
22nd	A Man Called Peter (1955)	$226,483,510	72.00	01 / 00	95.75
23rd	All That Heaven Allows (1955)	$156,021,987	84.00	00 / 00	95.22
24th	Artists and Models (1955)	$191,252,758	69.00	00 / 00	94.21
25th	The Seven Little Foys (1955)	$201,318,682	63.00	01 / 00	93.65

1955 Top 50 Movies

Rank	Movie (Year)	Adj. B.O. Dom.	Review %	Nom Win	UMR Score
26th	The Left Hand of God (1955)	$201,318,682	62.50	00 / 00	93.34
27th	Strategic Air Command (1955)	$327,142,878	61.33	01 / 00	93.23
28th	The Sea Chase (1955)	$301,978,013	62.00	00 / 00	93.23
29th	We're No Angels (1955)	$150,989,016	76.50	00 / 00	92.94
30th	Battle Cry (1955)	$407,670,343	59.50	01 / 00	92.78
31st	Bad Day at Black Rock (1955)	$100,659,350	87.00	03 / 00	92.19
32nd	The Court-Martial of Billy Mitchell (1955)	$150,989,016	72.50	01 / 00	92.12
33rd	The Court Jester (1955)	$110,725,274	86.00	00 / 00	92.07
34th	Not as a Stranger (1955)	$357,340,650	56.00	01 / 00	91.83
35th	Soldier of Fortune (1955)	$138,406,592	76.00	00 / 00	91.74
36th	You're Never Too Young (1955)	$171,120,891	64.50	00 / 00	91.45
37th	Pete Kelly's Blues (1955)	$251,648,338	54.00	01 / 00	91.31
38th	The Desperate Hours (1955)	$125,824,169	78.00	00 / 00	91.19
39th	Summertime (1955)	$100,659,350	82.33	02 / 00	90.62
40th	The Tender Trap (1955)	$150,989,016	65.50	01 / 00	90.05
41st	The Phenix City Story (1955)	$110,725,274	79.00	00 / 00	90.03
42nd	Trial (1955)	$116,362,191	74.00	01 / 00	89.27
43rd	Land of the Pharaohs (1955)	$135,890,111	68.50	00 / 00	89.19
44th	The McConnell Story (1955)	$176,153,853	55.50	00 / 00	89.11
45th	Davy Crockett: King of the Wild Frontier (1955)	$108,208,793	76.00	00 / 00	88.79
46th	Daddy Long Legs (1955)	$125,824,169	67.00	03 / 00	88.45
47th	Wichita (1955)	$120,791,207	70.00	00 / 00	88.08
48th	The Violent Men (1955)	$98,142,869	73.00	00 / 00	86.51
49th	Man Without a Star (1955)	$110,725,274	67.50	00 / 00	85.87
50th	African Lion (1955)	$105,692,312	69.00	00 / 00	85.78

1956 Top 50 Movies

Rank	Movie (Year)	Adj. B.O. Dom.	Review %	Nom Win	UMR Score
1st	Giant (1956)	$452,051,936	86.00	10 / 01	99.72
2nd	The Ten Commandments (1956)	$1,199,828,462	85.00	07 / 01	99.56
3rd	The King and I (1956)	$375,916,874	77.00	09 / 05	99.49
4th	Friendly Persuasion (1956)	$240,301,297	79.00	06 / 00	99.21
5th	Around the World in 80 Days (1956)	$590,998,437	70.50	08 / 05	99.18
6th	The Searchers (1956)	$233,163,641	89.50	00 / 00	98.29
7th	Anastasia (1956)	$237,922,078	79.50	02 / 01	97.47
8th	The Man Who Knew Too Much (1956)	$195,096,110	81.67	01 / 01	97.44
9th	Written on the Wind (1956)	$209,371,439	78.00	03 / 01	97.37
10th	The Bad Seed (1956)	$195,096,110	75.00	04 / 00	96.56
11th	High Society (1956)	$279,718,572	74.00	02 / 00	96.32
12th	Bus Stop (1956)	$202,233,766	74.33	01 / 00	96.21
13th	Seven Wonders of the World (1956)	$452,051,936	75.00	00 / 00	96.18
14th	The Girl Can't Help It (1956)	$297,402,593	71.00	00 / 00	95.38
15th	The Teahouse of the August Moon (1956)	$271,802,188	70.33	00 / 00	95.29
16th	Moby Dick (1956)	$227,836,698	69.33	00 / 00	95.03
17th	The Eddy Duchin Story (1956)	$252,197,407	62.00	04 / 01	94.25
18th	Trapeze (1956)	$345,913,184	63.50	00 / 00	93.55
19th	Carousel (1956)	$178,441,563	70.00	00 / 00	93.50
20th	The Man in the Gray Flannel Suit (1956)	$206,992,202	62.00	00 / 00	93.21
21st	War and Peace (1956)	$297,402,593	58.50	03 / 00	92.93
22nd	Love Me Tender (1956)	$199,854,547	60.50	00 / 00	92.76
23rd	The Proud and Profane (1956)	$185,579,218	62.50	02 / 00	92.57
24th	Hollywood or Bust (1956)	$157,028,561	66.50	00 / 00	90.75
25th	The Solid Gold Cadillac (1956)	$118,961,039	74.00	02 / 01	90.21

1956 Top 50 Movies

Rank	Movie (Year)	Adj. B.O. Dom.	Review %	Nom Win	UMR Score
26th	Forbidden Planet (1956)	$99,927,274	82.00	01 / 00	90.16
27th	Away All Boats (1956)	$166,545,453	61.00	00 / 00	89.96
28th	Invasion of the Body Snatchers (1956)	$99,927,274	82.00	00 / 00	89.94
29th	Attack (1956)	$95,168,837	82.00	00 / 00	89.43
30th	Somebody Up There Likes Me (1956)	$95,168,837	77.00	03 / 02	89.36
31st	Lust for Life (1956)	$75,897,140	83.33	04 / 01	89.30
32nd	Pardners (1956)	$171,303,890	57.50	00 / 00	89.29
33rd	The Benny Goodman Story (1956)	$128,477,931	69.00	00 / 00	88.63
34th	...And God Created Woman (1956)	$142,753,251	63.00	00 / 00	88.10
35th	Tea and Sympathy (1956)	$102,068,561	74.50	00 / 00	87.64
36th	The Fastest Gun Alive (1956)	$105,637,398	72.00	00 / 00	87.08
37th	Baby Doll (1956)	$64,809,986	81.00	04 / 00	86.79
38th	Forever, Darling (1956)	$123,719,476	65.50	00 / 00	86.74
39th	Bhowani Junction (1956)	$99,927,274	72.50	00 / 00	86.49
40th	The Harder They Fall (1956)	$64,238,970	81.50	01 / 00	85.85
41st	Helen of Troy (1956)	$125,575,274	62.50	00 / 00	85.72
42nd	Westward Ho The Wagon! (1956)	$130,857,149	60.50	00 / 00	85.58
43rd	The Conqueror (1956)	$214,129,876	37.00	00 / 00	84.91
44th	The Rainmaker (1956)	$99,927,274	67.00	02 / 00	84.90
45th	Meet Me in Las Vegas (1956)	$105,494,657	64.50	01 / 00	84.17
46th	The Killing (1956)	$29,264,423	89.00	00 / 00	83.96
47th	Secrets of Life (1956)	$85,651,945	71.00	00 / 00	83.93
48th	Bigger Than Life (1956)	$45,205,205	83.50	00 / 00	83.77
49th	The Hunchback of Notre Dame (1956)	$107,064,929	63.00	00 / 00	83.29
50th	7 Men from Now (1956)	$43,682,492	83.00	00 / 00	83.26

1957 Top 50 Movies

Rank	Movie (Year)	Adj. B.O. Dom.	Review %	Nom Win	UMR Score
1st	The Bridge on the River Kwai (1957)	$498,075,000	88.50	08 / 07	99.90
2nd	Sayonara (1957)	$401,918,376	83.33	10 / 04	99.75
3rd	Witness for the Prosecution (1957)	$177,591,845	91.00	06 / 00	99.38
4th	Peyton Place (1957)	$443,979,594	65.50	09 / 00	98.79
5th	Old Yeller (1957)	$350,556,937	81.00	00 / 00	97.29
6th	Heaven Knows, Mr. Allison (1957)	$196,285,720	80.00	02 / 00	97.20
7th	Gunfight at the O.K. Corral (1957)	$219,653,063	77.00	02 / 00	96.90
8th	12 Angry Men (1957)	$46,734,696	95.70	01 / 00	96.06
9th	Pal Joey (1957)	$219,653,063	69.00	04 / 00	95.64
10th	An Affair To Remember (1957)	$179,928,579	75.00	04 / 00	95.60
11th	Jailhouse Rock (1957)	$182,265,295	71.50	00 / 00	94.11
12th	Sweet Smell of Success (1957)	$105,153,054	92.30	00 / 00	93.32
13th	Loving You (1957)	$172,918,376	66.00	00 / 00	92.01
14th	Tammy and the Bachelor (1957)	$140,204,087	74.00	01 / 00	91.63
15th	Funny Face (1957)	$116,836,734	78.50	04 / 00	91.53
16th	The Joker is Wild (1957)	$140,204,087	71.50	01 / 01	91.23
17th	Island in the Sun (1957)	$233,673,469	53.50	00 / 00	90.88
18th	The D.I. (1957)	$116,836,734	78.00	00 / 00	90.32
19th	The Pajama Game (1957)	$125,295,710	75.00	00 / 00	90.29
20th	A Farewell to Arms (1957)	$233,673,469	50.50	01 / 00	90.19
21st	The Spirit of St. Louis (1957)	$121,510,194	75.00	00 / 00	89.91
22nd	Don't Go Near the Water (1957)	$199,323,469	50.50	00 / 00	89.87
23rd	The Delicate Delinquent (1957)	$158,897,970	63.00	00 / 00	89.82
24th	Les Girls (1957)	$112,864,290	73.50	03 / 01	89.66
25th	Raintree County (1957)	$278,662,094	47.50	00 / 00	89.00

1957 Top 50 Movies

Rank	Movie (Year)	Adj. B.O. Dom.	Review %	Nom Win	UMR Score
26th	Man of a Thousand Faces (1957)	$112,163,266	73.50	01 / 00	88.68
27th	The Sad Sack (1957)	$163,571,421	58.00	00 / 00	88.67
28th	Love in the Afternoon (1957)	$93,516,125	80.00	00 / 00	88.60
29th	Desk Set (1957)	$79,448,985	84.33	00 / 00	88.54
30th	Paths of Glory (1957)	$56,081,624	89.50	00 / 00	87.85
31st	Bernardine (1957)	$172,018,376	52.50	00 / 00	87.70
32nd	3:10 to Yuma (1957)	$86,459,179	79.50	00 / 00	87.70
33rd	Band of Angels (1957)	$116,836,734	69.00	00 / 00	87.28
34th	Jeanne Eagels (1957)	$144,877,555	59.50	00 / 00	87.08
35th	Designing Woman (1957)	$105,153,054	69.67	01 / 01	86.85
36th	Night Passage (1957)	$121,510,194	66.33	00 / 00	86.78
37th	The Three Faces of Eve (1957)	$65,428,570	81.00	01 / 01	86.36
38th	The Incredible Shrinking Man (1957)	$66,830,609	82.50	00 / 00	86.28
39th	Battle Hymn (1957)	$182,265,295	45.50	00 / 00	86.10
40th	A Face in the Crowd (1957)	$46,734,650	86.00	00 / 00	85.13
41st	Beau James (1957)	$81,785,710	74.00	00 / 00	84.75
42nd	Perri (1957)	$102,816,319	67.00	00 / 00	84.56
43rd	Men in War (1957)	$70,102,030	76.50	00 / 00	84.20
44th	The Wings of Eagles (1957)	$105,153,054	64.33	00 / 00	83.63
45th	Boy On a Dolphin (1957)	$140,204,087	53.00	00 / 00	83.55
46th	Will Success Spoil Rock Hunter? (1957)	$65,428,570	76.50	00 / 00	83.46
47th	A Hatful of Rain (1957)	$70,102,030	73.00	01 / 00	82.76
48th	Wild Is the Wind (1957)	$70,102,030	71.50	03 / 00	82.74
49th	The Curse of Frankenstein (1957)	$65,989,391	75.00	00 / 00	82.71
50th	The Sun Also Rises (1957)	$140,204,087	51.50	00 / 00	82.59

1958 Top 50 Movies

Rank	Movie (Year)	Adj. B.O. Dom.	Review %	Nom Win	UMR Score
1st	Cat on a Hot Tin Roof (1958)	$383,200,393	85.00	06 / 00	99.43
2nd	Auntie Mame (1958)	$370,761,919	84.50	06 / 00	99.39
3rd	Gigi (1958)	$319,353,507	68.00	09 / 09	99.12
4th	Separate Tables (1958)	$135,219,050	80.00	07 / 02	98.56
5th	The Defiant Ones (1958)	$119,952,380	77.00	09 / 02	98.15
6th	The Big Country (1958)	$162,480,959	89.00	02 / 01	97.09
7th	Some Came Running (1958)	$193,754,903	76.50	05 / 00	96.91
8th	No Time for Sergeants (1958)	$314,057,159	78.50	00 / 00	96.91
9th	South Pacific (1958)	$429,647,602	73.00	03 / 01	96.53
10th	The Young Lions (1958)	$195,413,339	74.33	03 / 00	96.24
11th	The Inn of the Sixth Happiness (1958)	$191,923,819	77.00	01 / 00	96.23
12th	Vertigo (1958)	$139,580,950	91.67	02 / 00	95.99
13th	The Vikings (1958)	$274,049,668	70.50	00 / 00	95.30
14th	I Want to Live! (1958)	$139,580,950	83.00	06 / 01	95.21
15th	The Long, Hot Summer (1958)	$152,666,670	79.50	00 / 00	93.81
16th	Indiscreet (1958)	$149,002,670	79.67	00 / 00	93.57
17th	The 7th Voyage of Sinbad (1958)	$137,400,000	77.00	00 / 00	91.95
18th	The Fly (1958)	$130,857,149	74.50	00 / 00	90.65
19th	Houseboat (1958)	$152,666,670	64.33	02 / 00	90.09
20th	Run Silent Run Deep (1958)	$109,047,620	79.00	00 / 00	89.89
21st	Hercules (1958)	$205,009,520	49.50	00 / 00	89.64
22nd	Damn Yankees (1958)	$113,409,520	75.50	01 / 00	89.44
23rd	Teacher's Pet (1958)	$117,771,430	73.33	02 / 00	89.43
24th	The Geisha Boy (1958)	$139,580,950	67.50	00 / 00	89.28
25th	The Buccaneer (1958)	$139,580,950	65.50	01 / 00	88.87

1958 Top 50 Movies

Rank	Movie (Year)	Adj. B.O. Dom.	Review %	Nom Win	UMR Score
26th	God's Little Acre (1958)	$152,666,670	60.00	00 / 00	88.14
27th	Rock-a-Bye Baby (1958)	$135,219,050	62.50	00 / 00	86.96
28th	Kings Go Forth (1958)	$122,133,330	66.50	00 / 00	86.94
29th	Touch of Evil (1958)	$49,428,258	89.00	00 / 00	86.73
30th	Bell Book and Candle (1958)	$107,957,149	68.00	02 / 00	86.35
31st	Horror of Dracula (1958)	$43,619,050	87.00	00 / 00	85.14
32nd	Man of the West (1958)	$76,333,339	76.50	00 / 00	85.11
33rd	Tom Thumb (1958)	$87,238,100	70.50	01 / 01	84.82
34th	Tonka (1958)	$106,866,670	66.00	00 / 00	84.68
35th	In Love and War (1958)	$109,047,620	64.50	00 / 00	84.30
36th	The Bravados (1958)	$95,961,900	68.67	00 / 00	84.28
37th	The Old Man and the Sea (1958)	$47,980,950	78.50	03 / 01	83.57
38th	The Naked and the Dead (1958)	$100,541,900	65.00	00 / 00	83.14
39th	The Roots of Heaven (1958)	$130,857,149	55.00	00 / 00	83.03
40th	The Brothers Karamazov (1958)	$113,409,520	59.50	01 / 00	82.89
41st	Ten North Frederick (1958)	$87,238,100	68.50	00 / 00	82.82
42nd	King Creole (1958)	$52,342,851	79.50	00 / 00	82.82
43rd	The Horse's Mouth (1958)	$43,619,050	81.00	01 / 00	82.50
44th	The Reluctant Debutante (1958)	$67,849,439	73.00	00 / 00	81.78
45th	The Last Hurrah (1958)	$47,980,950	78.50	00 / 00	81.29
46th	A Time to Love and a Time to Die (1958)	$39,476,192	79.50	01 / 00	80.76
47th	The Key (1958)	$95,961,900	62.00	00 / 00	80.43
48th	The Left Handed Gun (1958)	$67,173,339	71.00	00 / 00	80.36
49th	Merry Andrew (1958)	$58,885,720	73.00	00 / 00	79.92
50th	Marjorie Morningstar (1958)	$114,412,769	54.50	01 / 00	79.77

1959 Top 50 Movies

Rank	Movie (Year)	Adj. B.O. Dom.	Review %	Nom Win	UMR Score
1st	Ben-Hur (1959)	$897,907,461	91.50	12 / 11	99.96
2nd	Anatomy of a Murder (1959)	$239,904,760	86.00	07 / 00	99.54
3rd	The Nun's Story (1959)	$244,790,100	84.50	08 / 00	99.51
4th	Some Like It Hot (1959)	$354,528,420	93.80	06 / 01	98.81
5th	North by Northwest (1959)	$292,357,851	93.00	03 / 00	98.63
6th	Pillow Talk (1959)	$339,356,199	83.67	05 / 01	98.24
7th	Rio Bravo (1959)	$250,809,520	85.50	00 / 00	97.87
8th	Sleeping Beauty (1959)	$666,844,996	82.50	01 / 00	97.58
9th	Imitation of Life (1959)	$279,938,632	80.00	02 / 00	97.38
10th	The Diary of Anne Frank (1959)	$100,323,819	74.00	08 / 03	96.99
11th	Journey to the Center of the Earth (1959)	$218,095,240	76.50	03 / 00	96.97
12th	Operation Petticoat (1959)	$406,573,159	77.33	01 / 00	96.83
13th	Darby O'Gill and the Little People (1959)	$263,022,860	77.50	00 / 00	96.69
14th	Suddenly, Last Summer (1959)	$278,071,439	72.50	03 / 00	96.13
15th	On the Beach (1959)	$208,280,959	71.67	02 / 00	95.83
16th	A Summer Place (1959)	$187,910,860	73.50	00 / 00	95.09
17th	Room at the Top (1959)	$41,438,100	83.50	06 / 02	94.45
18th	A Hole in the Head (1959)	$216,556,140	66.50	00 / 00	94.26
19th	The Shaggy Dog (1959)	$379,485,720	66.00	00 / 00	94.13
20th	The Horse Soldiers (1959)	$165,752,380	76.00	00 / 00	93.93
21st	Solomon and Sheba (1959)	$226,819,059	61.50	00 / 00	93.07
22nd	Porgy and Bess (1959)	$126,495,231	77.00	04 / 01	92.24
23rd	The Five Pennies (1959)	$119,952,380	80.00	04 / 00	92.17
24th	The FBI Story (1959)	$152,666,670	67.33	00 / 00	90.59
25th	Don't Give Up the Ship (1959)	$174,476,181	60.00	00 / 00	90.43

1959 Top 50 Movies

Rank	Movie (Year)	Adj. B.O. Dom.	Review %	Nom Win	UMR Score
26th	The Best of Everything (1959)	$152,666,670	62.50	02 / 00	89.51
27th	Li'l Abner (1959)	$139,580,950	66.50	01 / 00	89.19
28th	The Young Philadelphians (1959)	$117,771,430	69.50	03 / 00	88.50
29th	This Earth Is Mine (1959)	$148,304,769	61.50	00 / 00	88.16
30th	Compulsion (1959)	$78,514,280	80.50	00 / 00	86.98
31st	Blue Denim (1959)	$109,047,620	69.00	00 / 00	86.25
32nd	Last Train from Gun Hill (1959)	$102,504,769	71.00	00 / 00	86.24
33rd	Our Man in Havana (1959)	$79,604,769	78.00	00 / 00	86.09
34th	The Hanging Tree (1959)	$95,961,900	71.00	01 / 00	85.73
35th	The Mouse That Roared (1959)	$87,238,100	74.00	00 / 00	85.52
36th	The Mating Game (1959)	$111,228,570	66.00	00 / 00	85.29
37th	Say One For Me (1959)	$170,114,280	45.00	01 / 00	84.62
38th	Al Capone (1959)	$109,047,620	65.00	00 / 00	84.53
39th	Third Man on the Mountain (1959)	$69,790,480	76.50	00 / 00	84.15
40th	The Big Circus (1959)	$117,771,430	60.00	00 / 00	83.48
41st	Ask Any Girl (1959)	$87,238,100	69.50	00 / 00	83.44
42nd	The Gazebo (1959)	$80,695,231	69.50	01 / 00	82.68
43rd	House on Haunted Hill (1959)	$65,428,561	74.00	00 / 00	81.96
44th	The Big Fisherman (1959)	$130,857,149	50.50	03 / 00	81.64
45th	Career (1959)	$91,600,000	60.50	03 / 00	80.01
46th	Look Back in Anger (1959)	$48,417,149	76.00	00 / 00	79.61
47th	Ride Lonesome (1959)	$41,438,100	78.00	00 / 00	79.49
48th	They Came To Cordura (1959)	$98,142,851	59.50	00 / 00	79.09
49th	Never So Few (1959)	$128,676,181	49.50	00 / 00	78.86
50th	The Last Angry Man (1959)	$73,061,900	65.50	02 / 00	78.81

Top 100 1950-1959 Countdown

Rank	Movie (Year)	Adj. B.O. Dom.	Review %	Nom Win	UMR Score
100th	Love Me or Leave Me (1955)	$203,080,204	69.67	06 / 01	96.36
99th	The Bridges at Toko-Ri (1954)	$284,472,044	73.00	02 / 01	96.38
98th	The Barefoot Contessa (1954)	$187,751,549	77.50	02 / 01	96.53
97th	South Pacific (1958)	$429,647,602	73.00	03 / 01	96.55
96th	The Bad Seed (1956)	$195,096,110	75.00	04 / 00	96.58
95th	Darby O'Gill and the Little People (1959)	$263,022,860	77.50	00 / 00	96.73
94th	Alice in Wonderland (1951)	$350,697,122	77.00	01 / 00	96.77
93rd	Peter Pan (1953)	$417,077,993	78.00	00 / 00	96.80
92nd	Operation Petticoat (1959)	$406,573,159	77.33	01 / 00	96.85
91st	Stalag 17 (1953)	$152,666,670	89.50	03 / 01	96.87
90th	Blackboard Jungle (1955)	$274,749,675	75.00	04 / 00	96.88
89th	Hans Christian Andersen (1952)	$277,575,755	73.50	06 / 00	96.89
88th	No Time for Sergeants (1958)	$314,057,159	78.50	00 / 00	96.92
87th	Gunfight at the O.K. Corral (1957)	$219,653,063	77.00	02 / 00	96.92
86th	Some Came Running (1958)	$193,754,903	76.50	05 / 00	96.93
85th	The Seven Year Itch (1955)	$251,648,338	78.67	00 / 00	96.93
84th	White Christmas (1954)	$540,496,902	78.00	01 / 00	96.94
83rd	Magnificent Obsession (1954)	$295,850,926	78.00	01 / 00	96.94
82nd	Journey to the Center of the Earth (1959)	$218,095,240	76.50	03 / 00	96.98
81st	The Diary of Anne Frank (1959)	$100,323,819	74.00	08 / 03	97.01
80th	The Big Country (1958)	$162,480,959	89.00	02 / 01	97.10
79th	Julius Caesar (1953)	$93,496,761	82.00	05 / 01	97.14
78th	Guys and Dolls (1955)	$346,000,020	77.00	04 / 00	97.15
77th	To Hell and Back (1955)	$291,904,651	80.50	00 / 00	97.19
76th	Heaven Knows, Mr. Allison (1957)	$196,285,720	80.00	02 / 00	97.22

Top 100 1950-1959 Countdown

Rank	Movie (Year)	Adj. B.O. Dom.	Review %	Nom Win	UMR Score
75th	Lady and the Tramp (1955)	$509,334,948	81.00	00 / 00	97.31
74th	Old Yeller (1957)	$350,556,937	81.00	00 / 00	97.32
73rd	How To Marry a Millionaire (1953)	$337,717,182	80.33	01 / 00	97.35
72nd	Written on the Wind (1956)	$209,371,439	78.00	03 / 01	97.39
71st	Imitation of Life (1959)	$279,938,632	80.00	02 / 00	97.40
70th	House of Wax (1953)	$462,626,276	82.00	00 / 00	97.44
69th	I'll Cry Tomorrow (1955)	$302,179,350	77.50	04 / 01	97.45
68th	The Man Who Knew Too Much (1956)	$195,096,110	81.67	01 / 01	97.46
67th	Anastasia (1956)	$237,922,078	79.50	02 / 01	97.48
66th	The Man with the Golden Arm (1955)	$205,333,894	80.00	03 / 00	97.48
65th	The Glenn Miller Story (1954)	$364,124,216	79.00	03 / 01	97.52
64th	Annie Get Your Gun (1950)	$253,535,701	78.70	04 / 01	97.59
63rd	Sleeping Beauty (1959)	$666,844,996	82.50	01 / 00	97.60
62nd	Oklahoma! (1955)	$357,340,650	77.50	04 / 02	97.61
61st	Gentlemen Prefer Blondes (1953)	$235,939,396	83.67	00 / 00	97.66
60th	Rio Bravo (1959)	$250,809,520	85.50	00 / 00	97.88
59th	20,000 Leagues Under the Sea (1954)	$455,155,270	82.00	03 / 02	98.03
58th	Cinderella (1950)	$552,053,561	84.50	03 / 00	98.03
57th	The Defiant Ones (1958)	$119,952,380	77.00	09 / 02	98.16
56th	To Catch a Thief (1955)	$226,483,510	84.67	03 / 01	98.17
55th	Rebel without a Cause (1955)	$231,516,472	86.00	03 / 00	98.18
54th	A Star Is Born (1954)	$260,576,389	83.50	06 / 00	98.18
53rd	Pillow Talk (1959)	$339,356,199	83.67	05 / 01	98.25
52nd	East of Eden (1955)	$251,648,338	84.50	04 / 01	98.26
51st	The Searchers (1956)	$233,163,641	89.50	00 / 00	98.31

Top 100 1950-1959 Countdown

Rank	Movie (Year)	Adj. B.O. Dom.	Review %	Nom Win	UMR Score
50th	Sabrina (1954)	$227,577,635	83.70	06 / 01	98.32
49th	The African Queen (1951)	$216,131,501	87.00	04 / 01	98.43
48th	Three Coins in the Fountain (1954)	$284,472,044	60.00	03 / 02	98.44
47th	Marty (1955)	$100,659,350	85.50	08 / 04	98.47
46th	Separate Tables (1958)	$135,219,050	80.00	07 / 02	98.57
45th	Singin' in the Rain (1952)	$205,989,146	93.00	02 / 00	98.60
44th	The Robe (1953)	$598,869,698	62.50	05 / 02	98.63
43rd	North by Northwest (1959)	$292,357,851	93.00	03 / 00	98.63
42nd	The Greatest Show on Earth (1952)	$548,212,113	64.00	05 / 02	98.68
41st	Rear Window (1954)	$461,885,489	94.00	04 / 00	98.71
40th	Picnic (1955)	$319,593,389	65.00	06 / 02	98.78
39th	Peyton Place (1957)	$443,979,594	65.50	09 / 00	98.80
38th	Some Like It Hot (1959)	$354,528,420	93.80	06 / 01	98.82
37th	Ivanhoe (1952)	$289,511,510	73.50	03 / 00	98.93
36th	King Solomon's Mines (1950)	$275,181,661	71.00	03 / 02	98.94
35th	Moulin Rouge (1952)	$196,704,698	71.50	07 / 02	99.03
34th	Love Is a Many-Splendored Thing (1955)	$201,318,682	68.50	08 / 03	99.04
33rd	Sunset Blvd. (1950)	$128,130,959	90.50	11 / 03	99.07
32nd	Gigi (1958)	$319,353,507	68.00	09 / 09	99.12
31st	Quo Vadis (1951)	$478,570,722	75.00	08 / 00	99.13
30th	Roman Holiday (1953)	$138,787,877	89.20	10 / 03	99.14
29th	Around the World in 80 Days (1956)	$590,998,437	70.50	08 / 05	99.18
28th	Seven Brides for Seven Brothers (1954)	$314,398,497	78.50	05 / 01	99.21
27th	Friendly Persuasion (1956)	$240,301,297	79.00	06 / 00	99.22
26th	The Quiet Man (1952)	$175,797,987	84.00	07 / 02	99.23

Top 100 1950-1959 Countdown

Rank	Movie (Year)	Adj. B.O. Dom.	Review %	Nom Win	UMR Score
25th	A Place in the Sun (1951)	$183,200,000	76.50	09 / 06	99.24
24th	Father of the Bride (1950)	$220,058,100	82.50	03 / 00	99.24
23rd	The Country Girl (1954)	$364,124,216	77.00	07 / 02	99.25
22nd	The Rose Tattoo (1955)	$211,384,624	75.50	08 / 03	99.29
21st	Born Yesterday (1950)	$224,365,480	81.00	05 / 01	99.32
20th	Witness for the Prosecution (1957)	$177,591,845	91.00	06 / 00	99.38
19th	Auntie Mame (1958)	$370,761,919	84.50	06 / 00	99.41
18th	High Noon (1952)	$157,292,919	92.70	07 / 04	99.42
17th	Cat on a Hot Tin Roof (1958)	$383,200,393	85.00	06 / 00	99.43
16th	An American in Paris (1951)	$220,508,735	77.50	08 / 06	99.49
15th	The King and I (1956)	$375,916,874	77.00	09 / 05	99.49
14th	The Nun's Story (1959)	$244,790,100	84.50	08 / 00	99.51
13th	The Caine Mutiny (1954)	$407,079,487	85.50	07 / 00	99.52
12th	Mister Roberts (1955)	$377,472,535	88.00	03 / 01	99.54
11th	Anatomy of a Murder (1959)	$239,904,760	86.00	07 / 00	99.55
10th	The Ten Commandments (1956)	$1,199,828,462	85.00	07 / 01	99.56
9th	Shane (1953)	$346,969,698	87.50	06 / 01	99.63
8th	Giant (1956)	$452,051,936	86.00	10 / 01	99.72
7th	From Here to Eternity (1953)	$471,878,792	81.50	13 / 08	99.73
6th	Sayonara (1957)	$401,918,376	83.33	10 / 04	99.76
5th	All About Eve (1950)	$169,023,819	92.67	14 / 06	99.79
4th	A Streetcar Named Desire (1951)	$251,245,720	85.00	12 / 04	99.83
3rd	The Bridge on the River Kwai (1957)	$498,075,000	88.50	08 / 07	99.91
2nd	Ben-Hur (1959)	$897,907,461	91.50	12 / 11	99.96
1st	On the Waterfront (1954)	$238,956,517	92.00	12 / 08	99.97

UMR Top 25 Statistical Stars of the 1950s

1. Marlon Brando
2. Grace Kelly
3. Katharine Hepburn
4. James Stewart
5. Yul Brynner
6. Elizabeth Taylor
7. Danny Kaye
8. Dean Martin
9. Frank Sinatra
10. Montgomery Clift
11. William Holden
12. Burt Lancaster
13. Jerry Lewis
14. Humphrey Bogart
15. Deborah Kerr
16. John Wayne
17. Cary Grant
18. Fred Astaire
19. Gregory Peck
20. Bing Crosby
21. Marilyn Monroe
22. Audrey Hepburn
23. Shirley MacLaine
24. Susan Hayward
25. Spencer Tracy

1960-1969

1960 Top 50 Movies

Rank	Movie (Year)	Adj. B.O. Dom.	Review %	Nom Win	UMR Score
1st	The Apartment (1960)	$252,231,885	87.50	10 / 05	99.91
2nd	Elmer Gantry (1960)	$175,381,116	87.00	05 / 03	99.32
3rd	Spartacus (1960)	$421,018,625	91.70	06 / 04	98.88
4th	Psycho (1960)	$390,295,655	94.00	04 / 00	98.70
5th	The Alamo (1960)	$300,023,196	63.67	07 / 01	98.68
6th	La Dolce Vita (1960)	$227,577,635	90.50	04 / 01	98.61
7th	The Sundowners (1960)	$144,132,508	75.50	05 / 00	98.18
8th	Swiss Family Robinson (1960)	$493,106,323	78.30	00 / 00	96.87
9th	Exodus (1960)	$316,013,625	67.50	03 / 01	95.44
10th	The World of Suzie Wong (1960)	$284,472,044	68.50	00 / 00	94.81
11th	Please Don't Eat the Daisies (1960)	$201,330,351	66.00	00 / 00	94.14
12th	Sons and Lovers (1960)	$56,894,409	73.00	07 / 01	93.02
13th	Two Women (1960)	$113,788,827	85.50	01 / 01	92.73
14th	Never on Sunday (1960)	$136,546,581	74.00	05 / 01	92.53
15th	Home from the Hill (1960)	$124,219,465	82.50	00 / 00	92.31
16th	Butterfield 8 (1960)	$286,431,148	54.50	02 / 01	92.01
17th	Ocean's 11 (1960)	$214,302,267	57.00	00 / 00	91.89
18th	Pepe (1960)	$182,062,108	55.00	07 / 00	91.40
19th	G.I. Blues (1960)	$163,097,299	65.50	00 / 00	91.00
20th	North to Alaska (1960)	$178,269,154	60.00	00 / 00	90.81
21st	Midnight Lace (1960)	$132,753,627	71.50	01 / 00	90.09
22nd	From the Terrace (1960)	$197,233,963	51.50	00 / 00	89.98
23rd	The Grass is Greener (1960)	$113,788,827	77.33	00 / 00	89.84
24th	The Magnificent Seven (1960)	$85,341,613	85.33	01 / 00	89.75
25th	The Bellboy (1960)	$136,546,581	67.00	00 / 00	88.77

1960 Top 50 Movies

Rank	Movie (Year)	Adj. B.O. Dom.	Review %	Nom Win	UMR Score
26th	Can-Can (1960)	$159,304,345	57.00	02 / 00	88.35
27th	Where the Boys Are (1960)	$132,753,627	67.00	00 / 00	88.34
28th	The Facts of Life (1960)	$121,374,736	64.50	05 / 01	88.09
29th	Bells Are Ringing (1960)	$107,151,143	73.00	01 / 00	87.98
30th	Sink the Bismarck! (1960)	$112,840,584	70.50	00 / 00	87.33
31st	The Rat Race (1960)	$128,960,663	65.00	00 / 00	87.16
32nd	Inherit the Wind (1960)	$46,463,770	86.00	04 / 00	86.42
33rd	Toby Tyler (1960)	$117,581,781	66.00	00 / 00	86.08
34th	The Story of Ruth (1960)	$113,788,827	67.00	00 / 00	85.97
35th	Portrait in Black (1960)	$132,753,627	59.50	00 / 00	85.50
36th	Let's Make Love (1960)	$113,788,827	64.00	01 / 00	85.20
37th	The Unforgiven (1960)	$117,581,781	63.00	00 / 00	84.95
38th	Visit to a Small Planet (1960)	$121,374,736	60.00	01 / 00	84.42
39th	The Truth/La Vérité (1960)	$75,603,095	74.50	01 / 00	84.41
40th	Wild River (1960)	$48,360,247	83.50	00 / 00	84.22
41st	The Time Machine (1960)	$61,066,661	76.50	01 / 01	83.81
42nd	Hell to Eternity (1960)	$83,445,127	71.00	00 / 00	83.55
43rd	The Wackiest Ship In The Army (1960)	$136,546,581	54.00	00 / 00	83.48
44th	Cinderfella (1960)	$109,995,854	62.50	00 / 00	83.47
45th	Flaming Star (1960)	$75,859,218	72.00	00 / 00	82.74
46th	Pollyanna (1960)	$56,894,409	78.00	00 / 00	82.70
47th	Strangers When We Meet (1960)	$109,995,854	60.50	00 / 00	82.23
48th	The Bramble Bush (1960)	$113,788,827	59.00	00 / 00	82.07
49th	Who Was That Lady? (1960)	$117,581,781	57.50	00 / 00	81.95
50th	The Entertainer (1960)	$36,753,786	80.50	01 / 00	80.72

1961 Top 50 Movies

Rank	Movie (Year)	Adj. B.O. Dom.	Review %	Nom Win	UMR Score
1st	West Side Story (1961)	$511,600,839	80.00	11 / 10	99.66
2nd	The Guns of Navarone (1961)	$459,768,356	84.33	07 / 01	99.51
3rd	The Hustler (1961)	$134,393,825	88.50	09 / 02	98.99
4th	Judgment at Nuremberg (1961)	$139,698,839	86.00	11 / 02	98.98
5th	101 Dalmatians (1961)	$914,734,235	84.50	00 / 00	97.76
6th	El Cid (1961)	$424,401,523	82.00	03 / 00	97.76
7th	Fanny (1961)	$150,202,785	69.50	05 / 00	97.74
8th	The Parent Trap (1961)	$369,795,209	79.00	02 / 00	97.23
9th	Lover Come Back (1961)	$300,617,753	79.00	01 / 00	97.07
10th	King of Kings (1961)	$282,934,373	75.00	00 / 00	96.21
11th	Flower Drum Song (1961)	$194,517,382	72.50	05 / 00	96.12
12th	Come September (1961)	$229,884,178	74.50	00 / 00	96.03
13th	Breakfast at Tiffany's (1961)	$148,540,539	84.00	05 / 02	96.01
14th	The Absent Minded Professor (1961)	$367,814,670	70.00	03 / 00	95.68
15th	Splendor in the Grass (1961)	$148,540,539	82.00	02 / 01	94.84
16th	The Misfits (1961)	$141,467,177	84.00	00 / 00	94.03
17th	Blue Hawaii (1961)	$166,223,937	64.50	00 / 00	90.98
18th	One, Two, Three (1961)	$88,416,982	86.50	01 / 00	90.47
19th	One-Eyed Jacks (1961)	$152,077,215	66.33	01 / 00	90.45
20th	Return to Peyton Place (1961)	$159,150,585	59.00	00 / 00	88.51
21st	The Great Imposter (1961)	$106,100,390	75.50	00 / 00	88.41
22nd	Parrish (1961)	$130,927,874	66.00	00 / 00	87.84
23rd	The Children's Hour (1961)	$58,355,218	84.00	05 / 00	87.56
24th	Barabbas (1961)	$102,563,705	74.00	00 / 00	87.53
25th	Back Street (1961)	$93,722,015	75.00	01 / 00	87.11

1961 Top 50 Movies

Rank	Movie (Year)	Adj. B.O. Dom.	Review %	Nom Win	UMR Score
26th	Susan Slade (1961)	$134,393,825	61.00	00 / 00	86.27
27th	Babes in Toyland (1961)	$162,687,261	50.50	02 / 00	86.26
28th	Yojimbo (1961)	$37,135,135	90.50	01 / 00	85.98
29th	The Ladies Man (1961)	$99,027,029	70.50	00 / 00	85.54
30th	The Pleasure of His Company (1961)	$111,405,404	65.50	00 / 00	85.15
31st	A Raisin in the Sun (1961)	$42,440,149	86.00	00 / 00	84.50
32nd	A Majority of One (1961)	$88,416,982	70.50	01 / 00	84.41
33rd	The Comancheros (1961)	$86,648,644	71.00	00 / 00	84.04
34th	Pocketful of Miracles (1961)	$86,560,232	67.50	03 / 00	83.54
35th	The Innocents (1961)	$42,440,149	83.00	00 / 00	82.99
36th	Pit and the Pendulum (1961)	$70,733,593	73.50	00 / 00	82.64
37th	The Last Sunset (1961)	$97,258,691	61.50	00 / 00	80.26
38th	Greyfriars Bobby (1961)	$33,598,459	80.00	00 / 00	79.10
39th	Sky Above Mud Below (1961)	$38,903,473	74.00	01 / 01	77.32
40th	Divorce Italian Style (1961)	$5,340,390	83.00	03 / 01	77.32
41st	Murder She Said (1961)	$35,366,760	77.00	00 / 00	77.12
42nd	Nikki, Wild Dog of the North (1961)	$65,428,570	66.00	00 / 00	75.75
43rd	Goodbye Again (1961)	$47,745,181	71.50	00 / 00	75.64
44th	Voyage to the Bottom of the Sea (1961)	$81,343,630	60.00	00 / 00	74.89
45th	Scream of Fear/Taste of Fear (1961)	$28,367,705	76.50	00 / 00	74.64
46th	Francis of Assisi (1961)	$63,660,232	65.00	00 / 00	74.14
47th	The Devil at 4 O'Clock (1961)	$83,111,968	58.00	00 / 00	73.19
48th	Homicidal (1961)	$56,586,880	66.00	00 / 00	72.65
49th	Summer and Smoke (1961)	$26,525,097	75.00	00 / 00	72.21
50th	Underworld U.S.A. (1961)	$30,624,527	73.00	00 / 00	71.27

1962 Top 50 Movies

Rank	Movie (Year)	Adj. B.O. Dom.	Review %	Nom Win	UMR Score
1st	Lawrence of Arabia (1962)	$506,329,919	94.33	10 / 07	99.99
2nd	To Kill a Mockingbird (1962)	$279,196,800	90.33	08 / 03	99.88
3rd	How the West Was Won (1962)	$440,809,868	76.00	08 / 03	99.30
4th	The Music Man (1962)	$282,651,421	79.50	06 / 01	99.29
5th	Mutiny on the Bounty (1962)	$341,973,321	70.67	07 / 00	98.95
6th	The Longest Day (1962)	$382,102,841	60.50	05 / 02	98.52
7th	Dr. No (1962)	$196,232,060	84.50	00 / 00	97.60
8th	Lolita (1962)	$157,028,579	87.50	01 / 00	96.11
9th	Gypsy (1962)	$209,371,421	72.00	03 / 00	96.04
10th	Days of Wine and Roses (1962)	$149,770,360	83.00	05 / 01	95.71
11th	Hatari! (1962)	$244,266,661	71.67	01 / 00	95.70
12th	That Touch of Mink (1962)	$296,609,520	69.33	03 / 00	95.58
13th	In Search of the Castaways (1962)	$265,203,819	67.00	00 / 00	94.38
14th	What Ever Happened to Baby Jane? (1962)	$125,134,320	84.50	05 / 01	94.18
15th	The Man Who Shot Liberty Valance (1962)	$123,878,090	84.50	01 / 00	92.98
16th	The Interns (1962)	$174,476,181	67.50	00 / 00	92.56
17th	The Miracle Worker (1962)	$87,238,090	86.00	05 / 02	91.84
18th	Mr. Hobbs Takes a Vacation (1962)	$139,580,950	75.00	00 / 00	91.63
19th	The Manchurian Candidate (1962)	$75,063,141	93.00	02 / 00	91.41
20th	The Wonderful World of the Brothers Grimm (1962)	$139,580,923	64.50	04 / 01	89.76
21st	Birdman of Alcatraz (1962)	$92,472,389	80.00	04 / 00	89.53
22nd	Sweet Bird of Youth (1962)	$94,217,149	74.50	03 / 01	88.02
23rd	Bon Voyage! (1962)	$174,476,181	50.00	02 / 00	87.65
24th	40 Pounds Of Trouble (1962)	$94,217,149	75.50	00 / 00	87.01
25th	Taras Bulba (1962)	$118,643,810	67.00	01 / 00	86.98

1962 Top 50 Movies

Rank	Movie (Year)	Adj. B.O. Dom.	Review %	Nom Win	UMR Score
26th	Cape Fear (1962)	$61,066,661	85.20	00 / 00	86.75
27th	Advise & Consent (1962)	$69,790,480	80.00	00 / 00	85.69
28th	Boys' Night Out (1962)	$118,643,810	64.00	00 / 00	85.50
29th	David and Lisa (1962)	$80,259,050	74.00	02 / 00	85.31
30th	The Counterfeit Traitor (1962)	$94,217,149	71.00	00 / 00	85.18
31st	Diamond Head (1962)	$157,028,579	49.50	00 / 00	84.46
32nd	Moon Pilot (1962)	$123,878,090	58.50	00 / 00	83.74
33rd	Almost Angels (1962)	$69,790,480	74.50	00 / 00	83.06
34th	Follow That Dream (1962)	$94,217,149	66.00	00 / 00	82.55
35th	The Notorious Landlady (1962)	$91,600,000	66.50	00 / 00	82.40
36th	Walk on the Wild Side (1962)	$104,685,720	61.50	01 / 00	82.31
37th	Requiem For a Heavyweight (1962)	$38,384,760	83.00	00 / 00	82.24
38th	The Trial (1962)	$34,895,203	84.00	00 / 00	82.18
39th	Billy Budd (1962)	$31,405,720	84.00	01 / 00	81.98
40th	Lonely Are The Brave (1962)	$34,546,280	83.50	00 / 00	81.72
41st	Long Day's Journey into Night (1962)	$26,466,290	85.00	01 / 00	81.56
42nd	Experiment in Terror (1962)	$48,853,339	78.50	00 / 00	81.50
43rd	If A Man Answers (1962)	$76,769,520	68.50	00 / 00	80.73
44th	Sergeants 3 (1962)	$150,852,120	45.00	00 / 00	80.58
45th	The L-Shaped Room (1962)	$34,895,240	79.00	01 / 00	79.33
46th	Hell is for Heroes (1962)	$45,363,819	75.67	00 / 00	78.64
47th	Period of Adjustment (1962)	$73,280,000	66.00	01 / 00	78.51
48th	Billy Rose's Jumbo (1962)	$87,238,090	61.00	01 / 00	78.14
49th	The Condemned of Altona (1962)	$38,384,760	76.50	00 / 00	77.52
50th	Gigot (1962)	$55,832,380	70.00	01 / 00	77.35

1963 Top 50 Movies

Rank	Movie (Year)	Adj. B.O. Dom.	Review %	Nom Win	UMR Score
1st	Tom Jones (1963)	$397,744,860	69.50	10 / 04	99.17
2nd	Cleopatra (1963)	$615,400,530	52.50	09 / 04	98.42
3rd	Charade (1963)	$199,694,082	88.00	01 / 00	98.20
4th	From Russia with Love (1963)	$264,114,384	86.80	00 / 00	97.98
5th	Irma La Douce (1963)	$268,409,306	79.00	03 / 01	97.52
6th	It's a Mad Mad Mad Mad World (1963)	$489,238,348	76.00	06 / 01	97.42
7th	Lilies of the Field (1963)	$86,730,892	85.00	05 / 01	97.27
8th	The Great Escape (1963)	$167,984,049	89.00	01 / 00	97.06
9th	The Sword in the Stone (1963)	$308,883,737	74.30	01 / 00	96.19
10th	The Birds (1963)	$154,909,633	88.20	01 / 00	96.09
11th	Hud (1963)	$152,159,462	79.50	07 / 03	95.92
12th	Son of Flubber (1963)	$276,930,231	73.00	00 / 00	95.78
13th	The Pink Panther (1963)	$178,787,372	76.00	01 / 00	95.20
14th	Come Blow Your Horn (1963)	$182,591,355	72.50	01 / 00	94.61
15th	Bye Bye Birdie (1963)	$182,591,355	71.00	02 / 00	94.43
16th	Move Over, Darling (1963)	$185,634,545	69.67	00 / 00	93.93
17th	The Thrill of It All (1963)	$167,375,422	73.33	00 / 00	93.45
18th	8½ (1963)	$106,511,628	82.00	05 / 02	92.46
19th	The Cardinal (1963)	$160,528,249	66.00	06 / 00	92.26
20th	America America (1963)	$30,431,865	80.00	04 / 01	92.02
21st	McLintock! (1963)	$137,704,314	77.00	00 / 00	91.97
22nd	Love with the Proper Stranger (1963)	$108,033,223	81.00	05 / 00	91.64
23rd	Spencer's Mountain (1963)	$144,551,496	67.50	00 / 00	89.82
24th	Captain Newman, M.D. (1963)	$121,727,570	71.33	03 / 00	89.51
25th	55 Days At Peking (1963)	$152,159,462	62.50	02 / 00	89.45

1963 Top 50 Movies

Rank	Movie (Year)	Adj. B.O. Dom.	Review %	Nom Win	UMR Score
26th	Summer Magic (1963)	$117,162,794	74.00	00 / 00	89.08
27th	The Nutty Professor (1963)	$121,727,570	70.50	00 / 00	88.32
28th	Under The Yum Yum Tree (1963)	$150,637,876	61.00	00 / 00	88.25
29th	The Leopard (1963)	$47,169,429	91.30	01 / 00	87.71
30th	The Ugly American (1963)	$97,382,058	71.67	00 / 00	85.80
31st	The V.I.P.s (1963)	$112,664,719	53.00	01 / 01	84.94
32nd	The Prize (1963)	$104,990,033	67.00	00 / 00	84.89
33rd	Jason and the Argonauts (1963)	$63,906,975	77.00	00 / 00	83.41
34th	Donovan's Reef (1963)	$94,338,867	66.67	00 / 00	83.07
35th	PT 109 (1963)	$106,511,628	62.50	00 / 00	82.81
36th	The Wheeler Dealers (1963)	$97,382,058	64.50	00 / 00	82.28
37th	Miracle of the White Stallions (1963)	$73,036,546	72.00	00 / 00	82.20
38th	This Sporting Life (1963)	$27,388,711	83.50	02 / 00	81.31
39th	The Victors (1963)	$71,514,960	71.00	00 / 00	81.23
40th	Sunday in New York (1963)	$57,820,595	73.50	00 / 00	79.96
41st	The Haunting (1963)	$36,518,264	80.00	00 / 00	79.80
42nd	My Six Loves (1963)	$66,493,686	70.50	00 / 00	79.74
43rd	The Raven (1963)	$41,083,058	78.00	00 / 00	79.39
44th	A Child Is Waiting (1963)	$26,475,743	81.50	00 / 00	78.45
45th	Take Her, She's Mine (1963)	$98,903,653	58.33	00 / 00	78.32
46th	The Incredible Journey (1963)	$28,473,594	78.33	00 / 00	76.43
47th	The Three Lives of Thomasina (1963)	$64,667,777	66.00	00 / 00	75.51
48th	The Stripper (1963)	$45,647,834	70.50	01 / 00	74.82
49th	Any Number Can Win/Mélodie en sous-sol (1963)	$30,431,892	75.50	00 / 00	74.24
50th	The List of Adrian Messenger (1963)	$48,691,033	69.50	00 / 00	74.08

1964 Top 50 Movies

Rank	Movie (Year)	Adj. B.O. Dom.	Review %	Nom Win	UMR Score
1st	Mary Poppins (1964)	$736,419,446	81.00	13 / 05	99.71
2nd	My Fair Lady (1964)	$551,665,873	79.50	12 / 08	99.63
3rd	Dr. Strangelove or: How I Learned to Stop Worrying and Love the Bomb (1964)	$139,209,723	94.00	04 / 00	99.01
4th	Becket (1964)	$139,209,723	79.30	12 / 01	98.64
5th	Zorba the Greek (1964)	$122,504,567	81.00	07 / 03	98.48
6th	Goldfinger (1964)	$606,954,387	87.00	00 / 00	98.01
7th	A Hard Day's Night (1964)	$157,446,202	89.70	02 / 00	96.81
8th	A Shot in the Dark (1964)	$187,883,233	80.50	00 / 00	96.51
9th	Father Goose (1964)	$167,051,671	77.00	03 / 01	95.25
10th	The Unsinkable Molly Brown (1964)	$168,151,586	68.50	06 / 00	93.54
11th	The Carpetbaggers (1964)	$353,592,708	61.00	00 / 00	92.93
12th	Seven Days in May (1964)	$99,534,960	86.50	02 / 00	91.73
13th	Hush... Hush, Sweet Charlotte (1964)	$104,407,301	80.00	07 / 00	91.49
14th	A Fistful of Dollars (1964)	$116,936,166	81.00	00 / 00	91.29
15th	Viva Las Vegas (1964)	$143,441,698	72.50	00 / 00	91.23
16th	The Night of the Iguana (1964)	$120,806,202	73.50	04 / 01	90.73
17th	The Train (1964)	$103,015,201	81.00	01 / 00	90.14
18th	The Americanization of Emily (1964)	$109,975,684	78.00	02 / 00	90.13
19th	Send Me No Flowers (1964)	$125,288,758	72.00	00 / 00	89.25
20th	Good Neighbor Sam (1964)	$137,817,632	68.00	00 / 00	89.20
21st	What a Way To Go! (1964)	$169,835,853	51.00	02 / 00	87.48
22nd	The Pawnbroker (1964)	$69,604,861	83.50	01 / 00	87.43
23rd	Topkapi (1964)	$68,212,761	80.00	01 / 01	86.30
24th	Fail Safe (1964)	$50,115,496	86.00	00 / 00	85.56
25th	Goodbye Charlie (1964)	$98,838,901	70.50	00 / 00	85.51

1964 Top 50 Movies

Rank	Movie (Year)	Adj. B.O. Dom.	Review %	Nom Win	UMR Score
26th	The Misadventures of Merlin Jones (1964)	$112,759,884	66.00	00 / 00	85.49
27th	Sex and the Single Girl (1964)	$118,328,266	62.50	00 / 00	84.73
28th	Zulu (1964)	$39,257,122	86.67	00 / 00	84.40
29th	Robin and the 7 Hoods (1964)	$120,806,202	58.67	02 / 00	84.15
30th	The Chalk Garden (1964)	$89,094,227	69.50	01 / 00	84.13
31st	The Yellow Rolls Royce (1964)	$120,066,202	56.50	00 / 00	83.67
32nd	Dead Ringer (1964)	$55,664,404	79.50	00 / 00	83.45
33rd	Marnie (1964)	$76,565,353	72.00	00 / 00	82.88
34th	36 Hours (1964)	$61,252,279	76.00	00 / 00	82.28
35th	The Umbrellas of Cherbourg (1964)	$9,744,683	88.00	05 / 00	82.15
36th	Strait-Jacket (1964)	$61,113,074	73.50	00 / 00	80.68
37th	Cheyenne Autumn (1964)	$85,586,139	64.67	01 / 00	80.55
38th	The Moon-Spinners (1964)	$80,741,635	67.00	00 / 00	80.47
39th	Bikini Beach (1964)	$125,288,758	51.50	00 / 00	79.48
40th	The Fall of the Roman Empire (1964)	$46,287,239	75.50	01 / 00	79.42
41st	Rio Conchos (1964)	$69,604,861	68.50	00 / 00	79.07
42nd	The Best Man (1964)	$25,057,757	81.00	01 / 00	78.41
43rd	Behold a Pale Horse (1964)	$50,115,496	73.33	00 / 00	77.95
44th	Man's Favorite Sport? (1964)	$76,565,353	65.00	00 / 00	77.94
45th	Marriage Italian Style (1964)	$26,622,771	79.00	02 / 00	77.85
46th	The Disorderly Orderly (1964)	$75,173,253	65.00	00 / 00	77.53
47th	The Patsy (1964)	$69,604,861	66.50	00 / 00	77.42
48th	Roustabout (1964)	$87,702,127	60.00	00 / 00	76.71
49th	The World of Henry Orient (1964)	$51,507,596	71.50	00 / 00	76.68
50th	Bedtime Story (1964)	$76,565,353	62.50	00 / 00	75.81

1965 Top 50 Movies

Rank	Movie (Year)	Adj. B.O. Dom.	Review %	Nom Win	UMR Score
1st	Doctor Zhivago (1965)	$1,136,527,879	82.50	10 / 05	99.78
2nd	The Sound of Music (1965)	$1,306,697,010	82.33	10 / 05	99.76
3rd	Cat Ballou (1965)	$225,723,376	77.00	05 / 01	97.45
4th	That Darn Cat! (1965)	$264,557,490	79.50	00 / 00	97.04
5th	The Great Race (1965)	$276,693,170	74.00	05 / 01	97.00
6th	Von Ryan's Express (1965)	$186,889,245	81.00	01 / 00	96.72
7th	A Patch of Blue (1965)	$152,909,382	87.00	05 / 01	96.66
8th	Thunderball (1965)	$687,859,061	75.00	01 / 01	96.60
9th	Ship of Fools (1965)	$84,949,648	76.50	08 / 02	96.30
10th	Those Magnificent Men in Their Flying Machines or How I Flew from London to Paris in 25 hours 11 minutes (1965	$339,798,627	70.50	01 / 00	95.45
11th	Darling (1965)	$88,833,066	71.00	05 / 03	95.22
12th	Shenandoah (1965)	$172,326,439	75.33	01 / 00	94.53
13th	Help! (1965)	$145,627,979	79.00	00 / 00	93.14
14th	The Sons of Katie Elder (1965)	$145,627,979	78.00	00 / 00	92.86
15th	A Thousand Clowns (1965)	$58,251,188	72.50	04 / 01	92.37
16th	For a Few Dollars More (1965)	$96,539,219	85.50	00 / 00	90.71
17th	The Agony and the Ecstasy (1965)	$97,085,319	79.50	05 / 00	90.12
18th	What's New Pussycat (1965)	$205,092,748	46.50	01 / 00	88.90
19th	How To Murder Your Wife (1965)	$135,919,451	66.00	00 / 00	88.33
20th	The Ipcress File (1965)	$72,813,994	85.67	00 / 00	88.28
21st	The Greatest Story Ever Told (1965)	$168,994,361	50.00	05 / 00	87.89
22nd	The Cincinnati Kid (1965)	$87,376,791	79.00	00 / 00	87.56
23rd	The Spy Who Came in from the Cold (1965)	$87,376,791	77.00	02 / 00	87.41
24th	Battle of the Bulge (1965)	$123,783,788	67.00	00 / 00	87.35
25th	The Collector (1965)	$62,498,671	82.00	03 / 00	86.55

1965 Top 50 Movies

Rank	Movie (Year)	Adj. B.O. Dom.	Review %	Nom Win	UMR Score
26th	The Flight of the Phoenix (1965)	$65,532,582	79.67	02 / 00	85.64
27th	In Harm's Way (1965)	$103,153,151	67.33	01 / 00	85.18
28th	King Rat (1965)	$63,105,457	75.00	02 / 00	83.14
29th	The Hill (1965)	$22,450,977	89.33	00 / 00	83.02
30th	The Art of Love (1965)	$84,949,648	67.00	00 / 00	81.31
31st	Repulsion (1965)	$12,187,160	89.00	00 / 00	80.71
32nd	Those Calloways (1965)	$82,522,522	66.50	00 / 00	80.57
33rd	Operation Crossbow (1965)	$89,803,926	63.00	00 / 00	79.76
34th	Lord Jim (1965)	$94,658,194	61.00	00 / 00	79.43
35th	Boeing, Boeing (1965)	$72,813,994	67.50	00 / 00	79.04
36th	Girl Happy (1965)	$77,061,477	65.00	00 / 00	78.02
37th	Do Not Disturb (1965)	$93,444,613	58.67	00 / 00	77.23
38th	Chimes At Midnight (1965)	$8,494,966	85.50	00 / 00	77.16
39th	The Family Jewels (1965)	$63,105,457	68.00	00 / 00	76.87
40th	The Bedford Incident (1965)	$23,057,772	80.50	00 / 00	76.69
41st	The Nanny (1965)	$31,552,738	77.50	00 / 00	76.56
42nd	Major Dundee (1965)	$49,756,231	71.30	00 / 00	76.03
43rd	Casanova 70 (1965)	$75,241,119	62.00	01 / 00	75.78
44th	The Loved One (1965)	$48,542,651	71.00	00 / 00	75.48
45th	Mirage (1965)	$36,406,997	74.67	00 / 00	75.35
46th	Inside Daisy Clover (1965)	$72,813,994	60.00	03 / 00	74.59
47th	Morituri (1965)	$50,969,794	67.00	02 / 00	73.74
48th	The Slender Thread (1965)	$30,339,157	73.50	02 / 00	73.72
49th	The Sandpiper (1965)	$149,534,545	35.00	01 / 01	73.46
50th	Bunny Lake Is Missing (1965)	$21,844,173	77.00	00 / 00	72.68

1966 Top 50 Movies

Rank	Movie (Year)	Adj. B.O. Dom.	Review %	Nom Win	UMR Score
1st	Who's Afraid of Virginia Woolf? (1966)	$233,163,641	84.50	13 / 05	99.86
2nd	A Man for All Seasons (1966)	$265,431,812	81.50	08 / 06	99.65
3rd	The Sand Pebbles (1966)	$281,045,453	83.33	08 / 00	99.42
4th	The Russians Are Coming! The Russians Are Coming! (1966)	$203,081,359	76.50	04 / 00	99.09
5th	Alfie (1966)	$176,954,547	79.33	05 / 00	98.94
6th	The Good, the Bad and the Ugly (1966)	$208,181,812	94.30	00 / 00	98.57
7th	Grand Prix (1966)	$197,772,736	75.50	03 / 03	97.28
8th	The Professionals (1966)	$183,200,000	83.00	03 / 00	97.13
9th	Georgy Girl (1966)	$158,218,188	79.50	04 / 00	95.09
10th	Hawaii (1966)	$323,785,555	60.50	07 / 00	94.20
11th	The Bible: In the Beginning... (1966)	$312,272,717	61.00	01 / 00	93.16
12th	Follow Me, Boys! (1966)	$151,972,726	75.00	00 / 00	92.63
13th	Our Man Flint (1966)	$149,890,906	73.50	00 / 00	92.06
14th	Blow-Up (1966)	$122,827,274	79.50	02 / 00	91.85
15th	The Blue Max (1966)	$151,452,274	67.50	00 / 00	90.55
16th	Fantastic Voyage (1966)	$114,500,000	72.50	05 / 02	90.44
17th	How To Steal a Million (1966)	$91,600,000	84.50	00 / 00	89.89
18th	Harper (1966)	$111,023,368	77.00	00 / 00	89.39
19th	The Ugly Dachshund (1966)	$124,909,094	71.00	00 / 00	88.88
20th	Torn Curtain (1966)	$136,355,778	67.33	00 / 00	88.87
21st	Lt. Robin Crusoe, U.S.N. (1966)	$194,129,547	48.50	00 / 00	88.74
22nd	The Silencers (1966)	$153,013,632	57.00	00 / 00	87.03
23rd	The Trouble With Angels (1966)	$85,354,547	76.50	00 / 00	86.28
24th	Born Free (1966)	$74,945,453	75.00	02 / 02	85.96
25th	Nevada Smith (1966)	$114,500,000	66.33	00 / 00	85.86

1966 Top 50 Movies

Rank	Movie (Year)	Adj. B.O. Dom.	Review %	Nom Win	UMR Score
26th	The Wild Angels (1966)	$145,727,274	56.00	00 / 00	85.65
27th	Texas Across the River (1966)	$90,642,368	72.00	00 / 00	85.13
28th	A Funny Thing Happened on the Way to the Forum (1966)	$70,761,000	74.00	01 / 01	84.10
29th	Walk Don't Run (1966)	$83,272,726	71.00	00 / 00	83.51
30th	The Fortune Cookie (1966)	$34,974,547	79.50	04 / 01	82.19
31st	Khartoum (1966)	$49,026,812	78.50	01 / 00	82.03
32nd	The Ghost and Mr. Chicken (1966)	$78,068,179	70.00	00 / 00	81.91
33rd	Gambit (1966)	$52,045,453	71.50	03 / 00	81.06
34th	Arabesque (1966)	$83,272,726	67.00	00 / 00	80.96
35th	Murderers' Row (1966)	$132,195,453	51.50	00 / 00	80.94
36th	The Glass Bottom Boat (1966)	$95,805,274	61.67	00 / 00	80.06
37th	The Singing Nun (1966)	$79,109,094	65.00	01 / 00	79.19
38th	Seconds (1966)	$26,022,726	81.50	01 / 00	78.98
39th	The Battle of Algiers (1966)	$499,632	90.00	00 / 00	78.71
40th	The Endless Summer (1966)	$44,863,188	76.00	00 / 00	78.68
41st	Closely Watched Trains (1966)	$31,227,274	77.00	01 / 01	77.70
42nd	The Family Way (1966)	$46,320,453	74.00	00 / 00	77.57
43rd	The Chase (1966)	$45,800,000	73.33	00 / 00	76.73
44th	King of Hearts (1966)	$20,818,170	81.00	00 / 00	76.59
45th	Batman: The Movie (1966)	$35,390,906	72.50	00 / 00	72.41
46th	Morgan! (1966)	$20,818,170	75.00	02 / 00	71.98
47th	The Group (1966)	$60,372,726	64.00	00 / 00	71.80
48th	A Man and a Woman (1966)	$5,225,368	75.50	04 / 02	71.42
49th	Stagecoach (1966)	$83,272,726	56.00	00 / 00	70.72
50th	Masculin Féminin (1966)	$3,559,329	81.00	00 / 00	70.63

1967 Top 50 Movies

Rank	Movie (Year)	Adj. B.O. Dom.	Review %	Nom Win	UMR Score
1st	Bonnie and Clyde (1967)	$431,504,150	87.00	10 / 02	99.81
2nd	The Graduate (1967)	$783,345,173	85.70	07 / 01	99.59
3rd	In the Heat of the Night (1967)	$181,701,094	84.00	07 / 05	99.46
4th	Guess Who's Coming to Dinner (1967)	$397,438,000	71.30	10 / 02	99.14
5th	The Dirty Dozen (1967)	$386,155,042	86.50	04 / 01	98.41
6th	Thoroughly Modern Millie (1967)	$292,500,363	80.50	07 / 01	98.05
7th	To Sir, with Love (1967)	$361,479,321	83.50	00 / 00	97.62
8th	The Jungle Book (1967)	$674,668,442	82.50	01 / 00	97.59
9th	Cool Hand Luke (1967)	$138,157,028	93.00	04 / 01	96.81
10th	Wait until Dark (1967)	$149,512,396	88.00	01 / 00	95.73
11th	You Only Live Twice (1967)	$333,732,765	69.50	00 / 00	95.06
12th	Barefoot in the Park (1967)	$170,330,585	77.00	01 / 00	94.77
13th	The Born Losers (1967)	$200,914,377	61.50	00 / 00	93.07
14th	In Cold Blood (1967)	$98,413,226	90.00	04 / 00	92.15
15th	El Dorado (1967)	$113,553,717	82.00	00 / 00	91.28
16th	Camelot (1967)	$124,909,094	70.30	05 / 03	91.11
17th	Hombre (1967)	$106,172,726	83.30	00 / 00	90.90
18th	Valley of the Dolls (1967)	$378,512,415	48.00	01 / 00	89.39
19th	The War Wagon (1967)	$115,048,840	73.33	00 / 00	88.64
20th	The Producers (1967)	$50,758,290	88.30	02 / 01	87.81
21st	Point Blank (1967)	$66,239,670	85.50	00 / 00	87.51
22nd	Up The Down Staircase (1967)	$94,628,104	75.00	00 / 00	86.89
23rd	Divorce American Style (1967)	$104,090,906	68.00	01 / 00	85.54
24th	A Guide For The Married Man (1967)	$105,037,189	67.50	00 / 00	85.16
25th	The Taming of the Shrew (1967)	$66,996,698	77.50	02 / 00	84.98

1967 Top 50 Movies

Rank	Movie (Year)	Adj. B.O. Dom.	Review %	Nom Win	UMR Score
26th	I Am Curious (Yellow) (1967)	$136,264,462	56.00	00 / 00	84.34
27th	In Like Flint (1967)	$94,628,104	68.50	00 / 00	84.07
28th	Two For The Road (1967)	$56,776,859	79.00	01 / 00	83.74
29th	Casino Royale (1967)	$169,876,359	42.00	01 / 00	83.08
30th	How To Succeed in Business Without Really Trying (1967)	$54,884,302	77.00	00 / 00	81.67
31st	The Happiest Millionaire (1967)	$94,628,104	61.50	01 / 00	80.24
32nd	The President's Analyst (1967)	$46,367,773	75.50	00 / 00	78.74
33rd	Far From The Madding Crowd (1967)	$66,239,670	68.00	01 / 00	78.37
34th	The Trip (1967)	$104,090,906	56.50	00 / 00	78.16
35th	Elvira Madigan (1967)	$39,743,802	76.00	00 / 00	77.36
36th	The Night of The Generals (1967)	$45,421,490	73.00	00 / 00	76.47
37th	Tony Rome (1967)	$73,809,915	64.00	00 / 00	76.46
38th	The Gnome-Mobile (1967)	$75,702,481	63.50	00 / 00	76.46
39th	Will Penny (1967)	$34,066,113	76.50	00 / 00	76.34
40th	Le Samouraï (1967)	$14,628,538	82.50	00 / 00	76.10
41st	Doctor Dolittle (1967)	$66,239,670	54.50	09 / 02	74.37
42nd	Eight on the Lam (1967)	$58,814,088	66.50	00 / 00	74.22
43rd	The Incident (1967)	$14,482,281	79.00	00 / 00	72.32
44th	The St. Valentine's Day Massacre (1967)	$32,173,557	73.00	00 / 00	71.88
45th	Marat/Sade (1967)	$6,739,598	80.50	00 / 00	71.08
46th	Ulysses (1967)	$43,528,925	68.00	01 / 00	71.05
47th	The Young Girls of Rochefort (1967)	$14,194,217	76.50	01 / 00	70.23
48th	Quatermass and the Pit (1967)	$15,140,491	76.00	00 / 00	68.80
49th	Belle de Jour (1967)	$11,355,368	75.50	00 / 00	66.57
50th	Bedazzled (1967)	$28,388,434	70.00	00 / 00	66.34

1968 Top 50 Movies

Rank	Movie (Year)	Adj. B.O. Dom.	Review %	Nom Win	UMR Score
1st	The Lion in Winter (1968)	$199,895,914	88.00	07 / 03	99.79
2nd	Funny Girl (1968)	$366,100,321	82.50	08 / 01	99.47
3rd	Oliver! (1968)	$335,633,575	71.50	11 / 05	99.29
4th	Romeo and Juliet (1968)	$349,078,916	76.00	00 / 00	98.94
5th	2001: A Space Odyssey (1968)	$398,003,832	92.70	04 / 01	98.69
6th	Rosemary's Baby (1968)	$299,672,844	89.00	02 / 01	98.45
7th	Bullitt (1968)	$379,585,600	87.50	02 / 01	98.36
8th	Planet of the Apes (1968)	$299,672,844	86.30	02 / 00	98.13
9th	The Odd Couple (1968)	$311,350,745	81.00	02 / 00	97.50
10th	The Love Bug (1968)	$358,456,668	68.70	00 / 00	94.87
11th	Rachel, Rachel (1968)	$59,934,576	81.00	04 / 00	94.24
12th	The Boston Strangler (1968)	$159,825,512	76.50	00 / 00	93.64
13th	Yours, Mine and Ours (1968)	$231,946,790	59.50	00 / 00	92.59
14th	Charly (1968)	$145,041,657	71.00	01 / 01	91.55
15th	Where Eagles Dare (1968)	$109,989,927	83.33	00 / 00	91.30
16th	Chitty Chitty Bang Bang (1968)	$141,345,697	68.00	01 / 00	89.88
17th	The Thomas Crown Affair (1968)	$124,863,688	70.67	02 / 01	89.71
18th	The Green Berets (1968)	$194,787,345	48.67	00 / 00	88.80
19th	Hang 'em High (1968)	$103,221,310	77.33	00 / 00	88.75
20th	Candy (1968)	$147,239,260	59.67	00 / 00	87.39
21st	Star! (1968)	$83,908,394	71.50	07 / 00	86.32
22nd	Once Upon a Time in the West (1968)	$36,959,647	90.30	00 / 00	85.63
23rd	The Detective (1968)	$129,858,233	59.00	00 / 00	84.83
24th	The Party (1968)	$57,936,744	79.00	00 / 00	83.49
25th	Night of the Living Dead (1968)	$24,473,285	89.00	00 / 00	83.17

1968 Top 50 Movies

Rank	Movie (Year)	Adj. B.O. Dom.	Review %	Nom Win	UMR Score
26th	Blackbeard's Ghost (1968)	$89,901,855	68.00	00 / 00	82.97
27th	Barbarella (1968)	$109,880,044	61.00	00 / 00	82.60
28th	No Way To Treat a Lady (1968)	$61,932,390	76.00	00 / 00	82.39
29th	Yellow Submarine (1968)	$59,934,576	76.50	00 / 00	82.35
30th	The Devil's Brigade (1968)	$83,908,394	68.00	00 / 00	81.77
31st	If.... (1968)	$45,949,839	79.00	00 / 00	81.12
32nd	Finian's Rainbow (1968)	$109,880,044	57.00	02 / 00	81.00
33rd	The Subject Was Roses (1968)	$27,470,006	78.50	02 / 01	78.69
34th	With Six You Get Eggroll (1968)	$99,890,945	58.33	00 / 00	78.54
35th	Never a Dull Moment (1968)	$99,890,945	58.00	00 / 00	78.23
36th	The Horse in the Gray Flannel Suit (1968)	$65,928,019	68.50	00 / 00	78.10
37th	The Scalphunters (1968)	$55,938,929	71.50	00 / 00	77.93
38th	The Impossible Years (1968)	$119,869,134	51.00	00 / 00	77.77
39th	Ice Station Zebra (1968)	$92,998,476	57.50	02 / 00	77.49
40th	Targets (1968)	$39,445,406	76.00	00 / 00	77.29
41st	Faces (1968)	$14,983,644	81.00	03 / 00	77.17
42nd	Petulia (1968)	$29,967,288	78.00	00 / 00	76.51
43rd	Pretty Poison (1968)	$20,717,383	80.00	00 / 00	75.68
44th	The Swimmer (1968)	$12,888,395	82.50	00 / 00	75.65
45th	5 Card Stud (1968)	$84,907,301	59.50	00 / 00	75.59
46th	Coogan's Bluff (1968)	$47,687,940	71.00	00 / 00	75.25
47th	Three In The Attic (1968)	$103,886,592	53.00	00 / 00	75.05
48th	Isadora (1968)	$24,972,743	77.00	01 / 00	74.84
49th	Wild in The Streets (1968)	$79,912,756	59.50	01 / 00	74.83
50th	For Love of Ivy (1968)	$111,078,731	49.50	01 / 00	74.67

1969 Top 50 Movies

Rank	Movie (Year)	Adj. B.O. Dom.	Review %	Nom Win	UMR Score
1st	Midnight Cowboy (1969)	$377,813,726	85.00	07 / 03	99.67
2nd	Butch Cassidy and the Sundance Kid (1969)	$645,789,233	79.70	07 / 04	99.48
3rd	Z (1969)	$176,196,374	86.50	05 / 02	99.28
4th	Hello, Dolly! (1969)	$280,144,860	66.50	07 / 03	98.92
5th	Easy Rider (1969)	$352,024,149	86.00	02 / 00	98.08
6th	True Grit (1969)	$262,635,813	81.33	02 / 01	97.67
7th	Anne of the Thousand Days (1969)	$111,638,892	72.00	10 / 01	97.11
8th	Cactus Flower (1969)	$218,402,411	76.00	01 / 01	96.80
9th	Bob & Carol & Ted & Alice (1969)	$269,086,523	67.00	04 / 00	95.23
10th	Goodbye, Columbus (1969)	$193,521,122	67.50	01 / 00	93.98
11th	They Shoot Horses, Don't They? (1969)	$108,740,439	81.50	09 / 01	92.97
12th	The Wild Bunch (1969)	$97,682,093	89.00	02 / 00	92.25
13th	On Her Majesty's Secret Service (1969)	$146,911,515	70.50	00 / 00	90.92
14th	Paint Your Wagon (1969)	$258,028,168	50.67	01 / 00	90.25
15th	A Boy Named Charlie Brown (1969)	$110,583,505	75.00	01 / 00	89.01
16th	The Reivers (1969)	$156,659,963	58.50	02 / 00	88.68
17th	Women in Love (1969)	$53,909,458	81.50	04 / 01	85.99
18th	Alice's Restaurant (1969)	$118,195,327	63.00	01 / 00	85.39
19th	Support Your Local Sheriff! (1969)	$94,641,047	70.00	00 / 00	84.74
20th	The Sterile Cuckoo (1969)	$90,180,841	69.00	00 / 00	83.59
21st	The Prime of Miss Jean Brodie (1969)	$36,861,168	82.50	02 / 01	83.31
22nd	Take the Money and Run (1969)	$47,735,215	79.70	00 / 00	81.88
23rd	The April Fools (1969)	$92,152,916	65.50	00 / 00	81.87
24th	Winning (1969)	$123,548,495	54.50	00 / 00	81.16
25th	The Italian Job (1969)	$42,390,346	79.67	00 / 00	80.80

1969 Top 50 Movies

Rank	Movie (Year)	Adj. B.O. Dom.	Review %	Nom Win	UMR Score
26th	The Secret of Santa Vittoria (1969)	$49,762,579	75.00	02 / 00	80.48
27th	Downhill Racer (1969)	$35,478,878	80.00	00 / 00	79.60
28th	Last Summer (1969)	$55,291,757	71.00	00 / 00	77.39
29th	The Computer Wore Tennis Shoes (1969)	$110,583,505	53.00	00 / 00	77.02
30th	Let It Be (1969)	$6,600,421	81.00	01 / 01	74.26
31st	The Undefeated (1969)	$73,722,336	61.33	00 / 00	73.54
32nd	Marooned (1969)	$80,173,037	54.67	03 / 01	72.50
33rd	Goodbye, Mr. Chips (1969)	$18,430,561	76.00	02 / 00	72.06
34th	Me, Natalie (1969)	$35,018,103	72.00	00 / 00	71.71
35th	The Damned (1969)	$22,116,692	75.00	01 / 00	71.48
36th	The Learning Tree (1969)	$27,645,869	74.00	00 / 00	71.35
37th	Angel In My Pocket (1969)	$33,175,047	72.00	00 / 00	71.11
38th	Medium Cool (1969)	$18,430,580	76.50	00 / 00	70.84
39th	Army Of Shadows (1969)	$939,953	81.50	00 / 00	70.10
40th	Burn! (1969)	$17,693,355	76.00	00 / 00	69.82
41st	Battle of Britain (1969)	$36,861,168	69.67	00 / 00	69.50
42nd	The Sicilian Clan (1969)	$22,116,692	74.00	00 / 00	69.24
43rd	If It's Tuesday, This Must Be Belgium (1969)	$55,291,757	63.00	00 / 00	68.65
44th	Topaz (1969)	$70,761,705	57.33	00 / 00	67.50
45th	Oh! What a Lovely War (1969)	$18,430,561	73.50	00 / 00	66.82
46th	Popi (1969)	$36,861,168	67.00	00 / 00	65.74
47th	My Side of the Mountain (1969)	$36,861,168	67.00	00 / 00	65.74
48th	Fellini Satyricon (1969)	$25,802,822	69.50	01 / 00	65.64
49th	Sweet Charity (1969)	$20,273,645	69.50	03 / 00	65.48
50th	The Stewardesses (1969)	$126,773,475	37.00	00 / 00	63.25

Top 100 1960-1969 Countdown

Rank	Movie (Year)	Adj. B.O. Dom.	Review %	Nom Win	UMR Score
100th	Exodus (1960)	$316,013,625	67.50	03 / 01	95.46
99th	Those Magnificent Men in Their Flying Machines or How I Flew from London to Paris in 25 hours 11 minutes (1965	$339,798,627	70.50	01 / 00	95.46
98th	That Touch of Mink (1962)	$296,609,520	69.33	03 / 00	95.60
97th	The Absent Minded Professor (1961)	$367,814,670	70.00	03 / 00	95.70
96th	Hatari! (1962)	$244,266,661	71.67	01 / 00	95.71
95th	Days of Wine and Roses (1962)	$149,770,360	83.00	05 / 01	95.73
94th	Wait until Dark (1967)	$149,512,396	88.00	01 / 00	95.75
93rd	Son of Flubber (1963)	$276,930,231	73.00	00 / 00	95.81
92nd	Hud (1963)	$152,159,462	79.50	07 / 03	95.94
91st	Breakfast at Tiffany's (1961)	$148,540,539	84.00	05 / 02	96.03
90th	Come September (1961)	$229,884,178	74.50	00 / 00	96.07
89th	Gypsy (1962)	$209,371,421	72.00	03 / 00	96.07
88th	The Birds (1963)	$154,909,633	88.20	01 / 00	96.12
87th	Lolita (1962)	$157,028,579	87.50	01 / 00	96.14
86th	Flower Drum Song (1961)	$194,517,382	72.50	05 / 00	96.15
85th	The Sword in the Stone (1963)	$308,883,737	74.30	01 / 00	96.21
84th	King of Kings (1961)	$282,934,373	75.00	00 / 00	96.23
83rd	Ship of Fools (1965)	$84,949,648	76.50	08 / 02	96.32
82nd	A Shot in the Dark (1964)	$187,883,233	80.50	00 / 00	96.53
81st	Thunderball (1965)	$687,859,061	75.00	01 / 01	96.62
80th	A Patch of Blue (1965)	$152,909,382	87.00	05 / 01	96.68
79th	Von Ryan's Express (1965)	$186,889,245	81.00	01 / 00	96.74
78th	A Hard Day's Night (1964)	$157,446,202	89.70	02 / 00	96.81
77th	Cactus Flower (1969)	$218,402,411	76.00	01 / 01	96.81
76th	Cool Hand Luke (1967)	$138,157,028	93.00	04 / 01	96.83

Top 100 1960-1969 Countdown

Rank	Movie (Year)	Adj. B.O. Dom.	Review %	Nom Win	UMR Score
75th	Swiss Family Robinson (1960)	$493,106,323	78.30	00 / 00	96.89
74th	The Great Race (1965)	$276,693,170	74.00	05 / 01	97.02
73rd	That Darn Cat! (1965)	$264,557,490	79.50	00 / 00	97.05
72nd	The Great Escape (1963)	$167,984,049	89.00	01 / 00	97.08
71st	Lover Come Back (1961)	$300,617,753	79.00	01 / 00	97.09
70th	Anne of the Thousand Days (1969)	$111,638,802	72.00	10 / 01	97.13
69th	The Professionals (1966)	$183,200,000	83.00	03 / 00	97.15
68th	The Parent Trap (1961)	$369,795,209	79.00	02 / 00	97.24
67th	Lilies of the Field (1963)	$86,730,892	85.00	05 / 01	97.29
66th	Grand Prix (1966)	$197,772,736	75.50	03 / 03	97.30
65th	It's a Mad Mad Mad Mad World (1963)	$489,238,348	76.00	06 / 01	97.45
64th	Cat Ballou (1965)	$225,723,376	77.00	05 / 01	97.47
63rd	The Odd Couple (1968)	$311,350,745	81.00	02 / 00	97.52
62nd	Irma La Douce (1963)	$268,409,306	79.00	03 / 01	97.53
61st	The Jungle Book (1967)	$674,668,442	82.50	01 / 00	97.60
60th	Dr. No (1962)	$196,232,060	84.50	00 / 00	97.61
59th	To Sir, with Love (1967)	$361,479,321	83.50	00 / 00	97.63
58th	True Grit (1969)	$262,635,813	81.33	02 / 01	97.68
57th	Fanny (1961)	$150,202,785	69.50	05 / 00	97.75
56th	101 Dalmatians (1961)	$914,734,235	84.50	00 / 00	97.76
55th	El Cid (1961)	$424,401,523	82.00	03 / 00	97.77
54th	From Russia with Love (1963)	$264,114,384	86.80	00 / 00	97.99
53rd	Goldfinger (1964)	$606,954,387	87.00	00 / 00	98.02
52nd	Thoroughly Modern Millie (1967)	$292,500,363	80.50	07 / 01	98.06
51st	Easy Rider (1969)	$352,024,149	86.00	02 / 00	98.09

Top 100 1960-1969 Countdown

Rank	Movie (Year)	Adj. B.O. Dom.	Review %	Nom Win	UMR Score
50th	Planet of the Apes (1968)	$299,672,844	86.30	02 / 00	98.15
49th	The Sundowners (1960)	$144,132,508	75.50	05 / 00	98.19
48th	Charade (1963)	$199,694,082	88.00	01 / 00	98.22
47th	Bullitt (1968)	$379,585,600	87.50	02 / 01	98.37
46th	The Dirty Dozen (1967)	$386,155,042	86.50	04 / 01	98.41
45th	Cleopatra (1963)	$615,400,530	52.50	09 / 04	98.43
44th	Rosemary's Baby (1968)	$299,672,844	89.00	02 / 01	98.46
43rd	Zorba the Greek (1964)	$122,504,567	81.00	07 / 03	98.49
42nd	The Longest Day (1962)	$382,102,841	60.50	05 / 02	98.53
41st	The Good, the Bad and the Ugly (1966)	$208,181,812	94.30	00 / 00	98.58
40th	La Dolce Vita (1960)	$227,577,635	90.50	04 / 01	98.62
39th	Becket (1964)	$139,209,723	79.30	12 / 01	98.65
38th	The Alamo (1960)	$300,023,196	63.67	07 / 01	98.69
37th	2001: A Space Odyssey (1968)	$398,003,832	92.70	04 / 01	98.70
36th	Psycho (1960)	$390,295,655	94.00	04 / 00	98.70
35th	Spartacus (1960)	$421,018,625	91.70	06 / 04	98.89
34th	Romeo and Juliet (1968)	$349,078,916	76.00	00 / 00	98.93
33rd	Hello, Dolly! (1969)	$280,144,860	66.50	07 / 03	98.94
32nd	Alfie (1966)	$176,954,547	79.33	05 / 00	98.95
31st	Mutiny on the Bounty (1962)	$341,973,321	70.67	07 / 00	98.96
30th	Judgment at Nuremberg (1961)	$139,698,839	86.00	11 / 02	98.99
29th	The Hustler (1961)	$134,393,825	88.50	09 / 02	99.00
28th	Dr. Strangelove or: How I Learned to Stop Worrying and Love the Bomb (1964)	$139,209,723	94.00	04 / 00	99.01
27th	The Russians Are Coming! The Russians Are Coming! (1966)	$203,081,359	76.50	04 / 00	99.09
26th	Guess Who's Coming to Dinner (1967)	$397,438,000	71.30	10 / 02	99.15

Top 100 1960-1969 Countdown

Rank	Movie (Year)	Adj. B.O. Dom.	Review %	Nom Win	UMR Score
25th	Tom Jones (1963)	$397,744,860	69.50	10 / 04	99.17
24th	Z (1969)	$176,196,374	86.50	05 / 02	99.28
23rd	The Music Man (1962)	$282,651,421	79.50	06 / 01	99.29
22nd	Oliver! (1968)	$335,633,575	71.50	11 / 05	99.30
21st	How the West Was Won (1962)	$440,809,868	76.00	08 / 03	99.31
20th	Elmer Gantry (1960)	$175,381,110	87.00	05 / 03	99.33
19th	The Sand Pebbles (1966)	$281,045,453	83.33	08 / 00	99.43
18th	In the Heat of the Night (1967)	$181,701,094	84.00	07 / 05	99.46
17th	Butch Cassidy and the Sundance Kid (1969)	$645,789,233	79.70	07 / 04	99.48
16th	Funny Girl (1968)	$366,100,321	82.50	08 / 01	99.49
15th	The Guns of Navarone (1961)	$459,768,356	84.33	07 / 01	99.52
14th	The Graduate (1967)	$783,345,173	85.70	07 / 01	99.60
13th	My Fair Lady (1964)	$551,665,873	79.50	12 / 08	99.64
12th	A Man for All Seasons (1966)	$265,431,812	81.50	08 / 06	99.66
11th	West Side Story (1961)	$511,600,839	80.00	11 / 10	99.67
10th	Midnight Cowboy (1969)	$377,813,726	85.00	07 / 03	99.67
9th	Mary Poppins (1964)	$736,419,446	81.00	13 / 05	99.72
8th	The Sound of Music (1965)	$1,306,697,010	82.33	10 / 05	99.77
7th	Doctor Zhivago (1965)	$1,136,527,879	82.50	10 / 05	99.78
6th	The Lion in Winter (1968)	$199,895,914	88.00	07 / 03	99.80
5th	Bonnie and Clyde (1967)	$431,504,150	87.00	10 / 02	99.82
4th	Who's Afraid of Virginia Woolf? (1966)	$233,163,641	84.50	13 / 05	99.86
3rd	To Kill a Mockingbird (1962)	$279,196,800	90.33	08 / 03	99.89
2nd	The Apartment (1960)	$252,231,885	87.50	10 / 05	99.92
1st	Lawrence of Arabia (1962)	$506,329,919	94.33	10 / 07	99.99

Our Top 25 Statistical Stars of the 1960s

1. Julie Andrews
2. Audrey Hepburn
3. Jack Lemmon
4. John Wayne
5. Natalie Wood
6. Lee Marvin
7. Peter O'Toole
8. Steve McQueen
9. Paul Newman
10. Gregory Peck
11. George C. Scott
12. Burt Lancaster
13. Richard Harris
14. Richard Burton
15. Rod Steiger
16. Doris Day
17. Debbie Reynolds
18. Sidney Poitier
19. Sean Connery
20. Rex Harrison
21. Dick Van Dyke
22. Charlton Heston
23. Robert Shaw
24. Bette Davis
25. Hayley Mills

1970-1979

1970 Top 50 Movies

Rank	Movie (Year)	Adj. B.O. Dom.	Review %	Nom Win	UMR Score
1st	Patton (1970)	$364,921,210	90.00	10 / 07	99.94
2nd	MASH (1970)	$489,912,268	84.20	05 / 01	99.41
3rd	Love Story (1970)	$641,110,452	74.30	00 / 00	98.86
4th	Airport (1970)	$604,973,995	63.30	10 / 01	98.79
5th	Five Easy Pieces (1970)	$159,382,205	80.00	04 / 00	98.67
6th	Woodstock (1970)	$241,759,532	91.00	03 / 01	98.59
7th	Little Big Man (1970)	$268,621,690	81.70	01 / 00	97.49
8th	Tora! Tora! Tora! (1970)	$260,204,896	75.00	05 / 01	97.16
9th	Catch-22 (1970)	$223,851,420	79.00	00 / 00	96.97
10th	The Owl and the Pussycat (1970)	$208,539,986	73.00	00 / 00	95.77
11th	Joe (1970)	$170,127,086	77.50	01 / 00	94.92
12th	The Aristocats (1970)	$358,166,296	68.00	00 / 00	94.67
13th	Ryan's Daughter (1970)	$262,192,689	62.00	04 / 02	94.61
14th	Lovers and Other Strangers (1970)	$120,879,766	74.00	03 / 01	90.69
15th	Kelly's Heroes (1970)	$95,808,406	82.00	00 / 00	89.50
16th	A Man Called Horse (1970)	$116,402,743	72.50	00 / 00	88.47
17th	On a Clear Day You Can See Forever (1970)	$95,808,406	74.50	00 / 00	86.80
18th	Diary of a Mad Housewife (1970)	$109,239,485	68.50	01 / 00	86.44
19th	The Out of Towners (1970)	$129,475,657	62.00	00 / 00	86.00
20th	The Adventurers (1970)	$138,787,877	58.50	00 / 00	85.82
21st	Beneath the Planet of the Apes (1970)	$154,009,773	53.50	00 / 00	85.71
22nd	Chisum (1970)	$107,448,678	67.00	00 / 00	85.21
23rd	Rio Lobo (1970)	$76,109,487	72.00	00 / 00	82.79
24th	The Cheyenne Social Club (1970)	$94,017,599	65.67	00 / 00	82.34
25th	Scrooge (1970)	$53,724,334	75.00	04 / 00	82.29

1970 Top 50 Movies

Rank	Movie (Year)	Adj. B.O. Dom.	Review %	Nom Win	UMR Score
26th	Beyond The Valley of the Dolls (1970)	$91,331,374	66.00	00 / 00	81.96
27th	The Boys in the Band (1970)	$62,678,399	74.50	00 / 00	81.66
28th	Cotton Comes to Harlem (1970)	$91,779,078	63.50	00 / 00	80.50
29th	The Ballad of Cable Hogue (1970)	$43,800,793	78.00	00 / 00	79.99
30th	Two Mules for Sister Sara (1970)	$64,409,575	71.00	00 / 00	79.69
31st	I Never Sang for My Father (1970)	$22,385,144	81.50	03 / 00	79.41
32nd	Monte Walsh (1970)	$41,188,654	77.50	00 / 00	79.05
33rd	Tristana (1970)	$2,050,869	87.70	01 / 00	78.00
34th	The Garden of the Finzi-Continis (1970)	$28,473,897	76.00	02 / 01	76.76
35th	Elvis: That's the Way It Is (1970)	$17,908,111	82.00	00 / 00	76.66
36th	Le Cercle Rouge (1970)	$25,646,937	78.50	00 / 00	75.80
37th	Gimme Shelter (1970)	$28,652,984	77.00	00 / 00	75.18
38th	The Wild Country (1970)	$71,632,455	63.00	00 / 00	74.87
39th	Sunflower (1970)	$18,588,626	79.00	01 / 00	74.82
40th	Darling Lili (1970)	$58,201,376	64.50	03 / 00	74.47
41st	The Private Life of Sherlock Holmes (1970)	$26,862,176	76.00	00 / 00	73.45
42nd	Waterloo (1970)	$24,175,951	76.50	00 / 00	73.10
43rd	Husbands (1970)	$26,862,176	75.50	00 / 00	72.89
44th	What Do You Say to a Naked Lady? (1970)	$89,988,271	55.50	00 / 00	72.82
45th	They Call Me Trinity (1970)	$21,489,736	77.00	00 / 00	72.49
46th	Brewster McCloud (1970)	$23,280,543	76.00	00 / 00	71.91
47th	There Was a Crooked Man... (1970)	$17,729,033	77.00	00 / 00	71.05
48th	Cromwell (1970)	$28,652,984	70.50	02 / 01	70.82
49th	There's a Girl in My Soup (1970)	$91,331,374	53.00	00 / 00	70.33
50th	The Boatniks (1970)	$89,540,566	53.00	00 / 00	69.60

1971 Top 50 Movies

Rank	Movie (Year)	Adj. B.O. Dom.	Review %	Nom Win	UMR Score
1st	The French Connection (1971)	$287,013,339	84.00	08 / 05	99.77
2nd	The Last Picture Show (1971)	$220,546,566	87.50	08 / 02	99.77
3rd	Fiddler on the Roof (1971)	$504,683,207	81.50	08 / 03	99.55
4th	A Clockwork Orange (1971)	$285,987,145	88.30	04 / 00	99.54
5th	Dirty Harry (1971)	$219,840,000	86.33	00 / 00	97.94
6th	Summer of '42 (1971)	$344,866,855	76.00	04 / 01	97.16
7th	Carnal Knowledge (1971)	$207,778,075	78.50	01 / 00	97.02
8th	Nicholas and Alexandra (1971)	$116,077,132	71.00	06 / 02	96.88
9th	Bedknobs and Broomsticks (1971)	$192,200,176	68.50	05 / 01	95.49
10th	Diamonds Are Forever (1971)	$243,264,886	66.00	01 / 00	94.29
11th	Klute (1971)	$134,582,182	84.00	02 / 01	94.22
12th	The Hospital (1971)	$151,825,525	76.50	02 / 01	93.73
13th	Billy Jack (1971)	$513,094,579	62.00	00 / 00	93.25
14th	The Andromeda Strain (1971)	$140,495,155	70.00	02 / 00	90.72
15th	The Emigrants (1971)	$14,301,407	79.00	05 / 00	90.07
16th	Shaft (1971)	$130,376,488	68.00	02 / 01	89.40
17th	Willard (1971)	$156,451,792	59.50	00 / 00	88.41
18th	A New Leaf (1971)	$84,113,862	81.50	00 / 00	88.04
19th	Straw Dogs (1971)	$67,291,091	85.75	01 / 00	87.99
20th	Willy Wonka & the Chocolate Factory (1971)	$67,291,091	83.00	01 / 00	86.93
21st	McCabe & Mrs. Miller (1971)	$68,973,371	81.50	01 / 00	86.50
22nd	Sometimes a Great Notion (1971)	$73,515,522	78.50	02 / 00	86.24
23rd	Mary, Queen of Scots (1971)	$58,879,711	75.00	05 / 01	84.33
24th	Bananas (1971)	$58,904,764	78.30	00 / 00	83.34
25th	Play Misty for Me (1971)	$58,846,057	77.80	00 / 00	82.93

1971 Top 50 Movies

Rank	Movie (Year)	Adj. B.O. Dom.	Review %	Nom Win	UMR Score
26th	Big Jake (1971)	$126,170,802	55.67	00 / 00	82.50
27th	Escape from the Planet of the Apes (1971)	$68,973,371	73.00	00 / 00	82.03
28th	Vanishing Point (1971)	$64,935,900	73.00	00 / 00	81.20
29th	Cold Turkey (1971)	$83,693,299	67.00	00 / 00	81.08
30th	The Anderson Tapes (1971)	$84,113,862	66.67	00 / 00	81.02
31st	Le Mans (1971)	$92,525,252	64.00	00 / 00	81.01
32nd	Duck You Sucker or A Fistful of Dynamite (1971)	$33,645,541	81.50	00 / 00	80.16
33rd	Harold and Maude (1971)	$33,645,541	81.50	00 / 00	80.16
34th	Man in The Wilderness (1971)	$46,262,626	76.00	00 / 00	79.05
35th	Kotch (1971)	$60,561,981	67.50	04 / 00	78.55
36th	Get Carter (1971)	$21,869,610	82.67	00 / 00	78.25
37th	Blue Water White Death (1971)	$42,056,931	75.00	00 / 00	77.32
38th	The Devils (1971)	$33,645,541	76.00	00 / 00	75.66
39th	And Now for Something Completely Different (1971)	$16,822,761	81.00	00 / 00	75.44
40th	Brian's Song (1971)	$5,467,402	84.50	00 / 00	75.36
41st	The Boy Friend (1971)	$22,542,513	79.00	00 / 00	75.25
42nd	The Hellstrom Chronicle (1971)	$25,234,160	76.00	01 / 01	75.07
43rd	Johnny Got His Gun (1971)	$16,822,771	79.00	00 / 00	73.23
44th	Two-Lane Blacktop (1971)	$16,822,771	79.00	00 / 00	73.23
45th	Plaza Suite (1971)	$67,291,091	62.50	00 / 00	72.49
46th	The Omega Man (1971)	$67,291,091	62.50	00 / 00	72.48
47th	Walkabout (1971)	$3,617,431	82.00	00 / 00	71.81
48th	THX 1138 (1971)	$13,529,045	78.80	00 / 00	71.64
49th	On Any Sunday (1971)	$20,187,330	75.50	01 / 00	71.22
50th	The Abominable Dr. Phibes (1971)	$25,234,160	74.50	00 / 00	70.97

1972 Top 50 Movies

Rank	Movie (Year)	Adj. B.O. Dom.	Review %	Nom Win	UMR Score
1st	The Godfather (1972)	$722,556,555	97.00	11 / 03	100.00
2nd	Cabaret (1972)	$330,641,705	85.30	10 / 08	99.87
3rd	Deliverance (1972)	$369,012,469	85.50	03 / 00	99.36
4th	Sounder (1972)	$142,543,313	79.00	04 / 00	98.37
5th	Jeremiah Johnson (1972)	$308,598,934	84.00	00 / 00	97.67
6th	What's Up, Doc? (1972)	$391,871,652	83.50	00 / 00	97.61
7th	The Poseidon Adventure (1972)	$499,636,377	75.00	08 / 01	97.53
8th	Last Tango in Paris (1972)	$194,752,372	79.00	02 / 00	96.94
9th	The Getaway (1972)	$293,903,748	77.50	00 / 00	96.68
10th	Lady Sings the Blues (1972)	$157,826,305	72.00	05 / 00	93.40
11th	Cries & Whispers (1972)	$21,226,376	85.00	05 / 01	92.70
12th	Everything You Always Wanted to Know About Sex * But Were Afraid to Ask (1972)	$138,787,877	78.50	00 / 00	92.49
13th	Sleuth (1972)	$93,885,915	89.00	04 / 00	92.37
14th	Play It Again, Sam (1972)	$94,000,213	87.00	00 / 00	90.85
15th	The Cowboys (1972)	$122,459,893	77.00	00 / 00	90.60
16th	Frenzy (1972)	$113,201,927	78.67	00 / 00	90.22
17th	Butterflies Are Free (1972)	$110,540,462	74.00	03 / 01	89.59
18th	The Life and Times of Judge Roy Bean (1972)	$132,256,687	70.00	01 / 00	89.58
19th	Pete 'n' Tillie (1972)	$132,256,687	67.00	02 / 00	88.84
20th	Deep Throat (1972)	$215,529,414	47.00	00 / 00	88.81
21st	The Valachi Papers (1972)	$151,850,266	58.50	00 / 00	87.56
22nd	The New Centurions (1972)	$116,140,959	69.50	00 / 00	87.44
23rd	Snowball Express (1972)	$107,764,707	65.00	00 / 00	84.31
24th	The Heartbreak Kid (1972)	$90,293,766	69.00	00 / 00	83.61
25th	The Candidate (1972)	$40,819,964	78.50	02 / 01	81.67

1972 Top 50 Movies

Rank	Movie (Year)	Adj. B.O. Dom.	Review %	Nom Win	UMR Score
26th	Joe Kidd (1972)	$92,661,323	63.20	00 / 00	80.54
27th	Snoopy Come Home (1972)	$40,819,964	79.50	00 / 00	80.47
28th	The Chinese Connection (1972)	$62,046,350	72.00	00 / 00	79.87
29th	1776 (1972)	$45,718,357	75.50	01 / 00	79.23
30th	Across 110th Street (1972)	$55,515,151	73.00	00 / 00	79.07
31st	The Other (1972)	$57,147,958	72.50	00 / 00	79.00
32nd	The Way of the Dragon (1972)	$32,655,968	80.00	00 / 00	78.88
33rd	Prime Cut (1972)	$65,311,927	69.00	00 / 00	78.29
34th	Super Fly (1972)	$65,311,936	69.00	00 / 00	78.29
35th	Five Fingers of Death (1972)	$65,311,936	68.00	00 / 00	77.46
36th	Solaris (1972)	$1,616,474	87.70	00 / 00	77.19
37th	Tales from the Crypt (1972)	$31,023,180	78.00	00 / 00	76.72
38th	Fat City (1972)	$13,878,792	82.50	01 / 00	76.64
39th	Fritz the Cat (1972)	$73,475,932	63.00	00 / 00	75.43
40th	Slaughterhouse-Five (1972)	$39,187,158	73.50	00 / 00	75.00
41st	Bad Company (1972)	$12,250,300	81.00	00 / 00	73.97
42nd	The Ruling Class (1972)	$14,695,186	79.00	01 / 00	73.47
43rd	The Hot Rock (1972)	$57,147,958	65.00	01 / 00	72.55
44th	Avanti! (1972)	$24,491,981	74.50	00 / 00	70.70
45th	Brother Sun, Sister Moon (1972)	$19,593,588	75.00	01 / 00	70.56
46th	Ulzana's Raid (1972)	$10,694,621	78.50	00 / 00	70.34
47th	Junior Bonner (1972)	$30,043,499	71.67	00 / 00	69.31
48th	The Culpepper Cattle Co. (1972)	$20,409,982	73.00	00 / 00	67.10
49th	Shaft's Big Score! (1972)	$60,005,346	60.50	00 / 00	66.92
50th	The Mechanic (1972)	$39,187,158	67.00	00 / 00	66.87

1973 Top 50 Movies

Rank	Movie (Year)	Adj. B.O. Dom.	Review %	Nom Win	UMR Score
1st	The Sting (1973)	$815,665,024	88.70	10 / 03	99.89
2nd	The Exorcist (1973)	$1,013,292,684	86.00	10 / 02	99.76
3rd	American Graffiti (1973)	$601,073,081	87.80	05 / 00	99.56
4th	Paper Moon (1973)	$259,211,842	85.50	04 / 01	98.34
5th	A Touch of Class (1973)	$116,048,617	77.50	05 / 01	97.52
6th	Serpico (1973)	$154,219,207	89.70	02 / 00	96.57
7th	Papillon (1973)	$352,850,528	75.33	01 / 00	96.41
8th	Magnum Force (1973)	$228,844,738	74.00	00 / 00	95.97
9th	The Way We Were (1973)	$352,176,205	66.00	06 / 02	95.84
10th	The Three Musketeers (1973)	$179,310,811	78.00	00 / 00	95.50
11th	The Day of the Jackal (1973)	$145,327,375	84.70	01 / 00	94.75
12th	Live and Let Die (1973)	$248,642,008	65.00	01 / 00	94.08
13th	Robin Hood (1973)	$269,577,811	65.00	01 / 00	94.07
14th	Sleeper (1973)	$126,320,495	83.70	00 / 00	92.75
15th	Jesus Christ Superstar (1973)	$156,822,461	69.50	01 / 00	91.80
16th	Enter the Dragon (1973)	$129,378,533	77.00	00 / 00	91.25
17th	The Last Detail (1973)	$74,412,258	89.30	03 / 00	90.50
18th	Westworld (1973)	$109,775,721	79.30	00 / 00	90.07
19th	High Plains Drifter (1973)	$87,603,547	85.00	00 / 00	89.56
20th	The World's Greatest Athlete (1973)	$173,712,237	51.50	00 / 00	87.49
21st	Walking Tall (1973)	$102,424,674	72.50	00 / 00	86.80
22nd	White Lightning (1973)	$95,771,482	73.00	00 / 00	86.17
23rd	The Paper Chase (1973)	$62,728,981	78.50	03 / 01	85.68
24th	Save the Tiger (1973)	$36,853,281	80.00	03 / 01	82.29
25th	Scarecrow (1973)	$67,433,657	73.70	00 / 00	82.09

1973 Top 50 Movies

Rank	Movie (Year)	Adj. B.O. Dom.	Review %	Nom Win	UMR Score
26th	Badlands (1973)	$15,682,231	89.70	00 / 00	81.94
27th	The Golden Voyage of Sinbad (1973)	$80,606,745	67.50	00 / 00	80.82
28th	The Last of Sheila (1973)	$34,500,938	82.00	00 / 00	80.78
29th	Pat Garrett & Billy the Kid (1973)	$42,342,063	78.50	00 / 00	80.07
30th	Theater of Blood (1973)	$15,682,250	86.67	00 / 00	79.91
31st	Amarcord (1973)	$36,069,167	77.00	02 / 01	79.61
32nd	Emperor of the North (1973)	$31,364,490	80.00	00 / 00	78.52
33rd	The Seven-Ups (1973)	$62,728,981	69.00	00 / 00	77.65
34th	Mean Streets (1973)	$6,210,169	86.50	00 / 00	77.37
35th	The Friends of Eddie Coyle (1973)	$15,682,250	83.50	00 / 00	77.33
36th	Soylent Green (1973)	$56,456,084	70.50	00 / 00	77.21
37th	Bang the Drum Slowly (1973)	$25,436,606	78.50	01 / 00	76.47
38th	Cinderella Liberty (1973)	$62,807,399	65.00	03 / 00	76.21
39th	The Long Goodbye (1973)	$14,898,135	82.50	00 / 00	76.19
40th	Tom Sawyer (1973)	$78,411,230	59.50	03 / 00	75.91
41st	Coffy (1973)	$43,910,292	72.50	00 / 00	75.44
42nd	The Iceman Cometh (1973)	$12,937,850	81.50	00 / 00	74.61
43rd	Fantastic Planet (1973)	$12,545,792	81.50	00 / 00	74.52
44th	Don't Look Now (1973)	$23,319,501	78.00	00 / 00	74.46
45th	O Lucky Man! (1973)	$13,329,907	81.00	00 / 00	74.36
46th	My Name Is Nobody (1973)	$27,443,928	76.50	00 / 00	74.32
47th	Dillinger (1973)	$31,364,490	74.00	00 / 00	72.89
48th	Day for Night (1973)	$6,210,169	81.00	00 / 00	71.58
49th	Charley Varrick (1973)	$15,682,231	78.00	00 / 00	71.48
50th	The Mack (1973)	$47,046,740	68.00	00 / 00	71.35

1974 Top 50 Movies

Rank	Movie (Year)	Adj. B.O. Dom.	Review %	Nom Win	UMR Score
1st	The Godfather: Part II (1974)	$232,883,657	94.30	11 / 06	99.98
2nd	Chinatown (1974)	$143,033,153	94.00	11 / 01	99.27
3rd	Lenny (1974)	$172,186,034	84.50	06 / 00	99.11
4th	The Towering Inferno (1974)	$562,573,345	69.00	08 / 03	99.04
5th	Young Frankenstein (1974)	$417,447,214	88.30	02 / 00	98.33
6th	Murder on the Orient Express (1974)	$283,869,444	78.00	06 / 01	97.68
7th	Blazing Saddles (1974)	$578,500,533	81.30	03 / 00	97.64
8th	The Longest Yard (1974)	$210,670,565	76.00	01 / 00	96.53
9th	Dirty Mary Crazy Larry (1974)	$225,623,074	70.00	00 / 00	95.18
10th	Freebie and the Bean (1974)	$200,388,923	65.00	00 / 00	93.88
11th	The Conversation (1974)	$21,650,906	91.20	03 / 00	93.63
12th	Benji (1974)	$249,372,866	62.50	01 / 00	93.52
13th	Alice Doesn't Live Here Anymore (1974)	$117,264,625	84.50	03 / 01	93.19
14th	Thunderbolt and Lightfoot (1974)	$135,076,978	78.30	01 / 00	92.36
15th	Herbie Rides Again (1974)	$244,919,787	56.00	00 / 00	91.62
16th	The Great Gatsby (1974)	$210,779,459	49.70	02 / 02	91.01
17th	A Woman Under the Influence (1974)	$90,810,500	86.50	02 / 00	90.92
18th	The Four Musketeers: Milady's Revenge (1974)	$130,119,201	74.00	01 / 00	90.71
19th	That's Entertainment! (1974)	$131,718,840	73.00	00 / 00	90.27
20th	Earthquake (1974)	$385,191,923	45.50	04 / 01	89.80
21st	The Island At The Top Of The World (1974)	$148,436,234	64.00	01 / 00	89.31
22nd	Macon County Line (1974)	$135,076,978	68.50	00 / 00	89.12
23rd	For Pete's Sake (1974)	$158,262,706	60.50	00 / 00	88.87
24th	Death Wish (1974)	$130,623,890	68.00	00 / 00	88.46
25th	Airport 1975 (1974)	$375,626,428	43.00	00 / 00	87.45

1974 Top 50 Movies

Rank	Movie (Year)	Adj. B.O. Dom.	Review %	Nom Win	UMR Score
26th	The Front Page (1974)	$116,745,098	69.00	00 / 00	87.26
27th	Harry and Tonto (1974)	$68,280,674	80.50	02 / 01	86.85
28th	The Man with the Golden Gun (1974)	$139,530,057	60.30	00 / 00	86.69
29th	The Texas Chain Saw Massacre (1974)	$59,374,479	85.50	00 / 00	86.58
30th	Uptown Saturday Night (1974)	$109,842,800	67.00	00 / 00	85.52
31st	California Split (1974)	$59,374,479	78.50	00 / 00	83.52
32nd	The Groove Tube (1974)	$136,561,338	52.50	00 / 00	82.51
33rd	Return of the Dragon (1974)	$77,186,841	68.00	00 / 00	80.41
34th	The Taking of Pelham One Two Three (1974)	$16,327,984	85.00	00 / 00	78.61
35th	The Sugarland Express (1974)	$36,737,966	78.00	00 / 00	78.26
36th	Claudine (1974)	$44,530,864	74.50	01 / 00	78.09
37th	The Life and Times of Grizzly Adams (1974)	$62,343,216	68.00	00 / 00	76.65
38th	Phantom of the Paradise (1974)	$23,749,801	78.00	01 / 00	75.41
39th	Bring Me The Head of Alfredo Garcia (1974)	$20,914,982	78.50	00 / 00	74.31
40th	The Parallax View (1974)	$23,749,801	77.00	00 / 00	73.45
41st	Cockfighter (1974)	$14,843,606	79.50	00 / 00	73.21
42nd	Mr. Majestyk (1974)	$51,952,680	67.30	00 / 00	72.60
43rd	Buster and Billie (1974)	$44,530,864	69.50	00 / 00	72.42
44th	The Odessa File (1974)	$41,562,144	70.00	00 / 00	71.77
45th	The Tamarind Seed (1974)	$39,187,167	70.50	00 / 00	71.36
46th	The Gambler (1974)	$14,843,606	78.00	00 / 00	71.18
47th	Conrack (1974)	$29,687,249	73.00	00 / 00	70.93
48th	Mame (1974)	$89,061,737	54.00	00 / 00	70.72
49th	Truck Turner (1974)	$33,101,281	71.00	00 / 00	69.77
50th	The Trial of Billy Jack (1974)	$105,389,730	47.00	00 / 00	68.23

1975 Top 50 Movies

Rank	Movie (Year)	Adj. B.O. Dom.	Review %	Nom Win	UMR Score
1st	One Flew Over the Cuckoo's Nest (1975)	$486,960,219	90.70	09 / 05	99.93
2nd	Jaws (1975)	$1,172,926,861	93.70	04 / 03	99.89
3rd	Dog Day Afternoon (1975)	$304,656,324	89.00	06 / 01	99.70
4th	Barry Lyndon (1975)	$124,570,586	87.75	07 / 04	98.87
5th	Nashville (1975)	$118,396,215	76.00	05 / 01	97.41
6th	Three Days of the Condor (1975)	$270,995,174	80.50	01 / 00	97.32
7th	The Man Who Would Be King (1975)	$148,943,084	87.67	04 / 00	96.12
8th	The Rocky Horror Picture Show (1975)	$502,344,403	73.00	00 / 00	95.77
9th	The Return of the Pink Panther (1975)	$186,923,632	75.50	00 / 00	95.47
10th	Tommy (1975)	$213,760,416	65.50	02 / 00	94.42
11th	Shampoo (1975)	$220,768,219	61.50	04 / 01	94.12
12th	The Other Side of the Mountain (1975)	$211,515,575	64.00	00 / 00	93.69
13th	The Adventures of the Wilderness Family (1975)	$202,711,551	64.00	00 / 00	93.68
14th	The Apple Dumpling Gang (1975)	$224,497,860	61.50	00 / 00	93.06
15th	Let's Do It Again (1975)	$159,775,315	71.00	00 / 00	92.26
16th	Love and Death (1975)	$94,781,964	91.00	00 / 00	92.09
17th	Monty Python and the Holy Grail (1975)	$86,251,586	93.30	00 / 00	91.98
18th	The Hindenburg (1975)	$204,458,235	54.00	03 / 00	91.77
19th	Funny Lady (1975)	$261,503,436	45.00	05 / 00	89.46
20th	The Sunshine Boys (1975)	$97,490,027	76.50	04 / 01	89.33
21st	The Great Waldo Pepper (1975)	$137,650,499	68.00	00 / 00	89.18
22nd	Hustle (1975)	$140,683,512	64.50	00 / 00	88.37
23rd	Lucky Lady (1975)	$171,920,944	53.50	00 / 00	88.00
24th	Escape to Witch Mountain (1975)	$128,632,671	64.50	00 / 00	86.95
25th	Rollerball (1975)	$121,933,047	66.50	00 / 00	86.91

1975 Top 50 Movies

Rank	Movie (Year)	Adj. B.O. Dom.	Review %	Nom Win	UMR Score
26th	Hard Times (1975)	$76,516,127	78.00	00 / 00	85.71
27th	The Adventure of Sherlock Holmes' Smarter Brother (1975)	$127,278,640	61.50	00 / 00	85.53
28th	The Eiger Sanction (1975)	$107,978,932	64.20	00 / 00	84.05
29th	The Passenger (1975)	$24,372,507	89.30	00 / 00	83.38
30th	French Connection II (1975)	$76,069,293	71.50	00 / 00	82.40
31st	Seven Beauties (1975)	$17,901,278	85.50	04 / 00	81.74
32nd	Walking Tall Part II (1975)	$108,322,249	59.50	00 / 00	81.36
33rd	Bite the Bullet (1975)	$71,411,442	69.00	02 / 00	80.92
34th	The Reincarnation of Peter Proud (1975)	$88,011,826	65.00	00 / 00	80.65
35th	Death Race 2000 (1975)	$71,086,473	69.33	00 / 00	80.03
36th	The Day of the Locust (1975)	$54,161,120	72.00	02 / 00	79.29
37th	The Wind and the Lion (1975)	$67,701,404	67.67	02 / 00	79.28
38th	Aloha, Bobby and Rose (1975)	$91,126,089	61.00	00 / 00	78.45
39th	Give 'em Hell, Harry! (1975)	$49,151,223	73.00	01 / 00	78.14
40th	White Line Fever (1975)	$81,241,689	63.00	00 / 00	77.58
41st	Race with the Devil (1975)	$78,817,971	62.50	00 / 00	76.42
42nd	One of Our Dinosaurs Is Missing (1975)	$74,471,551	62.00	00 / 00	74.77
43rd	Mandingo (1975)	$116,446,418	48.50	00 / 00	74.51
44th	The Stepford Wives (1975)	$54,161,120	68.00	00 / 00	74.19
45th	Cornbread, Earl and Me (1975)	$21,664,453	77.00	00 / 00	72.60
46th	Breakout (1975)	$101,931,234	51.00	00 / 00	71.88
47th	Farewell, My Lovely (1975)	$27,080,560	73.33	00 / 00	70.24
48th	Picnic at Hanging Rock (1975)	$4,378,929	80.50	00 / 00	70.18
49th	W.W. and the Dixie Dancekings (1975)	$105,492,331	48.00	00 / 00	69.56
50th	Night Moves (1975)	$12,863,269	77.00	00 / 00	69.17

1976 Top 50 Movies

Rank	Movie (Year)	Adj. B.O. Dom.	Review %	Nom Win	UMR Score
1st	Network (1976)	$181,424,279	91.00	10 / 04	99.83
2nd	All the President's Men (1976)	$390,951,768	83.50	08 / 04	99.70
3rd	Rocky (1976)	$503,134,068	79.00	10 / 03	99.50
4th	Taxi Driver (1976)	$117,402,813	94.30	04 / 00	98.74
5th	Silver Streak (1976)	$219,663,963	78.50	01 / 00	97.02
6th	The Omen (1976)	$371,977,597	76.50	02 / 01	97.00
7th	Marathon Man (1976)	$216,000,861	78.00	01 / 00	96.93
8th	The Pink Panther Strikes Again (1976)	$259,103,699	75.50	01 / 00	96.44
9th	Murder by Death (1976)	$248,905,962	75.50	00 / 00	96.28
10th	Carrie (1976)	$145,355,872	87.30	02 / 00	95.56
11th	The Enforcer (1976)	$227,064,785	68.00	00 / 00	94.66
12th	The Bad News Bears (1976)	$138,523,840	87.00	00 / 00	94.54
13th	Silent Movie (1976)	$155,443,460	77.00	00 / 00	93.41
14th	Midway (1976)	$281,621,269	60.50	00 / 00	92.79
15th	The Outlaw Josey Wales (1976)	$127,723,944	82.00	01 / 00	92.63
16th	A Star Is Born (1976)	$483,477,038	53.00	04 / 01	92.04
17th	Ode To Billy Joe (1976)	$151,168,020	71.50	00 / 00	91.64
18th	King Kong (1976)	$467,205,397	52.00	02 / 00	90.94
19th	Freaky Friday (1976)	$152,575,445	64.00	00 / 00	89.49
20th	No Deposit, No Return (1976)	$136,833,124	66.50	00 / 00	88.68
21st	Logan's Run (1976)	$123,801,394	68.00	02 / 00	88.28
22nd	In Search of Noah's Ark (1976)	$309,764,123	44.00	00 / 00	87.84
23rd	The Shootist (1976)	$78,020,941	81.50	01 / 00	87.68
24th	Family Plot (1976)	$98,910,798	73.33	00 / 00	86.70
25th	Car Wash (1976)	$117,285,529	64.50	00 / 00	85.49

1976 Top 50 Movies

Rank	Movie (Year)	Adj. B.O. Dom.	Review %	Nom Win	UMR Score
26th	The Message (1976)	$38,704,224	87.50	01 / 00	85.10
27th	Across the Great Divide (1976)	$105,648,197	66.50	00 / 00	84.74
28th	The Shaggy D.A. (1976)	$137,484,703	54.50	00 / 00	83.85
29th	Bingo Long's Traveling All-Stars & Motor Kings (1976)	$69,563,348	76.00	00 / 00	83.83
30th	Bound for Glory (1976)	$32,579,317	79.00	06 / 02	83.10
31st	The Front (1976)	$65,080,435	74.50	01 / 00	82.66
32nd	Alice in Wonderland: An X-Rated Musical Fantasy (1976)	$118,588,703	58.00	00 / 00	82.36
33rd	Obsession (1976)	$58,225,751	74.50	01 / 00	81.27
34th	Two-Minute Warning (1976)	$118,719,023	55.00	01 / 00	81.10
35th	The Man Who Fell To Earth (1976)	$33,465,474	81.70	00 / 00	80.27
36th	The Sailor Who Fell From Grace With The Sea (1976)	$91,222,077	61.50	00 / 00	78.82
37th	The Missouri Breaks (1976)	$66,227,231	69.00	00 / 00	78.49
38th	The Seven-Per-Cent Solution (1976)	$50,820,340	71.00	02 / 00	77.54
39th	Drive-In (1976)	$53,834,062	71.00	00 / 00	77.02
40th	Grizzly (1976)	$98,564,229	56.50	00 / 00	76.68
41st	Assault on Precinct 13 (1976)	$8,731,257	83.30	00 / 00	75.16
42nd	Mother, Jugs & Speed (1976)	$99,445,100	54.50	00 / 00	75.10
43rd	The Tenant (1976)	$9,878,052	82.00	00 / 00	74.27
44th	Face to Face (1976)	$13,081,268	78.50	02 / 00	73.35
45th	Voyage of the Damned (1976)	$22,805,524	74.50	03 / 00	73.02
46th	Gus (1976)	$94,064,168	53.00	00 / 00	71.37
47th	That's Entertainment! II (1976)	$26,063,452	74.00	00 / 00	70.80
48th	The Littlest Horse Thieves (1976)	$27,366,618	73.00	00 / 00	70.10
49th	Mikey and Nicky (1976)	$11,728,556	78.00	00 / 00	70.01
50th	The Slipper and the Rose: The Story of Cinderella (1976)	$20,186,139	73.50	02 / 00	69.77

1977 Top 50 Movies

Rank	Movie (Year)	Adj. B.O. Dom.	Review %	Nom Win	UMR Score
1st	Star Wars: Episode IV - A New Hope (1977)	$1,634,834,151	94.30	10 / 06	99.99
2nd	Annie Hall (1977)	$200,862,788	90.70	05 / 04	99.87
3rd	The Goodbye Girl (1977)	$373,793,732	80.00	05 / 01	99.27
4th	Close Encounters of the Third Kind (1977)	$510,969,679	91.00	08 / 01	98.76
5th	The Turning Point (1977)	$189,283,724	63.00	11 / 00	98.58
6th	Julia (1977)	$144,932,497	71.50	11 / 03	98.48
7th	Saturday Night Fever (1977)	$370,561,791	82.00	01 / 00	97.54
8th	The Rescuers (1977)	$188,728,646	79.30	01 / 00	96.52
9th	The Spy Who Loved Me (1977)	$192,395,632	70.80	03 / 00	95.37
10th	A Bridge Too Far (1977)	$233,135,374	70.00	00 / 00	95.16
11th	Smokey and the Bandit (1977)	$520,589,620	69.00	01 / 00	95.10
12th	Semi-Tough (1977)	$253,197,349	69.00	00 / 00	94.93
13th	The Other Side of Midnight (1977)	$204,359,802	66.50	01 / 00	94.48
14th	Oh, God! (1977)	$235,355,721	66.00	01 / 00	94.30
15th	Looking for Mr. Goodbar (1977)	$187,618,473	69.00	02 / 00	94.28
16th	The Deep (1977)	$347,482,731	62.00	01 / 00	93.43
17th	Slap Shot (1977)	$150,959,585	77.50	00 / 00	93.23
18th	One on One (1977)	$145,432,065	73.00	00 / 00	91.57
19th	Black Sunday (1977)	$147,935,511	71.00	00 / 00	91.22
20th	Pete's Dragon (1977)	$178,737,120	57.70	02 / 00	90.67
21st	The Gauntlet (1977)	$159,950,857	65.33	00 / 00	90.66
22nd	Fun with Dick and Jane (1977)	$151,182,741	61.00	00 / 00	88.31
23rd	High Anxiety (1977)	$127,595,255	66.30	00 / 00	87.58
24th	Capricorn One (1977)	$133,220,210	64.50	00 / 00	87.57
25th	Herbie Goes to Monte Carlo (1977)	$155,423,582	55.00	00 / 00	86.55

1977 Top 50 Movies

Rank	Movie (Year)	Adj. B.O. Dom.	Review %	Nom Win	UMR Score
26th	Sorcerer (1977)	$65,968,131	78.00	01 / 00	84.63
27th	MacArthur (1977)	$107,565,449	64.00	00 / 00	83.93
28th	The Many Adventures of Winnie the Pooh (1977)	$44,406,727	83.50	00 / 00	83.60
29th	Which Way Is Up? (1977)	$106,220,917	63.00	00 / 00	83.10
30th	The Bad News Bears in Breaking Training (1977)	$145,170,332	50.50	00 / 00	82.92
31st	Airport '77 (1977)	$167,496,371	42.00	00 / 00	82.11
32nd	Candleshoe (1977)	$80,209,668	68.50	00 / 00	81.42
33rd	Twilight's Last Gleaming (1977)	$49,957,577	78.00	00 / 00	81.29
34th	For the Love of Benji (1977)	$98,494,146	60.00	00 / 00	79.55
35th	A Special Day (1977)	$7,218,437	87.00	02 / 00	79.33
36th	Rollercoaster (1977)	$112,238,030	55.00	00 / 00	79.06
37th	Sinbad and the Eye of the Tiger (1977)	$87,847,624	62.50	00 / 00	78.77
38th	Rabid (1977)	$24,423,711	82.50	00 / 00	78.72
39th	Rolling Thunder (1977)	$44,406,727	75.00	00 / 00	77.96
40th	Orca (1977)	$102,479,167	56.00	00 / 00	77.25
41st	Eraserhead (1977)	$28,753,368	79.00	00 / 00	77.06
42nd	The World's Greatest Lover (1977)	$109,906,681	52.50	00 / 00	76.22
43rd	New York, New York (1977)	$66,610,109	65.50	00 / 00	75.70
44th	Opening Night (1977)	$5,063,602	85.00	00 / 00	75.63
45th	Suspiria (1977)	$19,983,035	80.00	00 / 00	75.43
46th	The Last Wave (1977)	$3,558,229	84.50	00 / 00	74.79
47th	The Duellists (1977)	$9,991,517	82.00	00 / 00	74.32
48th	Heroes (1977)	$110,572,778	50.20	00 / 00	74.30
49th	Three Women (1977)	$8,881,344	82.30	00 / 00	74.16
50th	Greased Lightning (1977)	$84,372,806	57.50	00 / 00	73.19

1978 Top 50 Movies

Rank	Movie (Year)	Adj. B.O. Dom.	Review %	Nom Win	UMR Score
1st	The Deer Hunter (1978)	$191,731,038	87.70	09 / 05	99.85
2nd	Heaven Can Wait (1978)	$319,583,313	71.00	09 / 01	99.07
3rd	Superman (1978)	$525,721,382	88.30	03 / 00	98.38
4th	Midnight Express (1978)	$133,963,910	77.00	06 / 02	98.33
5th	Coming Home (1978)	$115,696,104	77.00	08 / 03	98.02
6th	Animal House (1978)	$547,390,461	84.00	00 / 00	97.69
7th	An Unmarried Woman (1978)	$135,842,882	72.00	03 / 00	96.84
8th	Grease (1978)	$704,141,218	77.30	01 / 00	96.61
9th	Halloween (1978)	$160,930,666	83.00	00 / 00	95.34
10th	Revenge of the Pink Panther (1978)	$221,007,240	70.00	00 / 00	95.19
11th	Hooper (1978)	$305,333,339	62.50	01 / 00	93.51
12th	Foul Play (1978)	$176,152,369	69.00	01 / 00	93.31
13th	The End (1978)	$175,829,534	68.00	00 / 00	92.74
14th	Jaws 2 (1978)	$304,304,873	56.00	00 / 00	91.61
15th	Invasion of the Body Snatchers (1978)	$96,848,561	85.00	00 / 00	90.56
16th	The Cheap Detective (1978)	$169,629,625	61.50	00 / 00	90.37
17th	California Suite (1978)	$167,986,449	55.67	03 / 01	89.53
18th	Coma (1978)	$127,004,747	70.70	00 / 00	88.97
19th	The Buddy Holly Story (1978)	$104,822,414	73.00	03 / 01	88.70
20th	Every Which Way But Loose (1978)	$333,504,205	46.00	00 / 00	88.44
21st	Magic (1978)	$115,417,740	68.00	00 / 00	86.65
22nd	House Calls (1978)	$144,559,236	58.00	00 / 00	86.34
23rd	The Fury (1978)	$105,901,077	69.50	00 / 00	86.05
24th	Dawn of the Dead (1978)	$44,364,665	88.50	00 / 00	85.89
25th	La Cage aux Folles (1978)	$79,951,375	73.00	03 / 00	85.18

1978 Top 50 Movies

Rank	Movie (Year)	Adj. B.O. Dom.	Review %	Nom Win	UMR Score
26th	The Lord of the Rings (1978)	$119,281,282	62.00	00 / 00	84.70
27th	Days of Heaven (1978)	$13,048,429	90.00	04 / 01	84.14
28th	Same Time, Next Year (1978)	$77,128,308	72.00	00 / 00	82.98
29th	Up in Smoke (1978)	$83,265,966	67.50	00 / 00	81.38
30th	Straight Time (1978)	$36,535,613	82.00	00 / 00	81.19
31st	Autumn Sonata (1978)	$10,873,699	88.00	02 / 00	80.83
32nd	Interiors (1978)	$40,013,307	76.00	05 / 00	80.58
33rd	The Boys from Brazil (1978)	$88,424,878	62.00	03 / 00	80.46
34th	Death on the Nile (1978)	$56,995,883	72.00	01 / 01	80.19
35th	Hot Lead and Cold Feet (1978)	$86,989,552	61.00	00 / 00	77.39
36th	Convoy (1978)	$82,640,073	61.50	00 / 00	76.56
37th	Blue Collar (1978)	$26,096,867	79.00	00 / 00	76.24
38th	The Great Train Robbery (1978)	$45,674,545	72.20	00 / 00	75.81
39th	Comes a Horseman (1978)	$37,523,775	73.50	01 / 00	75.30
40th	The Brink's Job (1978)	$60,327,256	65.50	01 / 00	74.52
41st	Damien: Omen II (1978)	$104,822,414	52.00	00 / 00	74.30
42nd	Watership Down (1978)	$22,182,332	78.00	00 / 00	74.05
43rd	American Hot Wax (1978)	$48,122,619	69.00	00 / 00	73.12
44th	The Last Waltz (1978)	$21,747,388	76.67	00 / 00	72.34
45th	A Wedding (1978)	$31,316,245	73.50	00 / 00	72.03
46th	F.I.S.T. (1978)	$82,640,073	57.00	00 / 00	71.67
47th	Martin (1978)	$391,453	82.80	00 / 00	71.58
48th	Ice Castles (1978)	$82,640,073	55.00	01 / 00	70.45
49th	The Cat From Outer Space (1978)	$71,331,430	59.00	00 / 00	69.84
50th	The Driver (1978)	$19,572,648	75.00	00 / 00	69.52

1979 Top 50 Movies

Rank	Movie (Year)	Adj. B.O. Dom.	Review %	Nom Win	UMR Score
1st	Apocalypse Now (1979)	$364,527,293	88.50	08 / 02	99.81
2nd	All That Jazz (1979)	$192,073,805	80.50	09 / 04	99.46
3rd	Kramer vs. Kramer (1979)	$387,785,486	76.00	09 / 05	99.40
4th	Alien (1979)	$387,028,723	92.00	02 / 01	98.61
5th	Breaking Away (1979)	$98,918,016	90.30	05 / 01	98.35
6th	Norma Rae (1979)	$109,606,920	76.70	04 / 02	97.15
7th	The China Syndrome (1979)	$188,741,140	77.50	04 / 00	96.63
8th	The Jerk (1979)	$268,929,649	78.00	00 / 00	96.58
9th	The Muppet Movie (1979)	$237,941,039	74.00	02 / 00	96.31
10th	Manhattan (1979)	$145,781,876	91.00	02 / 00	96.28
11th	Escape from Alcatraz (1979)	$172,616,738	83.50	00 / 00	96.12
12th	Tess (1979)	$73,328,649	79.00	06 / 03	95.95
13th	Rocky II (1979)	$310,863,983	71.33	00 / 00	95.52
14th	The Black Stallion (1979)	$151,405,713	82.30	02 / 00	94.80
15th	10 (1979)	$273,214,404	65.50	02 / 00	94.43
16th	And Justice for All (1979)	$140,213,879	83.50	02 / 00	94.20
17th	The In-Laws (1979)	$172,866,421	74.00	00 / 00	94.00
18th	The Electric Horseman (1979)	$298,828,439	64.00	01 / 00	93.85
19th	Moonraker (1979)	$256,582,537	62.00	01 / 00	93.43
20th	Being There (1979)	$105,779,478	88.00	02 / 01	92.92
21st	Star Trek: The Motion Picture (1979)	$300,194,213	54.70	03 / 00	91.94
22nd	Meatballs (1979)	$157,092,186	68.00	00 / 00	91.16
23rd	The Black Hole (1979)	$246,305,841	51.00	02 / 00	90.65
24th	The Warriors (1979)	$118,269,450	78.00	00 / 00	90.52
25th	The Rose (1979)	$106,470,033	75.00	04 / 00	89.40

1979 Top 50 Movies

Rank	Movie (Year)	Adj. B.O. Dom.	Review %	Nom Win	UMR Score
26th	Love at First Bite (1979)	$160,154,026	61.00	00 / 00	89.26
27th	The Amityville Horror (1979)	$336,129,168	48.00	00 / 00	89.11
28th	The Main Event (1979)	$253,537,423	46.00	00 / 00	88.42
29th	Life of Brian (1979)	$70,791,704	85.00	00 / 00	87.81
30th	North Dallas Forty (1979)	$95,173,902	77.00	00 / 00	87.74
31st	Starting Over (1979)	$120,097,593	63.00	03 / 00	87.23
32nd	Going in Style (1979)	$98,056,838	72.00	00 / 00	86.06
33rd	Richard Pryor: Live in Concert (1979)	$55,173,208	85.50	00 / 00	85.99
34th	Dracula (1979)	$119,085,762	61.00	00 / 00	84.17
35th	Buck Rogers in the 25th Century (1979)	$113,611,663	62.50	00 / 00	84.02
36th	Hair (1979)	$55,779,811	79.30	00 / 00	83.35
37th	When a Stranger Calls (1979)	$96,997,274	66.00	00 / 00	83.08
38th	Chapter Two (1979)	$146,456,281	49.00	01 / 00	82.81
39th	A Little Romance (1979)	$36,013,841	79.50	02 / 01	81.34
40th	Hardcore (1979)	$67,465,928	72.00	00 / 00	81.04
41st	Time After Time (1979)	$48,018,451	75.50	00 / 00	79.13
42nd	Jesus (1979)	$68,186,206	69.00	00 / 00	79.01
43rd	Hot Stuff (1979)	$86,615,687	63.00	00 / 00	78.95
44th	The Apple Dumpling Gang Rides Again (1979)	$90,927,738	59.50	00 / 00	77.24
45th	The Great Santini (1979)	$33,612,913	76.00	02 / 00	77.13
46th	Murder by Decree (1979)	$29,771,438	78.50	00 / 00	76.97
47th	Mad Max (1979)	$33,612,913	76.00	00 / 00	75.68
48th	The Champ (1979)	$111,094,147	49.50	01 / 00	74.65
49th	Phantasm (1979)	$43,750,743	71.30	00 / 00	74.18
50th	The Silent Scream (1979)	$75,869,156	60.50	00 / 00	73.40

Top 100 1970-1979 Countdown

Rank	Movie (Year)	Adj. B.O. Dom.	Review %	Nom Win	UMR Score
100th	Smokey and the Bandit (1977)	$520,589,620	69.00	01 / 00	95.14
99th	A Bridge Too Far (1977)	$233,135,374	70.00	00 / 00	95.19
98th	Revenge of the Pink Panther (1978)	$221,007,240	70.00	00 / 00	95.21
97th	Dirty Mary Crazy Larry (1974)	$225,623,074	70.00	00 / 00	95.22
96th	Halloween (1978)	$160,930,666	83.00	00 / 00	95.36
95th	The Spy Who Loved Me (1977)	$192,395,632	70.80	03 / 00	95.39
94th	The Return of the Pink Panther (1975)	$186,923,632	75.50	00 / 00	95.49
93rd	Bedknobs and Broomsticks (1971)	$192,200,176	68.50	05 / 01	95.52
92nd	The Three Musketeers (1973)	$179,310,811	78.00	00 / 00	95.52
91st	Rocky II (1979)	$310,863,983	71.33	00 / 00	95.55
90th	Carrie (1976)	$145,355,872	87.30	02 / 00	95.58
89th	The Owl and the Pussycat (1970)	$208,539,986	73.00	00 / 00	95.79
88th	The Rocky Horror Picture Show (1975)	$502,344,403	73.00	00 / 00	95.80
87th	The Way We Were (1973)	$352,176,205	66.00	06 / 02	95.87
86th	Tess (1979)	$73,328,649	79.00	06 / 03	95.97
85th	Magnum Force (1973)	$228,844,738	74.00	00 / 00	96.00
84th	Escape from Alcatraz (1979)	$172,616,738	83.50	00 / 00	96.14
83rd	The Man Who Would Be King (1975)	$148,943,084	87.67	04 / 00	96.15
82nd	Murder by Death (1976)	$248,905,962	75.50	00 / 00	96.31
81st	Manhattan (1979)	$145,781,876	91.00	02 / 00	96.31
80th	The Muppet Movie (1979)	$237,941,039	74.00	02 / 00	96.34
79th	Papillon (1973)	$352,850,528	75.33	01 / 00	96.44
78th	The Pink Panther Strikes Again (1976)	$259,103,699	75.50	01 / 00	96.47
77th	The Rescuers (1977)	$188,728,646	79.30	01 / 00	96.54
76th	The Longest Yard (1974)	$210,670,565	76.00	01 / 00	96.55

Top 100 1970-1979 Countdown

Rank	Movie (Year)	Adj. B.O. Dom.	Review %	Nom Win	UMR Score
75th	Serpico (1973)	$154,219,207	89.70	02 / 00	96.59
74th	The Jerk (1979)	$268,929,649	78.00	00 / 00	96.60
73rd	Grease (1978)	$704,141,218	77.30	01 / 00	96.63
72nd	The China Syndrome (1979)	$188,741,140	77.50	04 / 00	96.65
71st	The Getaway (1972)	$293,903,748	77.50	00 / 00	96.71
70th	An Unmarried Woman (1978)	$135,842,882	72.00	03 / 00	96.86
69th	Nicholas and Alexandra (1971)	$116,077,132	71.00	06 / 02	96.90
68th	Marathon Man (1976)	$216,000,861	78.00	01 / 00	96.95
67th	Last Tango in Paris (1972)	$194,752,372	79.00	02 / 00	96.96
66th	Catch-22 (1970)	$223,851,420	79.00	00 / 00	96.99
65th	The Omen (1976)	$371,977,597	76.50	02 / 01	97.02
64th	Silver Streak (1976)	$219,663,963	78.50	01 / 00	97.03
63rd	Carnal Knowledge (1971)	$207,778,075	78.50	01 / 00	97.04
62nd	Norma Rae (1979)	$109,606,920	76.70	04 / 02	97.17
61st	Summer of '42 (1971)	$344,866,855	76.00	04 / 01	97.17
60th	Tora! Tora! Tora! (1970)	$260,204,896	75.00	05 / 01	97.18
59th	Three Days of the Condor (1975)	$270,995,174	80.50	01 / 00	97.34
58th	Nashville (1975)	$118,396,215	76.00	05 / 01	97.43
57th	Little Big Man (1970)	$268,621,690	81.70	01 / 00	97.51
56th	A Touch of Class (1973)	$116,048,617	77.50	05 / 01	97.54
55th	The Poseidon Adventure (1972)	$499,636,377	75.00	08 / 01	97.54
54th	Saturday Night Fever (1977)	$370,561,791	82.00	01 / 00	97.56
53rd	What's Up, Doc? (1972)	$391,871,652	83.50	00 / 00	97.63
52nd	Blazing Saddles (1974)	$578,500,533	81.30	03 / 00	97.66
51st	Murder on the Orient Express (1974)	$283,869,444	78.00	06 / 01	97.69

Top 100 1970-1979 Countdown

Rank	Movie (Year)	Adj. B.O. Dom.	Review %	Nom Win	UMR Score
50th	Animal House (1978)	$547,390,461	84.00	00 / 00	97.70
49th	Jeremiah Johnson (1972)	$308,598,934	84.00	00 / 00	97.70
48th	Dirty Harry (1971)	$219,840,000	86.33	00 / 00	97.95
47th	Coming Home (1978)	$115,696,104	77.00	08 / 03	98.04
46th	Midnight Express (1978)	$133,963,910	77.00	06 / 02	98.34
45th	Young Frankenstein (1974)	$417,447,214	88.30	02 / 00	98.34
44th	Paper Moon (1973)	$259,211,842	85.50	04 / 01	98.35
43rd	Breaking Away (1979)	$98,918,016	90.30	05 / 01	98.36
42nd	Sounder (1972)	$142,543,313	79.00	04 / 00	98.38
41st	Superman (1978)	$525,721,382	88.30	03 / 00	98.39
40th	Julia (1977)	$144,932,497	71.50	11 / 03	98.49
39th	The Turning Point (1977)	$189,283,724	63.00	11 / 00	98.58
38th	Woodstock (1970)	$241,759,532	91.00	03 / 01	98.60
37th	Alien (1979)	$387,028,723	92.00	02 / 01	98.61
36th	Five Easy Pieces (1970)	$159,382,205	80.00	04 / 00	98.68
35th	Taxi Driver (1976)	$117,402,813	94.30	04 / 00	98.75
34th	Close Encounters of the Third Kind (1977)	$510,969,679	91.00	08 / 01	98.77
33rd	Airport (1970)	$604,973,995	63.30	10 / 01	98.80
32nd	Love Story (1970)	$641,110,452	74.30	00 / 00	98.87
31st	Barry Lyndon (1975)	$124,570,586	87.75	07 / 04	98.88
30th	The Towering Inferno (1974)	$562,573,345	69.00	08 / 03	99.05
29th	Heaven Can Wait (1978)	$319,583,313	71.00	09 / 01	99.08
28th	Lenny (1974)	$172,186,034	84.50	06 / 00	99.11
27th	The Goodbye Girl (1977)	$373,793,732	80.00	05 / 01	99.27
26th	Chinatown (1974)	$143,033,153	94.00	11 / 01	99.28

Top 100 1970-1979 Countdown

Rank	Movie (Year)	Adj. B.O. Dom.	Review %	Nom Win	UMR Score
25th	Deliverance (1972)	$369,012,469	85.50	03 / 00	99.37
24th	Kramer vs. Kramer (1979)	$387,785,486	76.00	09 / 05	99.40
23rd	MASH (1970)	$489,912,268	84.20	05 / 01	99.41
22nd	All That Jazz (1979)	$192,073,805	80.50	09 / 04	99.47
21st	Rocky (1976)	$503,134,068	79.00	10 / 03	99.51
20th	A Clockwork Orange (1971)	$285,987,145	88.30	04 / 00	99.55
19th	Fiddler on the Roof (1971)	$504,683,207	81.50	08 / 03	99.56
18th	American Graffiti (1973)	$601,073,081	87.80	05 / 00	99.57
17th	All the President's Men (1976)	$390,051,768	83.50	08 / 04	99.71
16th	Dog Day Afternoon (1975)	$304,656,324	89.00	06 / 01	99.71
15th	The Exorcist (1973)	$1,013,292,684	86.00	10 / 02	99.77
14th	The Last Picture Show (1971)	$220,546,566	87.50	08 / 02	99.78
13th	The French Connection (1971)	$287,013,339	84.00	08 / 05	99.78
12th	Apocalypse Now (1979)	$364,527,293	88.50	08 / 02	99.82
11th	Network (1976)	$181,424,279	91.00	10 / 04	99.84
10th	The Deer Hunter (1978)	$191,731,038	87.70	09 / 05	99.86
9th	Annie Hall (1977)	$200,862,788	90.70	05 / 04	99.88
8th	Cabaret (1972)	$330,641,705	85.30	10 / 08	99.88
7th	The Sting (1973)	$815,665,024	88.70	10 / 03	99.89
6th	Jaws (1975)	$1,172,926,861	93.70	04 / 03	99.90
5th	One Flew Over the Cuckoo's Nest (1975)	$486,960,219	90.70	09 / 05	99.94
4th	Patton (1970)	$364,921,210	90.00	10 / 07	99.95
3rd	The Godfather: Part II (1974)	$232,883,657	94.30	11 / 06	99.98
2nd	Star Wars: Episode IV - A New Hope (1977)	$1,634,834,151	94.30	10 / 06	99.99
1st	The Godfather (1972)	$722,556,555	97.00	11 / 03	100.00

UMR Top 25 Statistical Stars of the 1970s

1. Al Pacino
2. Robert Redford
3. Diane Keaton
4. Woody Allen
5. Dustin Hoffman
6. Barbra Streisand
7. Faye Dunaway
8. Richard Dreyfuss
9. Gene Hackman
10. Clint Eastwood
11. Ellen Burstyn
12. Roy Scheider
13. Julie Christie
14. Jane Fonda
15. Jack Nicholson
16. Harrison Ford
17. Ryan O'Neal
18. Sally Field
19. Robert Duvall
20. Burt Reynolds
21. Gene Wilder
22. Marsha Mason
23. Walter Matthau
24. James Caan
25. Liza Minnelli

1980-1989

1980 Top 150 Movies

Rank	Movie (Year)	Adj. B.O. Dom.	Review %	Nom Win	UMR Score
1st	Ordinary People (1980)	$192,948,090	82.50	06 / 04	99.45
2nd	Coal Miner's Daughter (1980)	$287,009,712	80.00	07 / 01	99.33
3rd	Star Wars: Episode V - The Empire Strikes Back (1980)	$899,353,715	92.80	03 / 02	98.73
4th	Raging Bull (1980)	$82,842,106	94.00	08 / 02	98.49
5th	The Elephant Man (1980)	$98,400,357	88.33	08 / 00	98.26
6th	Superman II (1980)	$391,766,165	86.30	00 / 00	97.93
7th	Airplane! (1980)	$329,038,998	83.50	00 / 00	97.63
8th	The Blues Brothers (1980)	$201,625,303	77.30	00 / 00	96.66
9th	9 to 5 (1980)	$484,218,228	68.70	01 / 00	95.07
10th	The Shining (1980)	$155,076,602	83.40	00 / 00	95.00
11th	Private Benjamin (1980)	$281,846,147	65.00	03 / 00	94.50
12th	Stir Crazy (1980)	$356,887,706	67.00	00 / 00	94.36
13th	Caddyshack (1980)	$167,960,636	73.50	00 / 00	93.53
14th	Atlantic City (1980)	$44,847,626	80.50	05 / 00	93.17
15th	Cheech and Chong's Next Movie (1980)	$176,627,572	68.00	00 / 00	92.82
16th	Brubaker (1980)	$158,128,805	71.00	01 / 00	92.36
17th	Urban Cowboy (1980)	$165,296,725	68.30	00 / 00	92.02
18th	Dressed to Kill (1980)	$122,734,171	77.20	00 / 00	90.69
19th	Seems Like Old Times (1980)	$155,000,995	67.00	00 / 00	90.68
20th	Popeye (1980)	$175,530,387	59.70	00 / 00	90.39
21st	The Gods Must Be Crazy (1980)	$105,804,284	78.00	00 / 00	89.15
22nd	The Blue Lagoon (1980)	$207,344,020	46.00	00 / 00	88.43
23rd	Smokey and the Bandit II (1980)	$232,990,334	44.70	00 / 00	88.03
24th	Little Darlings (1980)	$136,826,474	63.00	00 / 00	87.46
25th	Flash Gordon (1980)	$121,908,718	67.00	00 / 00	87.10

1980 Top 50 Movies

Rank	Movie (Year)	Adj. B.O. Dom.	Review %	Nom Win	UMR Score
26th	Any Which Way You Can (1980)	$249,036,950	42.00	00 / 00	87.03
27th	Altered States (1980)	$102,444,588	70.70	02 / 00	86.74
28th	The Last Metro (1980)	$10,595,427	100.00	01 / 00	86.52
29th	Bronco Billy (1980)	$122,898,035	62.50	00 / 00	85.40
30th	My Bodyguard (1980)	$87,667,264	72.70	00 / 00	85.01
31st	Windwalker (1980)	$65,670,156	74.50	00 / 00	82.25
32nd	Fame (1980)	$62,620,645	68.00	06 / 02	82.17
33rd	Honeysuckle Rose (1980)	$86,028,622	66.50	00 / 00	81.28
34th	Breaker Morant (1980)	$25,154,771	84.50	01 / 00	80.97
35th	Hopscotch (1980)	$61,449,017	73.50	00 / 00	80.76
36th	The Private Eyes (1980)	$63,415,385	72.50	00 / 00	80.51
37th	American Gigolo (1980)	$94,221,821	62.30	00 / 00	80.14
38th	The Competition (1980)	$59,712,061	71.00	02 / 00	79.79
39th	The Big Red One (1980)	$19,077,669	83.70	00 / 00	78.36
40th	The Long Riders (1980)	$48,267,374	74.00	00 / 00	78.07
41st	The Changeling (1980)	$45,062,611	75.00	00 / 00	78.07
42nd	Lion of the Desert (1980)	$12,289,807	85.00	00 / 00	77.65
43rd	The Fog (1980)	$75,317,605	64.30	00 / 00	77.07
44th	Friday the 13th (1980)	$140,103,757	43.50	00 / 00	76.76
45th	The Stunt Man (1980)	$24,886,612	76.00	03 / 00	75.40
46th	Used Cars (1980)	$41,273,971	73.00	00 / 00	75.29
47th	Kagemusha (1980)	$14,092,312	80.00	02 / 00	75.26
48th	Stardust Memories (1980)	$36,601,253	73.00	00 / 00	73.62
49th	Serial (1980)	$34,775,335	72.00	00 / 00	71.65
50th	The Dogs of War (1980)	$19,321,023	75.50	00 / 00	69.96

1981 Top 50 Movies

Rank	Movie (Year)	Adj. B.O. Dom.	Review %	Nom Win	UMR Score
1st	Raiders of the Lost Ark (1981)	$811,095,356	92.80	08 / 04	99.95
2nd	On Golden Pond (1981)	$371,623,948	79.50	10 / 03	99.53
3rd	Chariots of Fire (1981)	$194,313,590	82.30	07 / 04	99.41
4th	Reds (1981)	$133,059,406	84.70	12 / 03	98.90
5th	Arthur (1981)	$354,842,278	78.50	04 / 02	97.71
6th	Stripes (1981)	$281,050,546	78.00	00 / 00	96.76
7th	Absence of Malice (1981)	$166,343,090	76.00	03 / 00	94.71
8th	Time Bandits (1981)	$139,593,069	82.00	00 / 00	93.45
9th	The Four Seasons (1981)	$166,157,289	71.00	00 / 00	92.75
10th	For Your Eyes Only (1981)	$180,606,218	65.50	01 / 00	92.70
11th	An American Werewolf in London (1981)	$116,275,776	81.50	00 / 00	91.33
12th	Sharky's Machine (1981)	$117,333,994	74.00	00 / 00	89.38
13th	Porky's (1981)	$347,593,934	48.50	00 / 00	89.32
14th	The Fox and the Hound (1981)	$131,469,065	70.00	00 / 00	89.21
15th	Body Heat (1981)	$79,273,003	86.00	00 / 00	89.06
16th	The Road Warrior (1981)	$88,710,570	83.30	00 / 00	89.03
17th	Clash of the Titans (1981)	$135,397,743	67.50	00 / 00	88.84
18th	Fort Apache The Bronx (1981)	$115,197,012	73.50	00 / 00	88.72
19th	Excalibur (1981)	$115,216,449	72.30	01 / 00	88.57
20th	Ragtime (1981)	$84,486,262	75.70	08 / 00	88.37
21st	Das Boot (1981)	$35,965,357	91.00	06 / 00	87.82
22nd	The Great Muppet Caper (1981)	$102,823,473	73.00	01 / 00	87.50
23rd	Escape From New York (1981)	$83,180,137	79.70	00 / 00	87.29
24th	The Cannonball Run (1981)	$237,829,122	41.00	00 / 00	86.56
25th	Taps (1981)	$118,144,407	67.00	00 / 00	86.30

1981 Top 50 Movies

Rank	Movie (Year)	Adj. B.O. Dom.	Review %	Nom Win	UMR Score
26th	The French Lieutenant's Woman (1981)	$88,601,804	69.33	05 / 00	85.45
27th	History of the World: Part I (1981)	$104,361,089	65.50	00 / 00	84.12
28th	Blow Out (1981)	$39,539,571	86.00	00 / 00	84.04
29th	Thief (1981)	$37,868,741	85.30	00 / 00	83.49
30th	Quest for Fire (1981)	$69,061,078	74.00	00 / 00	82.69
31st	Nice Dreams (1981)	$108,733,817	61.50	00 / 00	82.63
32nd	Bustin' Loose (1981)	$103,004,759	62.50	00 / 00	82.12
33rd	Only When I Laugh (1981)	$84,103,227	65.00	03 / 00	81.45
34th	Eye of the Needle (1981)	$57,937,440	73.00	00 / 00	79.69
35th	Heavy Metal (1981)	$87,232,063	62.50	00 / 00	78.61
36th	Prince of the City (1981)	$26,769,129	80.00	01 / 00	78.03
37th	Dragonslayer (1981)	$46,491,983	72.00	00 / 00	75.86
38th	Neighbors (1981)	$98,572,830	55.50	00 / 00	75.81
39th	S.O.B. (1981)	$48,986,508	70.50	00 / 00	75.06
40th	Pennies from Heaven (1981)	$30,219,069	73.50	03 / 00	74.44
41st	Scanners (1981)	$46,873,754	70.30	00 / 00	74.15
42nd	The Girl with the Red Hair (1981)	$128,506	85.00	00 / 00	74.00
43rd	The Howling (1981)	$59,262,873	66.00	00 / 00	73.68
44th	The Postman Always Rings Twice (1981)	$51,283,158	68.00	00 / 00	73.11
45th	Nighthawks (1981)	$49,112,622	68.20	00 / 00	72.46
46th	Friday the 13th Part 2 (1981)	$71,575,764	61.00	00 / 00	72.44
47th	Whose Life Is It Anyway? (1981)	$27,038,955	74.50	00 / 00	71.62
48th	Gallipoli (1981)	$18,888,671	76.70	00 / 00	71.24
49th	The Evil Dead (1981)	$7,907,910	77.50	00 / 00	67.92
50th	Halloween II (1981)	$84,133,015	53.00	00 / 00	67.42

1982 Top 50 Movies

Rank	Movie (Year)	Adj. B.O. Dom.	Review %	Nom Win	UMR Score
1st	E.T. the Extra-Terrestrial (1982)	$1,298,301,467	87.00	09 / 04	99.87
2nd	Tootsie (1982)	$520,936,052	87.00	10 / 01	99.75
3rd	The Verdict (1982)	$212,902,491	86.50	05 / 00	99.39
4th	Gandhi (1982)	$164,406,080	85.00	11 / 08	99.34
5th	An Officer and a Gentleman (1982)	$400,240,704	78.70	06 / 02	97.92
6th	Star Trek II: The Wrath of Khan (1982)	$245,864,879	82.70	00 / 00	97.50
7th	Poltergeist (1982)	$238,678,071	80.70	00 / 00	97.24
8th	48 HRS. (1982)	$245,726,380	81.30	00 / 00	97.07
9th	Missing (1982)	$43,619,050	87.00	04 / 01	94.79
10th	Rocky III (1982)	$386,797,818	61.33	01 / 00	93.25
11th	First Blood (1982)	$147,098,709	77.00	00 / 00	92.86
12th	The Best Little Whorehouse in Texas (1982)	$217,165,646	57.00	01 / 00	92.11
13th	Blade Runner (1982)	$85,929,868	91.70	02 / 00	91.98
14th	Victor Victoria (1982)	$87,909,372	84.00	07 / 01	91.39
15th	Annie (1982)	$298,117,678	51.30	02 / 00	90.73
16th	Richard Pryor: Live on the Sunset Strip (1982)	$113,097,091	79.50	00 / 00	90.51
17th	Sophie's Choice (1982)	$93,581,555	79.00	05 / 01	89.83
18th	The Dark Crystal (1982)	$126,423,581	72.00	00 / 00	89.37
19th	Fanny and Alexander (1982)	$21,134,373	90.00	06 / 04	87.52
20th	The World According to Garp (1982)	$92,572,618	74.50	02 / 00	86.88
21st	Conan the Barbarian (1982)	$123,272,028	64.30	00 / 00	86.50
22nd	Pink Floyd: The Wall (1982)	$69,305,082	80.50	00 / 00	85.76
23rd	Tron (1982)	$102,816,328	67.70	02 / 00	85.61
24th	Fast Times at Ridgemont High (1982)	$84,411,827	74.70	00 / 00	85.43
25th	My Favorite Year (1982)	$62,698,075	80.50	01 / 00	84.95

1982 Top 50 Movies

Rank	Movie (Year)	Adj. B.O. Dom.	Review %	Nom Win	UMR Score
26th	Night Shift (1982)	$65,726,545	79.00	00 / 00	84.60
27th	Diner (1982)	$43,930,462	85.00	00 / 00	84.22
28th	The Thing (1982)	$61,159,387	79.00	00 / 00	83.84
29th	The Man From Snowy River (1982)	$64,367,448	75.00	00 / 00	82.36
30th	The Sword and the Sorcerer (1982)	$121,832,143	57.00	00 / 00	82.36
31st	The Secret of NIMH (1982)	$45,693,231	81.00	00 / 00	82.35
32nd	The Toy (1982)	$146,803,198	49.00	00 / 00	82.33
33rd	Firefox (1982)	$145,526,468	46.00	00 / 00	79.75
34th	Friday the 13th Part III (1982)	$107,743,776	57.00	00 / 00	79.44
35th	Dead Men Don't Wear Plaid (1982)	$56,692,834	72.50	00 / 00	79.33
36th	Creepshow (1982)	$65,518,164	68.30	00 / 00	77.91
37th	Best Friends (1982)	$114,721,846	51.50	01 / 00	76.82
38th	The Year of Living Dangerously (1982)	$32,024,404	75.00	01 / 01	76.17
39th	The King of Comedy (1982)	$7,902,030	84.30	00 / 00	75.88
40th	Airplane II: The Sequel (1982)	$90,601,395	58.00	00 / 00	75.75
41st	Tex (1982)	$23,055,784	78.70	00 / 00	75.23
42nd	Shoot the Moon (1982)	$28,718,560	76.00	00 / 00	74.88
43rd	Deathtrap (1982)	$60,076,309	65.80	00 / 00	73.65
44th	Young Doctors in Love (1982)	$119,832,549	46.50	00 / 00	73.43
45th	Six Pack (1982)	$63,017,026	63.50	00 / 00	72.06
46th	Some Kind of Hero (1982)	$73,751,044	59.70	00 / 00	71.50
47th	The Border (1982)	$19,063,655	76.00	00 / 00	70.91
48th	Savannah Smiles (1982)	$32,443,749	72.00	00 / 00	70.76
49th	Moonlighting (1982)	$390,802	81.00	00 / 00	69.35
50th	Things Are Tough All Over (1982)	$65,847,228	60.00	00 / 00	68.94

1983 Top 50 Movies

Rank	Movie (Year)	Adj. B.O. Dom.	Review %	Nom Win	UMR Score
1st	Terms of Endearment (1983)	$315,288,629	83.80	11 / 05	99.78
2nd	The Big Chill (1983)	$163,841,018	72.00	03 / 00	98.28
3rd	The Right Stuff (1983)	$61,625,292	88.00	08 / 04	97.40
4th	WarGames (1983)	$231,377,716	81.80	00 / 00	97.40
5th	Star Wars: Episode VI - Return of the Jedi (1983)	$861,639,577	78.50	04 / 00	97.40
6th	Trading Places (1983)	$262,891,414	80.30	01 / 00	97.08
7th	Scarface (1983)	$193,863,321	81.30	00 / 00	96.85
8th	Risky Business (1983)	$184,775,447	83.30	00 / 00	96.64
9th	National Lampoon's Vacation (1983)	$178,546,006	79.00	00 / 00	95.67
10th	Mr. Mom (1983)	$188,387,253	66.00	00 / 00	93.33
11th	Yentl (1983)	$163,510,177	67.50	05 / 01	92.74
12th	Sudden Impact (1983)	$196,700,649	59.33	00 / 00	92.28
13th	Octopussy (1983)	$197,430,335	59.80	00 / 00	92.20
14th	The Dresser (1983)	$15,443,320	85.50	05 / 00	92.09
15th	Tender Mercies (1983)	$24,552,070	79.50	05 / 02	91.96
16th	Flashdance (1983)	$270,208,953	52.50	04 / 01	91.88
17th	Never Say Never Again (1983)	$161,195,188	62.80	00 / 00	90.10
18th	Silkwood (1983)	$103,567,934	74.20	05 / 00	89.42
19th	Blue Thunder (1983)	$123,044,549	68.00	01 / 00	87.95
20th	A Christmas Story (1983)	$59,918,638	86.20	00 / 00	86.91
21st	Never Cry Wolf (1983)	$86,074,917	76.00	00 / 00	86.10
22nd	The Dead Zone (1983)	$60,387,996	80.00	00 / 00	84.60
23rd	Zelig (1983)	$34,309,623	86.00	02 / 00	84.03
24th	Superman III (1983)	$174,332,607	39.70	00 / 00	82.08
25th	Educating Rita (1983)	$42,595,676	77.70	03 / 00	81.11

1983 Top 50 Movies

Rank	Movie (Year)	Adj. B.O. Dom.	Review %	Nom Win	UMR Score
26th	Psycho II (1983)	$100,978,100	61.50	00 / 00	81.06
27th	The Meaning of Life (1983)	$43,414,186	79.00	00 / 00	80.63
28th	Richard Pryor... Here and Now (1983)	$46,982,877	75.50	00 / 00	78.91
29th	Local Hero (1983)	$17,144,497	84.00	00 / 00	78.19
30th	Gorky Park (1983)	$46,108,326	73.00	00 / 00	76.64
31st	Valley Girl (1983)	$50,434,081	71.50	00 / 00	76.41
32nd	Twilight Zone: The Movie (1983)	$85,641,402	60.00	00 / 00	75.83
33rd	High Road to China (1983)	$82,718,949	60.50	00 / 00	75.72
34th	Under Fire (1983)	$16,564,742	80.50	00 / 00	75.16
35th	Phar Lap (1983)	$8,370,216	83.00	00 / 00	74.90
36th	Christine (1983)	$61,118,570	66.00	00 / 00	74.39
37th	Easy Money (1983)	$85,230,942	57.70	00 / 00	73.77
38th	Max Dugan Returns (1983)	$51,219,578	68.00	00 / 00	73.08
39th	Lone Wolf McQuade (1983)	$57,499,244	66.00	00 / 00	73.00
40th	The Outsiders (1983)	$74,727,124	59.70	00 / 00	72.19
41st	Bad Boys (1983)	$26,726,315	73.70	00 / 00	70.56
42nd	Staying Alive (1983)	$188,703,768	22.00	00 / 00	70.22
43rd	To Be or Not to Be (1983)	$37,891,036	69.00	01 / 00	70.13
44th	All the Right Moves (1983)	$67,297,952	60.70	00 / 00	69.86
45th	Cujo (1983)	$61,520,740	61.70	00 / 00	69.27
46th	Uncommon Valor (1983)	$88,701,226	53.30	00 / 00	68.93
47th	Without a Trace (1983)	$28,009,430	70.00	00 / 00	66.14
48th	Betrayal (1983)	$4,357,843	76.50	01 / 00	65.97
49th	The Man with Two Brains (1983)	$30,107,143	69.00	00 / 00	65.88
50th	Porky's II: The Next Day (1983)	$98,169,799	46.00	00 / 00	63.19

1984 Top 50 Movies

Rank	Movie (Year)	Adj. B.O. Dom.	Review %	Nom Win	UMR Score
1st	Amadeus (1984)	$188,569,262	86.00	11 / 08	99.70
2nd	The Killing Fields (1984)	$94,599,607	85.50	07 / 03	98.15
3rd	Ghostbusters (1984)	$652,221,972	85.00	02 / 00	97.97
4th	Places in the Heart (1984)	$95,148,447	84.00	07 / 02	97.84
5th	Indiana Jones and the Temple of Doom (1984)	$490,360,631	76.20	02 / 01	96.97
6th	Gremlins (1984)	$416,203,286	79.00	00 / 00	96.96
7th	Beverly Hills Cop (1984)	$618,464,880	76.70	01 / 00	96.70
8th	A Passage to India (1984)	$74,118,726	79.50	11 / 02	96.57
9th	The Karate Kid (1984)	$247,580,510	75.70	01 / 00	96.48
10th	Splash (1984)	$190,346,247	78.30	01 / 00	96.42
11th	Romancing the Stone (1984)	$208,750,501	75.70	01 / 00	96.16
12th	The Terminator (1984)	$144,826,726	91.70	00 / 00	96.10
13th	Star Trek III: The Search for Spock (1984)	$208,474,638	71.00	00 / 00	95.40
14th	A Soldier's Story (1984)	$59,489,144	82.00	03 / 00	94.22
15th	Police Academy (1984)	$221,363,656	60.30	00 / 00	92.79
16th	Purple Rain (1984)	$186,452,276	63.50	00 / 00	92.49
17th	Footloose (1984)	$218,191,750	55.00	02 / 00	91.83
18th	The Natural (1984)	$130,726,226	74.70	04 / 00	91.81
19th	All of Me (1984)	$125,669,622	78.00	00 / 00	91.42
20th	Greystoke: Legend of Tarzan, Lord of the Apes (1984)	$125,019,179	64.00	03 / 00	87.34
21st	Tightrope (1984)	$131,248,565	63.67	00 / 00	87.26
22nd	2010 (1984)	$110,139,886	66.00	05 / 00	86.81
23rd	A Nightmare on Elm Street (1984)	$69,530,162	82.00	00 / 00	86.47
24th	Starman (1984)	$78,362,591	76.30	01 / 00	85.46
25th	Revenge of the Nerds (1984)	$111,431,537	61.70	00 / 00	83.27

1984 Top 50 Movies

Rank	Movie (Year)	Adj. B.O. Dom.	Review %	Nom Win	UMR Score
26th	Moscow on the Hudson (1984)	$68,342,119	75.50	00 / 00	83.20
27th	Broadway Danny Rose (1984)	$28,898,976	86.00	02 / 00	83.15
28th	The Last Starfighter (1984)	$78,332,418	71.50	00 / 00	82.84
29th	Sixteen Candles (1984)	$64,572,623	73.30	00 / 00	81.50
30th	Blood Simple. (1984)	$17,761,542	88.30	00 / 00	81.47
31st	The Muppets Take Manhattan (1984)	$69,612,464	71.00	00 / 00	80.83
32nd	Red Dawn (1984)	$104,621,636	58.70	00 / 00	80.71
33rd	This Is Spinal Tap (1984)	$12,245,079	88.70	00 / 00	80.58
34th	Breakin' (1984)	$105,456,424	58.50	00 / 00	80.07
35th	Bachelor Party (1984)	$104,783,713	59.30	00 / 00	80.00
36th	Top Secret! (1984)	$55,773,335	73.70	00 / 00	79.65
37th	Dune (1984)	$84,309,318	63.50	01 / 00	79.41
38th	Once Upon a Time in America (1984)	$14,507,443	86.00	00 / 00	79.14
39th	Stranger Than Paradise (1984)	$6,641,000	87.00	00 / 00	77.83
40th	The Cotton Club (1984)	$70,686,639	65.00	02 / 00	77.72
41st	Friday the 13th: The Final Chapter (1984)	$89,912,160	59.00	00 / 00	76.46
42nd	The Flamingo Kid (1984)	$65,045,215	65.50	00 / 00	75.22
43rd	Against All Odds (1984)	$86,101,371	57.30	01 / 00	74.67
44th	Beat Street (1984)	$45,243,292	71.00	00 / 00	74.46
45th	Micki + Maude (1984)	$71,101,395	61.50	00 / 00	72.79
46th	Repo Man (1984)	$351,680	83.30	00 / 00	72.12
47th	Paris, Texas (1984)	$5,948,513	81.00	00 / 00	71.42
48th	Teachers (1984)	$75,717,861	57.50	00 / 00	71.31
49th	Swing Shift (1984)	$18,129,728	75.50	01 / 00	70.52
50th	1984 (1984)	$22,983,127	74.00	00 / 00	69.60

1985 Top 50 Movies

Rank	Movie (Year)	Adj. B.O. Dom.	Review %	Nom Win	UMR Score
1st	The Color Purple (1985)	$243,000,236	87.00	11 / 00	99.64
2nd	Witness (1985)	$177,283,391	85.30	08 / 02	99.31
3rd	Out of Africa (1985)	$224,668,236	66.50	11 / 07	99.06
4th	Back to the Future (1985)	$540,852,237	91.70	04 / 01	98.65
5th	A Room with a View (1985)	$54,099,849	86.00	08 / 03	96.48
6th	Cocoon (1985)	$196,393,295	73.00	02 / 02	96.38
7th	Prizzi's Honor (1985)	$68,783,942	78.00	08 / 01	95.32
8th	Kiss of the Spider Woman (1985)	$43,878,287	84.30	04 / 01	94.16
9th	The Goonies (1985)	$158,402,671	75.00	00 / 00	93.18
10th	The Breakfast Club (1985)	$118,370,860	82.80	00 / 00	91.76
11th	Mask (1985)	$124,447,403	77.00	01 / 01	91.35
12th	Pale Rider (1985)	$106,850,933	80.33	00 / 00	90.43
13th	The Jewel of the Nile (1985)	$196,032,262	54.00	00 / 00	90.38
14th	Fletch (1985)	$130,595,512	72.70	00 / 00	90.02
15th	Rocky IV (1985)	$329,950,198	50.70	00 / 00	90.01
16th	Jagged Edge (1985)	$104,478,612	74.50	01 / 00	88.14
17th	Rambo: First Blood Part II (1985)	$388,114,183	44.00	01 / 00	88.07
18th	Mad Max Beyond Thunderdome (1985)	$93,484,166	77.70	00 / 00	87.85
19th	Spies Like Us (1985)	$155,046,502	57.50	00 / 00	87.55
20th	Fright Night (1985)	$64,306,388	85.00	00 / 00	86.98
21st	Murphy's Romance (1985)	$79,646,905	77.00	02 / 00	86.37
22nd	Pee-Wee's Big Adventure (1985)	$105,638,442	67.70	00 / 00	85.33
23rd	Silverado (1985)	$83,065,903	73.70	02 / 00	85.26
24th	After Hours (1985)	$37,844,137	88.30	00 / 00	84.98
25th	Brazil (1985)	$25,619,970	89.70	02 / 00	84.62

1985 Top 50 Movies

Rank	Movie (Year)	Adj. B.O. Dom.	Review %	Nom Win	UMR Score
26th	Ran (1985)	$9,308,090	91.00	04 / 01	84.06
27th	Police Academy 2: Their First Assignment (1985)	$143,463,664	52.70	00 / 00	83.89
28th	White Nights (1985)	$108,786,862	60.30	02 / 01	83.68
29th	Agnes of God (1985)	$105,133,488	60.50	03 / 00	82.78
30th	National Lampoon's European Vacation (1985)	$127,374,627	54.70	00 / 00	82.56
31st	Commando (1985)	$90,567,888	66.00	00 / 00	82.53
32nd	My Life as a Dog (1985)	$21,533,136	88.70	02 / 00	82.45
33rd	The Sure Thing (1985)	$46,794,776	80.70	00 / 00	82.29
34th	The Purple Rose of Cairo (1985)	$27,431,837	84.30	01 / 00	81.30
35th	To Live and Die in L.A. (1985)	$44,656,979	79.30	00 / 00	81.15
36th	Desperately Seeking Susan (1985)	$70,696,065	70.00	00 / 00	80.40
37th	The Trip to Bountiful (1985)	$19,331,218	82.50	02 / 01	79.67
38th	The Journey of Natty Gann (1985)	$25,050,337	82.30	01 / 00	79.43
39th	The Last Dragon (1985)	$66,453,308	69.00	00 / 00	78.58
40th	Follow That Bird (1985)	$36,024,265	78.50	00 / 00	78.55
41st	A View to a Kill (1985)	$129,860,312	48.30	00 / 00	77.96
42nd	Shoah (1985)	$103,215	89.00	00 / 00	77.83
43rd	The Emerald Forest (1985)	$63,135,758	69.00	00 / 00	77.77
44th	The Falcon and the Snowman (1985)	$44,200,444	73.70	00 / 00	76.63
45th	Ladyhawke (1985)	$47,559,746	70.50	02 / 00	76.15
46th	Lost in America (1985)	$26,264,688	78.50	00 / 00	75.96
47th	Runaway Train (1985)	$19,825,904	76.50	03 / 00	74.39
48th	Sweet Dreams (1985)	$23,441,988	77.00	01 / 00	74.28
49th	Real Genius (1985)	$33,419,857	74.30	00 / 00	73.86
50th	Code of Silence (1985)	$71,192,326	62.30	00 / 00	73.83

1986 Top 50 Movies

Rank	Movie (Year)	Adj. B.O. Dom.	Review %	Nom Win	UMR Score
1st	Platoon (1986)	$342,032,348	89.30	08 / 04	99.90
2nd	Aliens (1986)	$348,049,735	94.30	07 / 02	98.92
3rd	Hannah and Her Sisters (1986)	$87,383,441	90.20	07 / 03	98.34
4th	Star Trek IV: The Voyage Home (1986)	$270,882,012	77.70	04 / 00	97.29
5th	Back to School (1986)	$225,316,251	75.70	00 / 00	96.32
6th	Ruthless People (1986)	$176,842,026	78.00	00 / 00	95.32
7th	Crocodile Dundee (1986)	$423,442,618	68.30	01 / 00	94.98
8th	Children of a Lesser God (1986)	$78,645,342	76.00	05 / 01	94.93
9th	Ferris Bueller's Day Off (1986)	$173,166,887	77.30	00 / 00	94.72
10th	The Color of Money (1986)	$129,113,983	82.70	04 / 01	93.78
11th	Stand By Me (1986)	$129,097,770	85.00	01 / 00	93.46
12th	Top Gun (1986)	$436,486,824	56.70	04 / 01	92.97
13th	The Mission (1986)	$42,511,340	75.00	07 / 01	92.32
14th	Down and Out in Beverly Hills (1986)	$153,409,573	73.00	00 / 00	92.27
15th	An American Tail (1986)	$178,666,863	60.00	01 / 00	91.09
16th	The Fly (1986)	$99,887,373	81.70	01 / 01	90.44
17th	Little Shop of Horrors (1986)	$95,669,889	83.30	02 / 00	90.28
18th	Peggy Sue Got Married (1986)	$102,174,350	78.30	03 / 00	89.76
19th	The Karate Kid Part II (1986)	$284,192,041	47.50	01 / 00	89.23
20th	Hoosiers (1986)	$70,632,055	86.70	02 / 00	88.84
21st	Heartbreak Ridge (1986)	$105,485,717	74.33	01 / 00	88.19
22nd	About Last Night... (1986)	$127,432,399	63.00	00 / 00	86.18
23rd	Pretty in Pink (1986)	$99,924,645	68.70	00 / 00	85.43
24th	The Golden Child (1986)	$197,070,695	38.50	00 / 00	85.22
25th	The Great Mouse Detective (1986)	$62,556,608	76.00	00 / 00	82.54

1986 Top 50 Movies

Rank	Movie (Year)	Adj. B.O. Dom.	Review %	Nom Win	UMR Score
26th	Running Scared (1986)	$95,058,395	65.00	00 / 00	82.08
27th	Short Circuit (1986)	$100,482,883	61.30	00 / 00	80.82
28th	Legal Eagles (1986)	$123,083,717	53.50	00 / 00	80.25
29th	¡Three Amigos! (1986)	$101,838,297	59.50	00 / 00	79.97
30th	The Big Easy (1986)	$43,665,070	78.00	00 / 00	79.92
31st	Manhunter (1986)	$21,285,092	85.00	00 / 00	79.86
32nd	F/X (1986)	$50,870,628	74.00	00 / 00	78.74
33rd	She's Gotta Have It (1986)	$17,622,512	84.50	00 / 00	78.63
34th	Poltergeist II: The Other Side (1986)	$101,220,876	57.00	00 / 00	77.79
35th	Crimes of the Heart (1986)	$56,553,794	68.50	03 / 00	77.76
36th	Blue Velvet (1986)	$21,113,003	81.30	01 / 00	77.56
37th	Mona Lisa (1986)	$14,305,859	82.67	01 / 00	76.86
38th	Flight of the Navigator (1986)	$45,836,081	72.00	00 / 00	75.65
39th	Police Academy 3: Back in Training (1986)	$107,597,070	52.00	00 / 00	75.24
40th	Nothing in Common (1986)	$79,809,422	61.00	00 / 00	74.87
41st	Jean de Florette (1986)	$12,199,196	81.00	00 / 00	73.94
42nd	The Morning After (1986)	$62,088,147	64.00	01 / 00	73.29
43rd	River's Edge (1986)	$11,357,411	80.30	00 / 00	72.92
44th	Sid and Nancy (1986)	$6,978,693	81.70	00 / 00	72.66
45th	The Money Pit (1986)	$92,586,743	54.00	00 / 00	72.14
46th	Manon of the Spring (1986)	$9,729,212	80.00	00 / 00	71.68
47th	Salvador (1986)	$3,703,507	80.00	02 / 00	71.35
48th	A Better Tomorrow (1986)	$11,851,208	78.50	00 / 00	70.78
49th	At Close Range (1986)	$5,794,753	79.30	00 / 00	69.56
50th	The Name of the Rose (1986)	$17,661,982	75.00	00 / 00	68.79

1987 Top 50 Movies

Rank	Movie (Year)	Adj. B.O. Dom.	Review %	Nom Win	UMR Score
1st	Moonstruck (1987)	$188,917,452	84.50	06 / 03	99.37
2nd	Fatal Attraction (1987)	$362,290,164	74.30	06 / 00	99.05
3rd	The Last Emperor (1987)	$103,042,342	85.30	09 / 09	98.55
4th	Broadcast News (1987)	$120,062,538	84.00	07 / 00	98.35
5th	Good Morning, Vietnam (1987)	$290,314,292	80.50	01 / 00	97.32
6th	The Untouchables (1987)	$178,679,632	83.70	04 / 01	97.22
7th	Predator (1987)	$177,816,723	74.80	01 / 00	94.86
8th	3 Men and a Baby (1987)	$381,348,754	66.00	00 / 00	94.16
9th	Lethal Weapon (1987)	$152,761,457	78.70	01 / 00	93.94
10th	Full Metal Jacket (1987)	$108,602,636	88.70	01 / 00	92.84
11th	Stakeout (1987)	$153,853,412	74.00	00 / 00	92.41
12th	Hope and Glory (1987)	$23,476,585	84.00	05 / 00	92.41
13th	Planes, Trains & Automobiles (1987)	$116,035,134	84.00	00 / 00	92.01
14th	The Witches of Eastwick (1987)	$149,386,501	71.00	02 / 00	91.67
15th	RoboCop (1987)	$125,158,585	77.30	02 / 00	91.45
16th	Dirty Dancing (1987)	$148,636,535	71.50	00 / 00	91.40
17th	Beverly Hills Cop II (1987)	$359,992,763	54.00	01 / 00	91.32
18th	Eddie Murphy Raw (1987)	$118,317,815	75.50	00 / 00	89.98
19th	The Princess Bride (1987)	$72,290,940	88.30	01 / 00	89.37
20th	La Bamba (1987)	$127,011,049	71.00	00 / 00	89.09
21st	No Way Out (1987)	$83,188,528	84.70	00 / 00	88.94
22nd	Roxanne (1987)	$93,827,648	77.00	00 / 00	87.33
23rd	The Living Daylights (1987)	$119,913,762	67.20	00 / 00	87.25
24th	Throw Momma from the Train (1987)	$135,680,384	62.00	01 / 00	87.19
25th	Wall Street (1987)	$102,723,354	71.70	01 / 01	87.19

1987 Top 50 Movies

Rank	Movie (Year)	Adj. B.O. Dom.	Review %	Nom Win	UMR Score
26th	Secret of My Succe$s (1987)	$156,951,983	53.70	00 / 00	86.17
27th	Spaceballs (1987)	$89,302,928	70.50	00 / 00	84.16
28th	Outrageous Fortune (1987)	$123,846,809	58.50	00 / 00	83.72
29th	Empire of the Sun (1987)	$52,098,837	76.00	06 / 00	83.34
30th	Adventures in Babysitting (1987)	$116,166,149	60.00	00 / 00	83.20
31st	The Lost Boys (1987)	$75,488,165	72.50	00 / 00	82.92
32nd	Radio Days (1987)	$34,655,211	82.00	02 / 00	81.87
33rd	Innerspace (1987)	$60,661,715	73.30	01 / 01	81.82
34th	A Nightmare on Elm Street 3: Dream Warriors (1987)	$104,937,574	61.00	00 / 00	81.62
35th	Dragnet (1987)	$134,442,364	51.00	00 / 00	81.62
36th	Raising Arizona (1987)	$53,525,242	76.70	00 / 00	80.95
37th	Tin Men (1987)	$59,531,536	72.00	00 / 00	79.34
38th	Mannequin (1987)	$100,083,415	58.00	01 / 00	78.95
39th	Wings of Desire (1987)	$7,520,424	88.00	00 / 00	78.88
40th	*batteries not included (1987)	$77,182,481	64.50	00 / 00	77.75
41st	The Running Man (1987)	$89,309,075	59.30	00 / 00	77.62
42nd	Angel Heart (1987)	$52,509,040	72.00	00 / 00	77.51
43rd	Baby Boom (1987)	$62,579,618	67.00	00 / 00	75.85
44th	Ironweed (1987)	$17,320,470	78.50	02 / 00	74.91
45th	Maurice (1987)	$5,819,833	82.80	01 / 00	74.61
46th	The Dead (1987)	$10,237,830	82.00	00 / 00	74.41
47th	Overboard (1987)	$62,581,276	65.50	00 / 00	74.03
48th	Pelle the Conqueror (1987)	$4,811,766	79.00	02 / 01	72.02
49th	Some Kind of Wonderful (1987)	$43,466,536	69.30	00 / 00	71.65
50th	House of Games (1987)	$6,057,407	81.00	00 / 00	71.55

1988 Top 50 Movies

Rank	Movie (Year)	Adj. B.O. Dom.	Review %	Nom Win	UMR Score
1st	Rain Man (1988)	$396,321,396	79.70	08 / 04	99.45
2nd	Who Framed Roger Rabbit (1988)	$348,687,052	85.00	06 / 03	98.52
3rd	Working Girl (1988)	$142,145,988	77.70	06 / 01	98.41
4th	Die Hard (1988)	$185,002,688	89.50	04 / 00	98.00
5th	Big (1988)	$256,232,112	83.70	02 / 00	97.72
6th	Dangerous Liaisons (1988)	$77,270,994	84.70	07 / 03	97.36
7th	Mississippi Burning (1988)	$77,122,171	79.30	07 / 01	95.90
8th	The Naked Gun: From the Files of Police Squad! (1988)	$175,524,708	81.00	00 / 00	95.85
9th	A Fish Called Wanda (1988)	$139,280,392	86.70	03 / 01	95.26
10th	Beetlejuice (1988)	$164,272,582	78.00	01 / 01	94.96
11th	Coming to America (1988)	$285,614,369	62.00	02 / 00	93.60
12th	The Accidental Tourist (1988)	$72,727,487	69.00	04 / 01	92.61
13th	Bull Durham (1988)	$113,416,244	83.70	01 / 00	91.92
14th	Twins (1988)	$249,478,261	50.70	00 / 00	89.99
15th	Midnight Run (1988)	$85,612,804	83.70	00 / 00	88.97
16th	The Accused (1988)	$71,493,287	83.00	01 / 01	88.39
17th	Colors (1988)	$103,893,718	74.00	00 / 00	88.01
18th	Crocodile Dundee II (1988)	$243,611,885	44.50	00 / 00	87.96
19th	Dirty Rotten Scoundrels (1988)	$93,692,950	78.50	00 / 00	87.94
20th	The Land Before Time (1988)	$107,185,026	73.00	00 / 00	87.71
21st	Beaches (1988)	$127,129,808	65.50	01 / 00	87.28
22nd	Scrooged (1988)	$134,454,886	59.30	01 / 00	86.22
23rd	Biloxi Blues (1988)	$96,246,410	68.50	00 / 00	84.84
24th	Willow (1988)	$127,637,941	56.70	02 / 00	84.58
25th	The Bear (1988)	$70,770,242	77.00	00 / 00	84.50

1988 Top 50 Movies

Rank	Movie (Year)	Adj. B.O. Dom.	Review %	Nom Win	UMR Score
26th	Cinema Paradiso (1988)	$26,723,128	87.50	01 / 01	83.79
27th	Tucker: The Man and His Dream (1988)	$43,800,042	79.70	03 / 00	82.63
28th	A Nightmare on Elm Street 4: The Dream Master (1988)	$110,031,212	60.50	00 / 00	82.24
29th	Gorillas in the Mist (1988)	$55,094,789	72.00	05 / 00	81.17
30th	Shoot to Kill (1988)	$65,301,120	72.50	00 / 00	80.86
31st	Women on the Verge of a Nervous Breakdown (1988)	$16,000,578	86.50	01 / 00	80.43
32nd	Oliver & Company (1988)	$118,743,590	54.50	00 / 00	80.13
33rd	Big Business (1988)	$89,483,811	63.00	00 / 00	79.69
34th	The Unbearable Lightness of Being (1988)	$22,302,273	82.30	02 / 00	79.29
35th	The Last Temptation of Christ (1988)	$18,662,300	83.00	01 / 00	78.43
36th	Child's Play (1988)	$74,092,776	66.00	00 / 00	78.08
37th	Tequila Sunrise (1988)	$92,029,137	59.30	01 / 00	77.87
38th	Dead Ringers (1988)	$17,915,504	83.30	00 / 00	77.76
39th	Married to the Mob (1988)	$47,887,766	72.70	01 / 00	77.46
40th	The Adventures of Baron Munchausen (1988)	$18,014,945	79.00	04 / 00	76.84
41st	Young Guns (1988)	$101,766,391	54.30	00 / 00	76.54
42nd	High Hopes (1988)	$2,657,343	85.50	00 / 00	75.49
43rd	Frantic (1988)	$39,309,884	73.30	00 / 00	75.45
44th	Salaam Bombay! (1988)	$4,635,821	84.50	00 / 00	75.09
45th	The Thin Blue Line (1988)	$2,696,393	85.00	00 / 00	74.92
46th	Red Heat (1988)	$77,992,939	59.70	00 / 00	74.63
47th	A Cry in the Dark (1988)	$15,397,704	79.50	01 / 00	74.50
48th	Hairspray (1988)	$14,867,972	80.30	00 / 00	74.24
49th	Stand and Deliver (1988)	$31,190,624	74.00	01 / 00	73.82
50th	Akira (1988)	$978,764	83.50	00 / 00	72.61

1989 Top 50 Movies

Rank	Movie (Year)	Adj. B.O. Dom.	Review %	Nom Win	UMR Score
1st	Driving Miss Daisy (1989)	$245,943,215	81.70	09 / 04	99.64
2nd	Dead Poets Society (1989)	$221,178,496	84.30	04 / 01	99.35
3rd	Born on the Fourth of July (1989)	$161,515,257	82.00	08 / 02	99.06
4th	Field of Dreams (1989)	$148,663,392	76.30	03 / 00	98.26
5th	Indiana Jones and the Last Crusade (1989)	$452,628,136	84.20	03 / 01	98.15
6th	The Little Mermaid (1989)	$257,364,801	82.50	03 / 02	98.06
7th	Parenthood (1989)	$230,840,830	85.00	02 / 00	97.98
8th	When Harry Met Sally... (1989)	$214,172,213	83.30	01 / 00	97.68
9th	The War of the Roses (1989)	$200,478,361	79.30	00 / 00	97.03
10th	Lethal Weapon 2 (1989)	$339,759,825	76.70	01 / 00	96.72
11th	Batman (1989)	$576,569,898	75.00	01 / 01	96.62
12th	Back to the Future Part II (1989)	$367,099,531	71.00	01 / 00	95.61
13th	My Left Foot (1989)	$34,017,492	91.00	05 / 02	95.50
14th	Honey, I Shrunk the Kids (1989)	$301,620,517	65.70	00 / 00	94.13
15th	Steel Magnolias (1989)	$193,257,753	68.50	01 / 00	94.10
16th	Ghostbusters II (1989)	$259,559,647	59.70	00 / 00	92.63
17th	The Abyss (1989)	$125,107,399	78.00	04 / 01	92.36
18th	Look Who's Talking (1989)	$323,227,601	56.70	00 / 00	91.88
19th	National Lampoon's Christmas Vacation (1989)	$164,555,883	67.30	00 / 00	91.80
20th	Sea of Love (1989)	$135,142,335	75.30	00 / 00	91.51
21st	Glory (1989)	$61,901,210	86.50	05 / 03	89.96
22nd	Do the Right Thing (1989)	$63,555,735	91.30	02 / 00	89.78
23rd	Uncle Buck (1989)	$154,032,288	63.70	00 / 00	89.72
24th	Major League (1989)	$114,897,196	74.70	00 / 00	89.41
25th	Turner & Hooch (1989)	$164,003,022	59.00	00 / 00	89.18

1989 Top 50 Movies

Rank	Movie (Year)	Adj. B.O. Dom.	Review %	Nom Win	UMR Score
26th	Say Anything... (1989)	$47,948,991	90.70	00 / 00	87.37
27th	Crimes and Misdemeanors (1989)	$42,119,164	87.00	03 / 00	85.99
28th	Henry V (1989)	$23,444,754	89.80	03 / 01	85.20
29th	Sex, Lies, and Videotape (1989)	$57,086,567	80.70	01 / 00	84.67
30th	Black Rain (1989)	$106,625,295	62.00	02 / 00	84.10
31st	Pet Sematary (1989)	$132,599,574	54.70	00 / 00	83.18
32nd	Bill & Ted's Excellent Adventure (1989)	$93,411,326	66.00	00 / 00	82.52
33rd	The Fabulous Baker Boys (1989)	$42,521,105	81.50	00 / 00	82.07
34th	See No Evil, Hear No Evil (1989)	$108,233,333	60.00	00 / 00	81.73
35th	Lean on Me (1989)	$73,617,912	69.00	00 / 00	81.27
36th	Always (1989)	$101,195,595	60.00	00 / 00	79.81
37th	K-9 (1989)	$99,785,504	59.50	00 / 00	79.67
38th	Three Fugitives (1989)	$93,646,317	60.50	00 / 00	78.70
39th	Licence to Kill (1989)	$79,987,373	64.50	00 / 00	78.30
40th	Casualties of War (1989)	$43,080,414	74.00	00 / 00	76.87
41st	True Believer (1989)	$20,172,189	81.00	00 / 00	76.58
42nd	Blaze (1989)	$44,141,619	71.30	01 / 00	75.08
43rd	Tango & Cash (1989)	$146,302,998	39.00	00 / 00	73.96
44th	The Killer (1989)	$117,669	84.00	00 / 00	73.15
45th	Drugstore Cowboy (1989)	$10,912,052	80.00	00 / 00	72.32
46th	The Cook, the Thief, His Wife & Her Lover (1989)	$17,823,235	77.00	00 / 00	71.27
47th	The 'Burbs (1989)	$84,451,957	53.70	00 / 00	70.07
48th	Mystery Train (1989)	$3,556,059	80.00	00 / 00	69.51
49th	Road House (1989)	$69,334,568	58.00	00 / 00	67.93
50th	The Dream Team (1989)	$66,658,584	58.00	00 / 00	67.10

Top 100 1980-1989 Countdown

Rank	Movie (Year)	Adj. B.O. Dom.	Review %	Nom Win	UMR Score
100th	Honey, I Shrunk the Kids (1989)	$301,620,517	65.70	00 / 00	94.13
99th	Kiss of the Spider Woman (1985)	$43,878,287	84.30	04 / 01	94.19
98th	3 Men and a Baby (1987)	$381,348,754	66.00	00 / 00	94.19
97th	A Soldier's Story (1984)	$59,489,144	82.00	03 / 00	94.25
96th	Stir Crazy (1980)	$356,887,706	67.00	00 / 00	94.40
95th	Private Benjamin (1980)	$281,846,147	65.00	03 / 00	94.55
94th	Absence of Malice (1981)	$166,343,090	76.00	03 / 00	94.74
93rd	Ferris Bueller's Day Off (1986)	$173,166,887	77.30	00 / 00	94.75
92nd	Missing (1982)	$43,619,050	87.00	04 / 01	94.82
91st	Predator (1987)	$177,816,723	74.80	01 / 00	94.89
90th	Children of a Lesser God (1986)	$78,645,342	76.00	05 / 01	94.96
89th	Beetlejuice (1988)	$164,272,582	78.00	01 / 01	94.99
88th	Crocodile Dundee (1986)	$423,442,618	68.30	01 / 00	95.01
87th	The Shining (1980)	$155,076,602	83.40	00 / 00	95.03
86th	9 to 5 (1980)	$484,218,228	68.70	01 / 00	95.10
85th	A Fish Called Wanda (1988)	$139,280,392	86.70	03 / 01	95.28
84th	Prizzi's Honor (1985)	$68,783,942	78.00	08 / 01	95.34
83rd	Ruthless People (1986)	$176,842,026	78.00	00 / 00	95.35
82nd	Star Trek III: The Search for Spock (1984)	$208,474,638	71.00	00 / 00	95.41
81st	My Left Foot (1989)	$34,017,492	91.00	05 / 02	95.50
80th	Back to the Future Part II (1989)	$367,099,531	71.00	01 / 00	95.61
79th	National Lampoon's Vacation (1983)	$178,546,006	79.00	00 / 00	95.69
78th	The Naked Gun: From the Files of Police Squad! (1988)	$175,524,708	81.00	00 / 00	95.86
77th	Mississippi Burning (1988)	$77,122,171	79.30	07 / 01	95.92
76th	The Terminator (1984)	$144,826,726	91.70	00 / 00	96.12

Top 100 1980-1989 Countdown

Rank	Movie (Year)	Adj. B.O. Dom.	Review %	Nom Win	UMR Score
75th	Romancing the Stone (1984)	$208,750,501	75.70	01 / 00	96.19
74th	Back to School (1986)	$225,316,251	75.70	00 / 00	96.35
73rd	Cocoon (1985)	$196,393,295	73.00	02 / 02	96.41
72nd	Splash (1984)	$190,346,247	78.30	01 / 00	96.45
71st	A Room with a View (1985)	$54,099,849	86.00	08 / 03	96.50
70th	The Karate Kid (1984)	$247,580,510	75.70	01 / 00	96.51
69th	A Passage to India (1984)	$74,118,726	79.50	11 / 02	96.59
68th	Batman (1989)	$576,569,898	75.00	01 / 01	96.62
67th	Risky Business (1983)	$184,775,447	83.30	00 / 00	96.65
66th	The Blues Brothers (1980)	$201,625,303	77.30	00 / 00	96.68
65th	Lethal Weapon 2 (1989)	$339,759,825	76.70	01 / 00	96.72
64th	Beverly Hills Cop (1984)	$618,464,880	76.70	01 / 00	96.73
63rd	Stripes (1981)	$281,050,546	78.00	00 / 00	96.79
62nd	Scarface (1983)	$193,863,321	81.30	00 / 00	96.87
61st	Indiana Jones and the Temple of Doom (1984)	$490,360,631	76.20	02 / 01	96.98
60th	Gremlins (1984)	$416,203,286	79.00	00 / 00	96.99
59th	The War of the Roses (1989)	$200,478,361	79.30	00 / 00	97.03
58th	48 HRS. (1982)	$245,726,380	81.30	00 / 00	97.09
57th	Trading Places (1983)	$262,891,414	80.30	01 / 00	97.09
56th	The Untouchables (1987)	$178,679,632	83.70	04 / 01	97.24
55th	Poltergeist (1982)	$238,678,071	80.70	00 / 00	97.26
54th	Star Trek IV: The Voyage Home (1986)	$270,882,012	77.70	04 / 00	97.30
53rd	Good Morning, Vietnam (1987)	$290,314,292	80.50	01 / 00	97.34
52nd	Dangerous Liaisons (1988)	$77,270,994	84.70	07 / 03	97.38
51st	Star Wars: Episode VI - Return of the Jedi (1983)	$861,639,577	78.50	04 / 00	97.41

Top 100 1980-1989 Countdown

Rank	Movie (Year)	Adj. B.O. Dom.	Review %	Nom Win	UMR Score
50th	WarGames (1983)	$231,377,716	81.80	00 / 00	97.41
49th	The Right Stuff (1983)	$61,625,292	88.00	08 / 04	97.42
48th	Star Trek II: The Wrath of Khan (1982)	$245,864,879	82.70	00 / 00	97.53
47th	Airplane! (1980)	$329,038,998	83.50	00 / 00	97.65
46th	When Harry Met Sally... (1989)	$214,172,213	83.30	01 / 00	97.68
45th	Big (1988)	$256,232,112	83.70	02 / 00	97.74
44th	Arthur (1981)	$354,842,278	78.50	04 / 02	97.74
43rd	Places in the Heart (1984)	$95,148,447	84.00	07 / 02	97.85
42nd	An Officer and a Gentleman (1982)	$400,240,704	78.70	06 / 02	97.92
41st	Superman II (1980)	$391,766,165	86.30	00 / 00	97.94
40th	Ghostbusters (1984)	$652,221,972	85.00	02 / 00	97.97
39th	Parenthood (1989)	$230,840,830	85.00	02 / 00	97.98
38th	Die Hard (1988)	$185,002,688	89.50	04 / 00	98.01
37th	The Little Mermaid (1989)	$257,364,801	82.50	03 / 02	98.06
36th	Indiana Jones and the Last Crusade (1989)	$452,628,136	84.20	03 / 01	98.14
35th	The Killing Fields (1984)	$94,599,607	85.50	07 / 03	98.16
34th	Field of Dreams (1989)	$148,663,392	76.30	03 / 00	98.26
33rd	The Elephant Man (1980)	$98,400,357	88.33	08 / 00	98.27
32nd	The Big Chill (1983)	$163,841,018	72.00	03 / 00	98.29
31st	Hannah and Her Sisters (1986)	$87,383,441	90.20	07 / 03	98.35
30th	Broadcast News (1987)	$120,062,538	84.00	07 / 00	98.36
29th	Working Girl (1988)	$142,145,988	77.70	06 / 01	98.42
28th	Raging Bull (1980)	$82,842,106	94.00	08 / 02	98.50
27th	Who Framed Roger Rabbit (1988)	$348,687,052	85.00	06 / 03	98.53
26th	The Last Emperor (1987)	$103,042,342	85.30	09 / 09	98.56

Top 100 1980-1989 Countdown

Rank	Movie (Year)	Adj. B.O. Dom.	Review %	Nom Win	UMR Score
25th	Back to the Future (1985)	$540,852,237	91.70	04 / 01	98.66
24th	The Empire Strikes Back (1980)	$899,353,715	92.80	03 / 02	98.73
23rd	Reds (1981)	$133,059,406	84.70	12 / 03	98.91
22nd	Aliens (1986)	$348,049,735	94.30	07 / 02	98.93
21st	Fatal Attraction (1987)	$362,290,164	74.30	06 / 00	99.05
20th	Born on the Fourth of July (1989)	$161,515,257	82.00	08 / 02	99.06
19th	Out of Africa (1985)	$224,668,236	66.50	11 / 07	99.07
18th	Witness (1985)	$177,283,391	85.30	08 / 02	99.32
17th	Coal Miner's Daughter (1980)	$287,009,712	80.00	07 / 01	99.33
16th	Gandhi (1982)	$164,406,080	85.00	11 / 08	99.34
15th	Dead Poets Society (1989)	$221,178,496	84.30	04 / 01	99.35
14th	Moonstruck (1987)	$188,917,452	84.50	06 / 03	99.37
13th	The Verdict (1982)	$212,902,491	86.50	05 / 00	99.39
12th	Chariots of Fire (1981)	$194,313,590	82.30	07 / 04	99.42
11th	Ordinary People (1980)	$192,948,090	82.50	06 / 04	99.46
10th	Rain Man (1988)	$396,321,396	79.70	08 / 04	99.46
9th	On Golden Pond (1981)	$371,623,948	79.50	10 / 03	99.54
8th	Driving Miss Daisy (1989)	$245,943,215	81.70	09 / 04	99.64
7th	The Color Purple (1985)	$243,000,236	87.00	11 / 00	99.65
6th	Amadeus (1984)	$188,569,262	86.00	11 / 08	99.71
5th	Tootsie (1982)	$520,936,052	87.00	10 / 01	99.76
4th	Terms of Endearment (1983)	$315,288,629	83.80	11 / 05	99.79
3rd	E.T. the Extra-Terrestrial (1982)	$1,298,301,467	87.00	09 / 04	99.87
2nd	Platoon (1986)	$342,032,348	89.30	08 / 04	99.90
1st	Raiders of the Lost Ark (1981)	$811,095,356	92.80	08 / 04	99.95

UMR Top 25 Statistical Stars of the 1980s

1. Harrison Ford
2. Jack Nicholson
3. Bill Murray
4. Eddie Murphy
5. Danny Glover
6. Glenn Close
7. Michael Douglas
8. William Hurt
9. Sigourney Weaver
10. Tom Cruise
11. Debra Winger
12. Kathleen Turner
13. Meryl Streep
14. Danny DeVito
15. Paul Newman
16. Dan Aykroyd
17. Steve Martin
18. Robert DeNiro
19. Rick Moranis
20. Sally Field
21. Bette Midler
22. Woody Allen
23. Robin Williams
24. Kevin Kline
25. Michael J. Fox

1990-1999

1990 Top 50 Movies

Rank	Movie (Year)	Adj. B.O. Dom.	Review %	Nom Win	UMR Score
1st	Dances with Wolves (1990)	$400,633,815	81.30	12 / 07	99.66
2nd	Ghost (1990)	$471,277,237	70.80	05 / 02	98.98
3rd	Goodfellas (1990)	$101,423,102	95.00	06 / 01	98.67
4th	The Godfather: Part III (1990)	$144,364,330	70.70	07 / 00	97.80
5th	Awakenings (1990)	$112,814,120	83.00	03 / 00	97.75
6th	The Hunt for Red October (1990)	$264,216,499	79.00	03 / 01	97.52
7th	Presumed Innocent (1990)	$186,888,219	81.30	00 / 00	96.64
8th	Total Recall (1990)	$258,547,687	73.30	02 / 00	96.16
9th	Dick Tracy (1990)	$224,644,622	62.50	07 / 03	95.61
10th	Die Hard 2 (1990)	$254,533,115	70.00	00 / 00	95.18
11th	Pretty Woman (1990)	$386,336,044	68.00	01 / 00	94.90
12th	Back to the Future Part III (1990)	$233,782,253	68.30	00 / 00	94.80
13th	Home Alone (1990)	$618,811,568	66.70	00 / 00	94.34
14th	Teenage Mutant Ninja Turtles (1990)	$292,916,263	65.50	00 / 00	94.02
15th	Misery (1990)	$132,694,123	84.30	01 / 01	93.85
16th	Edward Scissorhands (1990)	$122,051,806	85.00	01 / 00	92.84
17th	Kindergarten Cop (1990)	$198,050,210	59.70	00 / 00	92.23
18th	Days of Thunder (1990)	$179,022,197	54.30	01 / 00	89.41
19th	Postcards from the Edge (1990)	$84,608,960	78.70	02 / 00	88.20
20th	Reversal of Fortune (1990)	$33,446,192	88.70	03 / 01	86.09
21st	Flatliners (1990)	$133,154,056	59.30	01 / 00	86.08
22nd	Arachnophobia (1990)	$115,221,497	65.00	00 / 00	85.48
23rd	The Grifters (1990)	$29,118,770	85.70	04 / 00	84.03
24th	Darkman (1990)	$73,363,374	72.30	00 / 00	83.28
25th	Bird on a Wire (1990)	$153,701,796	47.50	00 / 00	83.17

1990 Top 50 Movies

Rank	Movie (Year)	Adj. B.O. Dom.	Review %	Nom Win	UMR Score
26th	3 Men and a Little Lady (1990)	$155,068,889	46.50	00 / 00	82.54
27th	House Party (1990)	$57,137,671	74.50	00 / 00	80.61
28th	Gremlins 2: The New Batch (1990)	$89,829,079	62.00	00 / 00	79.06
29th	Jacob's Ladder (1990)	$56,559,977	72.50	00 / 00	78.98
30th	Mermaids (1990)	$76,700,161	66.00	00 / 00	78.84
31st	Another 48 HRS. (1990)	$175,012,242	33.30	00 / 00	77.80
32nd	Life Is Sweet (1990)	$3,283,768	87.50	00 / 00	77.55
33rd	Miller's Crossing (1990)	$11,001,545	85.00	00 / 00	77.40
34th	Memphis Belle (1990)	$59,425,179	69.00	00 / 00	76.84
35th	Avalon (1990)	$34,086,448	73.00	04 / 00	76.25
36th	Quick Change (1990)	$33,045,634	76.50	00 / 00	76.07
37th	Internal Affairs (1990)	$60,058,401	67.50	00 / 00	75.81
38th	Pump Up the Volume (1990)	$24,993,500	77.30	00 / 00	74.52
39th	Cyrano de Bergerac (1990)	$12,603,162	76.00	05 / 01	74.45
40th	The Rescuers Down Under (1990)	$60,485,147	66.00	00 / 00	74.26
41st	The Freshman (1990)	$46,472,600	70.00	00 / 00	73.70
42nd	Green Card (1990)	$64,722,508	63.30	01 / 00	73.69
43rd	Hard to Kill (1990)	$102,667,414	51.00	00 / 00	73.64
44th	Metropolitan (1990)	$6,362,646	81.50	01 / 00	73.33
45th	Tremors (1990)	$36,092,314	72.30	00 / 00	72.53
46th	Hamlet (1990)	$44,848,166	67.70	02 / 00	72.11
47th	Marked for Death (1990)	$99,708,432	50.00	00 / 00	71.24
48th	Mo' Better Blues (1990)	$34,980,355	71.30	00 / 00	70.88
49th	Europa Europa (1990)	$12,074,172	77.00	01 / 00	70.05
50th	Joe Versus the Volcano (1990)	$85,329,320	54.30	00 / 00	69.82

1991 Top 50 Movies

Rank	Movie (Year)	Adj. B.O. Dom.	Review %	Nom Win	UMR Score
1st	The Silence of the Lambs (1991)	$284,466,786	91.00	07 / 05	99.93
2nd	Beauty and the Beast (1991)	$476,423,618	90.30	06 / 02	99.75
3rd	JFK (1991)	$153,186,307	81.30	08 / 02	98.91
4th	Terminator 2 (1991)	$445,692,404	89.00	06 / 04	98.77
5th	The Prince of Tides (1991)	$162,720,768	70.70	07 / 00	98.33
6th	Bugsy (1991)	$106,860,899	76.50	10 / 02	97.71
7th	City Slickers (1991)	$269,869,245	69.00	01 / 01	95.43
8th	Cape Fear (1991)	$172,086,080	77.30	02 / 00	95.33
9th	Fried Green Tomatoes (1991)	$179,323,873	75.00	00 / 00	94.83
10th	The Naked Gun 2½: The Smell of Fear (1991)	$189,140,755	71.00	00 / 00	94.59
11th	The Addams Family (1991)	$246,955,395	66.50	01 / 00	94.51
12th	Star Trek VI: The Undiscovered Country (1991)	$162,941,378	76.30	02 / 00	94.29
13th	Robin Hood: Prince of Thieves (1991)	$360,076,999	61.50	01 / 00	93.33
14th	Father of the Bride (1991)	$194,352,520	65.00	00 / 00	93.32
15th	Thelma & Louise (1991)	$98,695,006	88.00	06 / 01	93.13
16th	Boyz N the Hood (1991)	$125,115,744	84.00	02 / 00	93.07
17th	What About Bob? (1991)	$138,613,709	73.30	00 / 00	91.22
18th	Backdraft (1991)	$169,424,276	60.30	03 / 00	90.93
19th	Hook (1991)	$260,341,618	49.00	05 / 00	90.82
20th	Teenage Mutant Ninja Turtles II: The Secret of the Ooze (1991)	$171,139,284	60.00	00 / 00	90.11
21st	The Fisher King (1991)	$91,155,035	76.00	05 / 01	89.15
22nd	Hot Shots! (1991)	$151,145,698	62.70	00 / 00	89.10
23rd	My Girl (1991)	$129,436,241	66.00	00 / 00	87.71
24th	Doc Hollywood (1991)	$119,299,272	67.50	00 / 00	86.97
25th	Sleeping with the Enemy (1991)	$221,056,265	40.50	00 / 00	86.38

1991 Top 50 Movies

Rank	Movie (Year)	Adj. B.O. Dom.	Review %	Nom Win	UMR Score
26th	New Jack City (1991)	$103,619,734	70.70	00 / 00	86.24
27th	Dead Again (1991)	$82,714,974	75.50	00 / 00	85.44
28th	The Rocketeer (1991)	$101,617,376	67.00	00 / 00	84.43
29th	L.A. Story (1991)	$62,797,305	78.70	00 / 00	84.39
30th	The Doctor (1991)	$82,942,399	72.00	00 / 00	84.05
31st	Point Break (1991)	$94,033,354	68.70	00 / 00	83.98
32nd	Grand Canyon (1991)	$72,329,229	74.30	01 / 00	83.80
33rd	The Last Boy Scout (1991)	$129,480,026	55.00	00 / 00	82.64
34th	Jungle Fever (1991)	$70,674,914	73.00	00 / 00	82.42
35th	Soapdish (1991)	$79,393,677	69.70	00 / 00	82.25
36th	Defending Your Life (1991)	$35,619,842	83.50	00 / 00	82.05
37th	Little Man Tate (1991)	$54,418,003	74.30	00 / 00	79.76
38th	White Fang (1991)	$75,701,977	67.00	00 / 00	79.44
39th	The Double Life of Veronique (1991)	$4,351,449	88.50	00 / 00	78.63
40th	Rambling Rose (1991)	$13,634,733	83.00	02 / 00	77.97
41st	The Doors (1991)	$74,883,311	65.30	00 / 00	77.90
42nd	Barton Fink (1991)	$13,389,566	82.00	03 / 00	77.67
43rd	Bill & Ted's Bogus Journey (1991)	$82,760,957	62.30	00 / 00	77.55
44th	Frankie and Johnny (1991)	$49,550,012	72.00	00 / 00	76.95
45th	The Commitments (1991)	$32,461,584	76.00	01 / 00	76.14
46th	Enchanted April (1991)	$28,720,557	74.00	03 / 00	74.86
47th	Homicide (1991)	$6,465,659	83.00	00 / 00	74.33
48th	My Own Private Idaho (1991)	$13,927,844	80.00	00 / 00	73.51
49th	Regarding Henry (1991)	$93,561,458	55.30	00 / 00	73.32
50th	Class Action (1991)	$52,823,082	67.30	00 / 00	73.02

1992 Top 50 Movies

Rank	Movie (Year)	Adj. B.O. Dom.	Review %	Nom Win	UMR Score
1st	Unforgiven (1992)	$223,277,638	92.00	09 / 04	99.94
2nd	A Few Good Men (1992)	$311,970,144	76.30	04 / 00	99.08
3rd	The Crying Game (1992)	$138,059,841	87.00	06 / 01	98.82
4th	Aladdin (1992)	$479,741,700	85.50	05 / 02	98.46
5th	Scent of a Woman (1992)	$139,265,663	77.30	04 / 01	98.18
6th	Howards End (1992)	$57,667,916	88.30	09 / 03	97.22
7th	Batman Returns (1992)	$359,406,816	75.00	02 / 00	96.56
8th	The Last of the Mohicans (1992)	$166,658,707	85.00	01 / 01	96.54
9th	A League of Their Own (1992)	$237,351,996	76.00	00 / 00	96.39
10th	Bram Stoker's Dracula (1992)	$182,146,692	73.30	04 / 03	96.12
11th	Wayne's World (1992)	$268,613,849	68.30	00 / 00	94.79
12th	Patriot Games (1992)	$183,976,035	72.30	00 / 00	94.54
13th	Under Siege (1992)	$184,442,975	66.70	02 / 00	93.61
14th	The Hand That Rocks the Cradle (1992)	$194,317,107	65.00	00 / 00	93.53
15th	Sister Act (1992)	$308,140,531	63.00	00 / 00	93.51
16th	Basic Instinct (1992)	$259,850,935	59.70	02 / 00	93.02
17th	White Men Can't Jump (1992)	$168,309,614	70.00	00 / 00	92.76
18th	Home Alone 2: Lost in New York (1992)	$383,142,978	55.50	00 / 00	91.56
19th	Malcolm X (1992)	$106,322,016	83.00	02 / 00	91.29
20th	Lethal Weapon 3 (1992)	$319,455,623	54.30	00 / 00	91.16
21st	My Cousin Vinny (1992)	$116,826,787	78.30	01 / 01	91.12
22nd	Sneakers (1992)	$113,523,727	75.50	00 / 00	89.52
23rd	A River Runs Through It (1992)	$95,882,676	76.70	03 / 01	89.03
24th	The Bodyguard (1992)	$269,162,112	45.70	02 / 00	88.66
25th	Unlawful Entry (1992)	$126,118,233	66.50	00 / 00	87.43

1992 Top 50 Movies

Rank	Movie (Year)	Adj. B.O. Dom.	Review %	Nom Win	UMR Score
26th	The Player (1992)	$47,910,336	86.30	03 / 00	86.49
27th	Like Water for Chocolate (1992)	$47,820,641	85.00	00 / 00	84.87
28th	Death Becomes Her (1992)	$128,952,163	55.33	01 / 01	84.34
29th	Alien 3 (1992)	$122,442,810	58.30	01 / 00	83.76
30th	Glengarry Glen Ross (1992)	$23,673,031	89.30	00 / 00	83.35
31st	Far and Away (1992)	$129,970,113	56.30	00 / 00	83.30
32nd	Single White Female (1992)	$105,985,395	63.00	00 / 00	83.15
33rd	Forever Young (1992)	$123,508,118	57.00	00 / 00	82.32
34th	Boomerang (1992)	$154,621,771	46.30	00 / 00	81.77
35th	Husbands and Wives (1992)	$23,298,671	83.00	02 / 00	80.47
36th	Reservoir Dogs (1992)	$6,250,940	89.70	00 / 00	80.06
37th	The Muppet Christmas Carol (1992)	$60,216,530	71.00	00 / 00	78.51
38th	Beethoven (1992)	$126,063,776	49.50	00 / 00	77.80
39th	Passenger 57 (1992)	$97,262,987	58.00	00 / 00	77.68
40th	Housesitter (1992)	$129,124,297	48.00	00 / 00	77.21
41st	Lorenzo's Oil (1992)	$16,082,725	81.30	02 / 00	77.04
42nd	Juice (1992)	$44,468,777	72.50	00 / 00	76.25
43rd	Honeymoon in Vegas (1992)	$77,713,999	61.33	00 / 00	76.19
44th	Honey I Blew Up the Kid (1992)	$129,481,464	45.50	00 / 00	75.71
45th	Ferngully: The Last Rainforest (1992)	$54,408,843	69.00	00 / 00	75.30
46th	The Long Day Closes (1992)	$50,252	86.00	00 / 00	75.21
47th	One False Move (1992)	$3,405,999	84.30	00 / 00	74.59
48th	Encino Man (1992)	$89,819,818	57.00	00 / 00	74.59
49th	Strictly Ballroom (1992)	$25,908,501	77.00	00 / 00	74.31
50th	Passion Fish (1992)	$10,626,965	80.00	02 / 00	74.19

1993 Top 50 Movies

Rank	Movie (Year)	Adj. B.O. Dom.	Review %	Nom Win	UMR Score
1st	Schindler's List (1993)	$212,551,315	94.00	12 / 07	99.97
2nd	The Fugitive (1993)	$406,836,234	90.70	07 / 01	99.81
3rd	The Piano (1993)	$88,851,679	88.30	08 / 03	98.27
4th	Jurassic Park (1993)	$843,135,864	81.30	03 / 03	98.07
5th	In the Line of Fire (1993)	$226,377,730	80.80	03 / 00	97.42
6th	In the Name of the Father (1993)	$55,528,323	90.00	07 / 01	96.67
7th	The Remains of the Day (1993)	$51,415,282	90.70	08 / 00	96.46
8th	Sleepless in Seattle (1993)	$280,289,112	74.00	02 / 00	96.09
9th	Groundhog Day (1993)	$156,885,958	86.70	00 / 00	95.90
10th	Philadelphia (1993)	$171,354,929	75.30	05 / 02	95.83
11th	The Firm (1993)	$350,355,307	69.70	02 / 00	95.52
12th	Mrs. Doubtfire (1993)	$482,770,142	65.30	01 / 01	94.54
13th	Free Willy (1993)	$171,912,901	74.50	00 / 00	94.07
14th	Cliffhanger (1993)	$185,963,957	64.30	03 / 00	93.38
15th	The Pelican Brief (1993)	$222,955,408	61.50	00 / 00	93.09
16th	Tombstone (1993)	$125,020,865	80.50	00 / 00	91.69
17th	Cool Runnings (1993)	$152,348,644	69.30	00 / 00	91.18
18th	Dave (1993)	$139,990,265	72.00	00 / 00	90.83
19th	The Nightmare Before Christmas (1993)	$110,634,755	80.00	01 / 00	90.68
20th	Grumpy Old Men (1993)	$155,261,157	65.70	00 / 00	90.36
21st	The Age of Innocence (1993)	$71,367,108	82.70	05 / 01	88.94
22nd	What's Love Got to Do with It (1993)	$86,513,223	79.00	02 / 00	88.09
23rd	Indecent Proposal (1993)	$235,890,042	43.30	00 / 00	87.59
24th	Carlito's Way (1993)	$81,750,389	80.50	00 / 00	87.58
25th	The Joy Luck Club (1993)	$72,795,747	82.30	00 / 00	87.04

1993 Top 50 Movies

Rank	Movie (Year)	Adj. B.O. Dom.	Review %	Nom Win	UMR Score
26th	Shadowlands (1993)	$57,177,819	84.50	02 / 00	86.52
27th	Addams Family Values (1993)	$108,236,337	67.30	01 / 00	85.84
28th	Falling Down (1993)	$90,501,670	71.70	00 / 00	85.50
29th	Homeward Bound: The Incredible Journey (1993)	$92,558,759	71.50	00 / 00	85.20
30th	Menace II Society (1993)	$61,757,141	80.30	00 / 00	84.83
31st	A Perfect World (1993)	$68,879,215	78.00	00 / 00	84.76
32nd	A Bronx Tale (1993)	$38,250,520	87.30	00 / 00	84.58
33rd	Dragon: The Bruce Lee Story (1993)	$77,691,273	73.50	00 / 00	83.96
34th	Rising Sun (1993)	$139,788,507	53.00	00 / 00	83.90
35th	Much Ado About Nothing (1993)	$49,891,772	82.50	00 / 00	83.87
36th	Sommersby (1993)	$110,809,436	62.00	00 / 00	83.39
37th	Demolition Man (1993)	$128,451,889	55.00	00 / 00	83.08
38th	The Good Son (1993)	$99,100,116	64.00	00 / 00	82.41
39th	Alive (1993)	$81,275,993	69.50	00 / 00	82.34
40th	The Secret Garden (1993)	$68,990,610	73.00	00 / 00	82.09
41st	Hocus Pocus (1993)	$87,428,692	67.00	00 / 00	81.92
42nd	True Romance (1993)	$27,173,671	85.00	00 / 00	81.48
43rd	Wayne's World 2 (1993)	$106,640,555	59.00	00 / 00	81.32
44th	Iron Monkey (1993)	$32,513,365	83.00	00 / 00	81.11
45th	Rudy (1993)	$50,336,554	77.50	00 / 00	81.09
46th	Malice (1993)	$102,674,605	60.50	00 / 00	80.84
47th	Searching for Bobby Fischer (1993)	$16,077,311	87.00	01 / 00	80.80
48th	Dazed and Confused (1993)	$17,685,084	87.00	00 / 00	80.60
49th	Short Cuts (1993)	$13,520,911	87.00	01 / 00	80.13
50th	Manhattan Murder Mystery (1993)	$25,070,325	83.50	00 / 00	79.81

1994 Top 50 Movies

Rank	Movie (Year)	Adj. B.O. Dom.	Review %	Nom Win	UMR Score
1st	Pulp Fiction (1994)	$242,310,652	94.80	07 / 01	99.91
2nd	Forrest Gump (1994)	$719,990,583	83.00	13 / 06	99.80
3rd	The Lion King (1994)	$816,891,438	88.30	04 / 02	98.56
4th	Four Weddings and a Funeral (1994)	$118,318,538	86.30	02 / 00	98.28
5th	Speed (1994)	$272,213,967	83.70	03 / 02	98.20
6th	The Shawshank Redemption (1994)	$63,629,372	90.30	07 / 00	96.95
7th	Clear and Present Danger (1994)	$274,323,405	76.70	02 / 00	96.88
8th	Quiz Show (1994)	$55,729,211	90.30	04 / 00	96.02
9th	Maverick (1994)	$228,172,174	71.50	01 / 00	95.67
10th	True Lies (1994)	$328,418,353	71.30	01 / 00	95.62
11th	The Client (1994)	$206,807,683	70.50	01 / 00	95.46
12th	Il Postino (1994)	$49,052,991	85.50	05 / 01	95.10
13th	The Mask (1994)	$269,274,212	68.70	01 / 00	95.07
14th	Interview with the Vampire: The Vampire Chronicles (1994)	$236,329,374	67.50	02 / 00	94.99
15th	The Santa Clause (1994)	$325,165,088	68.00	00 / 00	94.68
16th	Dumb and Dumber (1994)	$285,521,175	62.00	00 / 00	93.29
17th	Disclosure (1994)	$186,377,018	62.70	00 / 00	92.35
18th	Little Women (1994)	$112,442,627	84.50	03 / 00	92.33
19th	The Crow (1994)	$113,811,049	78.50	00 / 00	90.26
20th	Legends of the Fall (1994)	$149,610,830	62.00	03 / 01	89.97
21st	Nobody's Fool (1994)	$88,663,359	84.33	02 / 00	89.93
22nd	Star Trek: Generations (1994)	$169,889,091	57.00	00 / 00	89.11
23rd	Wolf (1994)	$145,937,202	60.50	00 / 00	87.80
24th	Stargate (1994)	$160,675,523	54.00	00 / 00	87.06
25th	Natural Born Killers (1994)	$112,889,736	68.30	00 / 00	86.92

1994 Top 50 Movies

Rank	Movie (Year)	Adj. B.O. Dom.	Review %	Nom Win	UMR Score
26th	Naked Gun 33 1/3: The Final Insult (1994)	$114,797,700	68.50	00 / 00	86.90
27th	The Paper (1994)	$87,164,453	75.50	01 / 00	86.39
28th	Ace Ventura: Pet Detective (1994)	$162,135,133	52.00	00 / 00	86.20
29th	When a Man Loves a Woman (1994)	$112,304,201	67.50	00 / 00	86.12
30th	Bullets over Broadway (1994)	$30,047,823	85.50	07 / 01	85.66
31st	The Flintstones (1994)	$293,055,367	37.30	00 / 00	85.15
32nd	The Madness of King George (1994)	$34,212,353	84.70	04 / 01	84.86
33rd	The Little Rascals (1994)	$117,026,365	58.00	00 / 00	82.16
34th	It Could Happen to You (1994)	$85,178,474	67.70	00 / 00	81.69
35th	The River Wild (1994)	$105,107,281	59.00	00 / 00	81.00
36th	Three Colors: Red (1994)	$9,070,195	90.00	00 / 00	80.82
37th	Léon: The Professional (1994)	$43,782,189	79.00	00 / 00	80.77
38th	Ed Wood (1994)	$13,217,917	84.00	02 / 02	80.53
39th	The Jungle Book (1994)	$97,055,375	60.00	00 / 00	79.26
40th	Fresh (1994)	$18,173,202	83.70	00 / 00	78.22
41st	The Legend of Drunken Master (1994)	$25,943,071	80.50	00 / 00	77.55
42nd	The Last Seduction (1994)	$13,117,212	84.00	00 / 00	77.27
43rd	Hoop Dreams (1994)	$17,580,486	81.50	01 / 00	76.88
44th	Don Juan DeMarco (1994)	$49,729,933	70.30	01 / 00	75.97
45th	The Adventures of Priscilla, Queen of the Desert (1994)	$25,191,502	76.00	01 / 01	75.18
46th	Clerks (1994)	$7,074,598	80.70	00 / 00	74.00
47th	To Live (1994)	$5,237,203	83.00	00 / 00	73.89
48th	Wild Reeds (1994)	$1,813,533	83.50	00 / 00	73.04
49th	Timecop (1994)	$100,700,689	52.00	00 / 00	72.85
50th	Reality Bites (1994)	$47,107,901	69.00	00 / 00	72.84

1995 Top 50 Movies

Rank	Movie (Year)	Adj. B.O. Dom.	Review %	Nom Win	UMR Score
1st	Apollo 13 (1995)	$364,444,413	86.00	09 / 02	99.73
2nd	Braveheart (1995)	$159,215,419	81.00	10 / 05	99.12
3rd	Toy Story (1995)	$401,768,629	94.00	03 / 00	98.66
4th	Babe (1995)	$134,049,565	81.50	07 / 01	98.55
5th	Sense and Sensibility (1995)	$90,932,007	89.50	07 / 01	98.14
6th	Se7en (1995)	$210,839,292	82.00	01 / 00	97.55
7th	Crimson Tide (1995)	$192,438,318	80.20	03 / 00	97.16
8th	Goldeneye (1995)	$224,114,551	75.80	00 / 00	96.36
9th	Mr. Holland's Opus (1995)	$173,871,474	74.50	01 / 00	94.43
10th	While You Were Sleeping (1995)	$170,685,571	75.70	00 / 00	94.31
11th	The Bridges of Madison County (1995)	$150,595,914	82.00	01 / 00	94.31
12th	Heat (1995)	$142,004,888	85.00	00 / 00	94.14
13th	Get Shorty (1995)	$151,827,788	80.30	00 / 00	94.07
14th	Pocahontas (1995)	$298,131,198	61.30	02 / 02	93.99
15th	Die Hard with a Vengeance (1995)	$210,601,041	63.30	00 / 00	93.55
16th	Twelve Monkeys (1995)	$120,325,467	83.70	02 / 00	92.94
17th	Casper (1995)	$211,265,800	60.00	00 / 00	92.67
18th	The American President (1995)	$126,512,222	78.00	01 / 00	91.34
19th	Batman Forever (1995)	$387,522,997	52.00	03 / 00	91.24
20th	Dead Man Walking (1995)	$82,889,857	86.70	04 / 01	91.00
21st	Jumanji (1995)	$211,575,463	53.00	00 / 00	90.83
22nd	Waterworld (1995)	$185,824,230	55.70	01 / 00	90.58
23rd	Dangerous Minds (1995)	$178,818,790	58.50	00 / 00	90.45
24th	Clueless (1995)	$119,251,768	75.30	00 / 00	89.71
25th	Ace Ventura: When Nature Calls (1995)	$228,232,520	49.00	00 / 00	89.52

1995 Top 50 Movies

Rank	Movie (Year)	Adj. B.O. Dom.	Review %	Nom Win	UMR Score
26th	Outbreak (1995)	$142,473,926	66.00	00 / 00	89.27
27th	Leaving Las Vegas (1995)	$67,446,930	86.00	04 / 01	89.21
28th	Casino (1995)	$89,520,314	81.70	01 / 00	89.01
29th	Waiting to Exhale (1995)	$141,194,887	61.50	00 / 00	87.40
30th	The Usual Suspects (1995)	$49,151,442	87.50	02 / 00	86.83
31st	Father of the Bride Part II (1995)	$161,287,814	54.00	00 / 00	86.72
32nd	Tommy Boy (1995)	$68,815,599	82.00	00 / 00	86.44
33rd	Mortal Kombat (1995)	$148,358,511	56.70	00 / 00	86.39
34th	Grumpier Old Men (1995)	$150,599,881	53.00	00 / 00	84.72
35th	Sabrina (1995)	$113,019,826	62.00	02 / 00	84.25
36th	Bad Boys (1995)	$138,572,947	50.70	00 / 00	82.22
37th	A Little Princess (1995)	$21,090,002	85.50	02 / 00	81.42
38th	To Die For (1995)	$44,819,807	79.00	00 / 00	80.97
39th	Devil in a Blue Dress (1995)	$33,988,491	81.00	00 / 00	80.28
40th	Species (1995)	$126,500,873	52.00	00 / 00	80.23
41st	Congo (1995)	$170,612,053	36.70	00 / 00	79.24
42nd	Dolores Claiborne (1995)	$51,299,930	74.00	00 / 00	78.95
43rd	The Brady Bunch Movie (1995)	$98,077,567	59.00	00 / 00	78.68
44th	Rob Roy (1995)	$66,535,107	67.30	01 / 00	78.33
45th	Rumble in the Bronx (1995)	$68,209,464	68.00	00 / 00	78.31
46th	Circle of Friends (1995)	$49,253,375	73.00	00 / 00	77.61
47th	Friday (1995)	$57,839,739	69.70	00 / 00	77.49
48th	To Wong Foo Thanks for Everything, Julie Newmar (1995)	$76,805,428	64.00	00 / 00	77.36
49th	Richard III (1995)	$5,653,726	85.00	02 / 00	77.32
50th	Before Sunrise (1995)	$11,656,164	84.50	00 / 00	77.24

1996 Top 50 Movies

Rank	Movie (Year)	Adj. B.O. Dom.	Review %	Nom Win	UMR Score
1st	Jerry Maguire (1996)	$319,051,081	82.70	05 / 01	99.36
2nd	The English Patient (1996)	$163,048,879	74.50	12 / 09	98.92
3rd	First Contact (1996)	$190,718,436	83.20	01 / 00	97.34
4th	Fargo (1996)	$51,005,811	91.00	07 / 02	96.90
5th	Shine (1996)	$74,383,194	83.50	07 / 01	96.63
6th	The Birdcage (1996)	$257,102,862	75.00	01 / 00	96.38
7th	Scream (1996)	$213,553,712	73.30	00 / 00	95.58
8th	The Hunchback of Notre Dame (1996)	$207,527,568	70.00	01 / 00	95.37
9th	The Rock (1996)	$277,845,407	68.20	01 / 00	94.96
10th	Ransom (1996)	$282,867,194	68.30	00 / 00	94.79
11th	Independence Day (1996)	$634,504,333	64.70	02 / 01	94.59
12th	Secrets & Lies (1996)	$27,805,968	91.30	05 / 00	94.55
13th	A Time to Kill (1996)	$225,406,477	66.70	00 / 00	94.34
14th	Twister (1996)	$499,285,329	66.70	00 / 00	94.33
15th	The Nutty Professor (1996)	$266,953,947	63.70	01 / 01	94.12
16th	Mission: Impossible (1996)	$375,066,459	65.00	00 / 00	93.90
17th	The First Wives Club (1996)	$218,615,638	59.30	01 / 00	92.75
18th	Courage Under Fire (1996)	$122,335,858	79.70	00 / 00	91.20
19th	101 Dalmatians (1996)	$282,238,451	53.30	00 / 00	90.88
20th	Eraser (1996)	$209,924,740	52.30	01 / 00	90.82
21st	Phenomenon (1996)	$216,848,252	54.00	00 / 00	90.74
22nd	Space Jam (1996)	$187,382,804	54.00	00 / 00	89.95
23rd	Beavis and Butt-Head Do America (1996)	$130,806,430	70.50	00 / 00	89.35
24th	Sling Blade (1996)	$50,657,951	90.30	02 / 01	88.36
25th	Broken Arrow (1996)	$146,663,920	60.70	00 / 00	87.95

1996 Top 50 Movies

Rank	Movie (Year)	Adj. B.O. Dom.	Review %	Nom Win	UMR Score
26th	Michael (1996)	$197,537,269	44.30	00 / 00	87.68
27th	Primal Fear (1996)	$116,295,076	68.00	01 / 00	87.55
28th	Sleepers (1996)	$110,490,503	67.30	01 / 00	86.54
29th	Tin Cup (1996)	$111,608,151	66.30	00 / 00	85.91
30th	Trainspotting (1996)	$34,176,088	90.00	01 / 00	85.58
31st	Romeo + Juliet (1996)	$96,058,447	68.70	01 / 00	85.34
32nd	Executive Decision (1996)	$117,233,939	64.00	00 / 00	85.30
33rd	The People vs. Larry Flynt (1996)	$42,070,488	83.30	02 / 00	83.99
34th	The Cable Guy (1996)	$124,841,878	57.00	00 / 00	83.51
35th	Evita (1996)	$103,717,682	58.30	05 / 01	83.08
36th	Lone Star (1996)	$25,716,361	85.70	01 / 00	81.90
37th	Muppet Treasure Island (1996)	$71,140,022	71.00	00 / 00	81.21
38th	That Thing You Do! (1996)	$53,586,861	75.00	00 / 00	80.24
39th	Set It Off (1996)	$75,561,994	68.00	00 / 00	80.11
40th	DragonHeart (1996)	$106,453,654	56.00	01 / 00	78.68
41st	Big Night (1996)	$24,886,135	82.00	00 / 00	78.60
42nd	Matilda (1996)	$69,341,237	68.00	00 / 00	78.58
43rd	Hamlet (1996)	$9,757,177	83.50	04 / 00	78.55
44th	James and the Giant Peach (1996)	$59,987,906	70.00	01 / 00	78.52
45th	Emma (1996)	$46,072,849	72.30	02 / 01	78.44
46th	The Truth About Cats & Dogs (1996)	$72,247,540	66.30	00 / 00	78.07
47th	Flirting with Disaster (1996)	$30,469,311	79.00	00 / 00	77.53
48th	The Preacher's Wife (1996)	$99,688,143	55.70	01 / 00	77.13
49th	The Ghost and the Darkness (1996)	$80,034,786	59.00	01 / 01	76.65
50th	La Promesse (1996)	$1,227,990	86.00	00 / 00	75.52

1997 Top 50 Movies

Rank	Movie (Year)	Adj. B.O. Dom.	Review %	Nom Win	UMR Score
1st	Titanic (1997)	$1,240,867,094	78.80	14 / 11	99.61
2nd	Good Will Hunting (1997)	$276,263,676	83.70	09 / 02	99.58
3rd	L.A. Confidential (1997)	$128,952,327	93.20	09 / 02	99.09
4th	Men in Black (1997)	$500,288,752	84.30	03 / 01	98.15
5th	Life Is Beautiful (1997)	$114,245,325	77.30	07 / 03	97.91
6th	Face/Off (1997)	$224,063,071	83.00	00 / 00	97.58
7th	The Full Monty (1997)	$91,700,027	84.00	04 / 01	97.28
8th	As Good as It Gets (1997)	$296,309,054	73.70	07 / 02	97.22
9th	Hercules (1997)	$197,792,338	79.00	01 / 00	97.00
10th	Liar Liar (1997)	$362,030,753	76.30	00 / 00	96.48
11th	Air Force One (1997)	$345,159,206	70.00	02 / 00	95.57
12th	Contact (1997)	$201,400,920	68.70	01 / 00	94.84
13th	Scream 2 (1997)	$202,284,933	66.50	00 / 00	94.28
14th	My Best Friend's Wedding (1997)	$253,686,163	63.30	01 / 00	93.52
15th	Con Air (1997)	$201,794,544	60.30	02 / 00	93.27
16th	The Lost World: Jurassic Park (1997)	$457,175,160	59.70	01 / 00	92.80
17th	Tomorrow Never Dies (1997)	$250,062,559	59.20	00 / 00	92.27
18th	George of the Jungle (1997)	$210,067,856	51.50	00 / 00	90.31
19th	Anastasia (1997)	$116,558,197	74.70	02 / 00	89.84
20th	Donnie Brasco (1997)	$83,636,910	84.50	01 / 00	89.40
21st	The Fifth Element (1997)	$127,362,280	68.70	01 / 00	88.96
22nd	Breakdown (1997)	$100,099,729	77.00	00 / 00	88.68
23rd	In & Out (1997)	$127,435,615	67.70	01 / 00	88.37
24th	Boogie Nights (1997)	$52,686,250	89.30	03 / 00	88.25
25th	Wag the Dog (1997)	$85,936,253	79.70	02 / 00	88.10

1997 Top 50 Movies

Rank	Movie (Year)	Adj. B.O. Dom.	Review %	Nom Win	UMR Score
26th	The Devil's Advocate (1997)	$121,623,769	69.30	00 / 00	87.97
27th	The Rainmaker (1997)	$91,633,461	78.30	00 / 00	87.79
28th	Conspiracy Theory (1997)	$151,634,585	57.30	00 / 00	87.26
29th	Amistad (1997)	$88,266,163	73.70	04 / 00	86.67
30th	Jackie Brown (1997)	$79,173,452	78.30	01 / 00	86.45
31st	The Game (1997)	$96,436,736	72.00	00 / 00	86.34
32nd	I Know What You Did Last Summer (1997)	$144,855,993	57.50	00 / 00	86.24
33rd	Starship Troopers (1997)	$109,389,911	66.00	01 / 00	85.47
34th	Soul Food (1997)	$87,211,288	73.50	00 / 00	85.34
35th	Cop Land (1997)	$89,528,897	71.00	00 / 00	85.10
36th	The Apostle (1997)	$39,650,141	85.30	01 / 00	84.16
37th	The Saint (1997)	$122,459,234	59.50	00 / 00	84.09
38th	Austin Powers: International Man of Mystery (1997)	$107,533,188	64.00	00 / 00	83.99
39th	Grosse Pointe Blank (1997)	$56,046,339	80.00	00 / 00	83.78
40th	Dante's Peak (1997)	$133,963,021	55.00	00 / 00	83.66
41st	Private Parts (1997)	$82,281,944	71.00	00 / 00	83.44
42nd	Flubber (1997)	$185,549,320	37.30	00 / 00	82.90
43rd	Nothing to Lose (1997)	$88,766,262	67.00	00 / 00	82.19
44th	Mousehunt (1997)	$123,564,983	55.70	00 / 00	81.60
45th	Selena (1997)	$70,409,861	71.50	00 / 00	81.35
46th	The Sweet Hereafter (1997)	$6,512,952	88.50	02 / 00	80.43
47th	Alien: Resurrection (1997)	$95,383,053	62.00	00 / 00	80.36
48th	G.I. Jane (1997)	$96,128,420	60.30	00 / 00	80.12
49th	Batman & Robin (1997)	$214,182,747	26.70	00 / 00	78.66
50th	The Wings of the Dove (1997)	$27,326,030	77.50	04 / 00	78.24

1998 Top 50 Movies

Rank	Movie (Year)	Adj. B.O. Dom.	Review %	Nom Win	UMR Score
1st	Saving Private Ryan (1998)	$419,018,081	93.00	11 / 05	99.98
2nd	Shakespeare in Love (1998)	$195,929,854	83.70	13 / 07	99.70
3rd	The Truman Show (1998)	$245,343,858	91.70	03 / 00	98.57
4th	Mulan (1998)	$235,582,413	79.70	01 / 00	97.21
5th	Antz (1998)	$177,258,421	85.00	00 / 00	96.82
6th	There's Something About Mary (1998)	$344,690,690	77.70	00 / 00	96.45
7th	The Prince of Egypt (1998)	$198,069,263	73.70	02 / 01	96.17
8th	The Thin Red Line (1998)	$71,093,490	81.00	07 / 00	95.68
9th	Enemy of the State (1998)	$217,867,064	72.20	00 / 00	95.47
10th	The Mask of Zorro (1998)	$183,777,190	73.70	02 / 00	95.28
11th	Elizabeth (1998)	$58,754,274	80.30	07 / 01	94.93
12th	Rush Hour (1998)	$275,750,881	68.50	00 / 00	94.86
13th	You've Got Mail (1998)	$226,209,992	65.30	00 / 00	93.99
14th	A Bug's Life (1998)	$122,651,356	84.00	01 / 00	93.03
15th	The Rugrats Movie (1998)	$196,275,314	59.00	00 / 00	92.18
16th	The X Files (1998)	$163,861,097	68.30	00 / 00	91.92
17th	The Horse Whisperer (1998)	$147,231,007	70.30	01 / 00	91.04
18th	Lethal Weapon 4 (1998)	$254,770,268	53.00	00 / 00	90.83
19th	The Wedding Singer (1998)	$156,727,252	67.30	00 / 00	90.80
20th	Ever After: A Cinderella Story (1998)	$128,329,392	75.70	00 / 00	90.58
21st	Armageddon (1998)	$393,700,684	48.00	04 / 00	90.24
22nd	The Parent Trap (1998)	$129,506,617	73.30	00 / 00	90.07
23rd	Deep Impact (1998)	$274,340,370	50.70	00 / 00	90.05
24th	Stepmom (1998)	$178,000,216	57.30	00 / 00	89.70
25th	Doctor Dolittle (1998)	$281,551,067	49.30	00 / 00	89.63

1998 Top 50 Movies

Rank	Movie (Year)	Adj. B.O. Dom.	Review %	Nom Win	UMR Score
26th	Out of Sight (1998)	$73,363,136	87.00	02 / 00	89.25
27th	City of Angels (1998)	$153,679,244	60.50	00 / 00	88.62
28th	The Waterboy (1998)	$315,408,002	45.30	00 / 00	88.29
29th	Star Trek: Insurrection (1998)	$137,082,936	63.70	00 / 00	87.99
30th	Pleasantville (1998)	$79,265,098	77.30	03 / 00	87.41
31st	A Civil Action (1998)	$110,759,789	67.30	02 / 00	86.92
32nd	Blade (1998)	$136,887,736	58.70	00 / 00	85.99
33rd	Patch Adams (1998)	$263,719,917	38.00	01 / 00	85.74
34th	A Perfect Murder (1998)	$132,103,935	58.70	00 / 00	84.99
35th	Primary Colors (1998)	$76,172,893	75.70	00 / 00	84.92
36th	The Negotiator (1998)	$87,005,701	72.30	00 / 00	84.61
37th	Ronin (1998)	$81,280,371	73.00	00 / 00	84.36
38th	Rushmore (1998)	$33,408,059	88.30	00 / 00	84.33
39th	Godzilla (1998)	$266,234,319	33.20	00 / 00	83.11
40th	Six Days Seven Nights (1998)	$145,191,459	50.30	00 / 00	82.59
41st	A Simple Plan (1998)	$31,867,182	82.70	02 / 00	81.79
42nd	What Dreams May Come (1998)	$108,167,930	57.30	02 / 01	81.78
43rd	Bulworth (1998)	$51,811,983	76.00	01 / 00	80.96
44th	One True Thing (1998)	$45,401,256	76.70	01 / 00	80.56
45th	Waking Ned Devine (1998)	$48,421,537	77.00	00 / 00	80.40
46th	The Big Lebowski (1998)	$34,085,111	80.00	00 / 00	79.35
47th	Pokémon: The First Movie - Mewtwo Strikes Back (1998)	$167,467,187	37.70	00 / 00	79.29
48th	Central Station (1998)	$10,930,884	85.50	02 / 00	79.16
49th	After Life (1998)	$1,566,351	88.50	00 / 00	78.01
50th	The Faculty (1998)	$78,677,017	64.00	00 / 00	77.89

1999 Top 50 Movies

Rank	Movie (Year)	Adj. B.O. Dom.	Review %	Nom Win	UMR Score
1st	The Sixth Sense (1999)	$527,707,050	86.00	06 / 00	99.50
2nd	The Green Mile (1999)	$247,648,331	81.80	04 / 00	99.22
3rd	American Beauty (1999)	$235,510,836	71.00	08 / 05	99.16
4th	The Matrix (1999)	$310,426,135	85.70	04 / 04	98.54
5th	Toy Story 2 (1999)	$437,819,348	87.00	01 / 00	98.12
6th	Tarzan (1999)	$309,723,526	80.00	01 / 01	97.43
7th	The Blair Witch Project (1999)	$254,414,658	80.70	00 / 00	97.24
8th	The Cider House Rules (1999)	$104,172,540	76.50	07 / 02	97.13
9th	The Insider (1999)	$52,660,785	89.50	07 / 00	96.26
10th	Notting Hill (1999)	$210,154,436	75.70	00 / 00	96.10
11th	Sleepy Hollow (1999)	$182,967,391	73.00	03 / 01	95.48
12th	The Talented Mr. Ripley (1999)	$147,172,355	80.70	05 / 00	94.57
13th	Analyze This (1999)	$193,492,616	68.30	00 / 00	94.25
14th	Stuart Little (1999)	$253,502,762	64.70	01 / 00	94.01
15th	Star Wars: Episode I - The Phantom Menace (1999)	$827,456,289	61.50	03 / 00	93.68
16th	American Pie (1999)	$185,663,802	68.00	00 / 00	93.57
17th	The Mummy (1999)	$281,290,721	62.50	00 / 00	93.37
18th	Austin Powers: The Spy Who Shagged Me (1999)	$372,989,557	61.30	00 / 00	93.02
19th	The World Is Not Enough (1999)	$229,803,185	59.20	00 / 00	92.51
20th	Three Kings (1999)	$109,796,963	86.30	00 / 00	92.11
21st	Double Jeopardy (1999)	$211,334,519	55.30	00 / 00	91.47
22nd	Galaxy Quest (1999)	$129,586,694	76.70	00 / 00	91.21
23rd	Bowfinger (1999)	$120,174,812	75.00	00 / 00	89.74
24th	Big Daddy (1999)	$295,943,662	49.30	00 / 00	89.63
25th	The Thomas Crown Affair (1999)	$125,461,552	72.00	00 / 00	89.34

1999 Top 50 Movies

Rank	Movie (Year)	Adj. B.O. Dom.	Review %	Nom Win	UMR Score
26th	South Park: Bigger, Longer & Uncut (1999)	$94,202,457	80.70	01 / 00	89.16
27th	Runaway Bride (1999)	$275,628,211	47.30	00 / 00	88.96
28th	The Hurricane (1999)	$91,779,655	80.00	01 / 00	88.76
29th	Fantasia 2000 (1999)	$109,803,091	73.70	00 / 00	88.23
30th	Eyes Wide Shut (1999)	$100,816,499	75.30	00 / 00	88.15
31st	Payback (1999)	$147,584,839	58.30	00 / 00	87.19
32nd	Being John Malkovich (1999)	$41,389,433	90.30	03 / 00	87.16
33rd	Fight Club (1999)	$67,034,730	81.30	01 / 00	86.77
34th	Entrapment (1999)	$158,769,217	53.30	00 / 00	86.49
35th	The General's Daughter (1999)	$185,926,016	45.70	00 / 00	86.18
36th	Any Given Sunday (1999)	$136,731,705	58.00	00 / 00	85.68
37th	The Iron Giant (1999)	$41,924,752	88.50	00 / 00	85.64
38th	Deep Blue Sea (1999)	$133,323,516	58.70	00 / 00	85.29
39th	October Sky (1999)	$58,920,528	81.00	00 / 00	84.71
40th	Life (1999)	$115,651,385	61.30	01 / 00	84.68
41st	Wild Wild West (1999)	$206,017,963	35.70	00 / 00	84.37
42nd	Magnolia (1999)	$40,651,530	83.70	03 / 00	84.33
43rd	The Bone Collector (1999)	$120,417,168	59.00	00 / 00	83.43
44th	Inspector Gadget (1999)	$176,326,574	41.00	00 / 00	83.30
45th	Blue Streak (1999)	$124,037,502	57.50	00 / 00	83.29
46th	Boys Don't Cry (1999)	$20,891,688	87.30	02 / 01	83.24
47th	Topsy-Turvy (1999)	$11,239,192	87.00	04 / 02	82.91
48th	All About My Mother (1999)	$14,975,144	89.00	01 / 01	82.68
49th	Never Been Kissed (1999)	$100,424,662	63.30	00 / 00	82.21
50th	Election (1999)	$26,976,823	84.00	01 / 00	81.27

Top 100 1990-1999 Countdown

Rank	Movie (Year)	Adj. B.O. Dom.	Review %	Nom Win	UMR Score
100th	The Mask (1994)	$269,274,212	68.70	01 / 00	95.09
99th	Il Postino (1994)	$49,052,991	85.50	05 / 01	95.11
98th	Die Hard 2 (1990)	$254,533,115	70.00	00 / 00	95.21
97th	The Mask of Zorro (1998)	$183,777,190	73.70	02 / 00	95.29
96th	Cape Fear (1991)	$172,086,080	77.30	02 / 00	95.34
95th	The Hunchback of Notre Dame (1996)	$207,527,568	70.00	01 / 00	95.38
94th	City Slickers (1991)	$269,869,245	69.00	01 / 01	95.44
93rd	The Client (1994)	$206,807,683	70.50	01 / 00	95.47
92nd	Enemy of the State (1998)	$217,867,064	72.20	00 / 00	95.47
91st	Sleepy Hollow (1999)	$182,967,391	73.00	03 / 01	95.48
90th	The Firm (1993)	$350,355,307	69.70	02 / 00	95.53
89th	Air Force One (1997)	$345,159,206	70.00	02 / 00	95.58
88th	Scream (1996)	$213,553,712	73.30	00 / 00	95.59
87th	Dick Tracy (1990)	$224,644,622	62.50	07 / 03	95.61
86th	True Lies (1994)	$328,418,353	71.30	01 / 00	95.63
85th	Maverick (1994)	$228,172,174	71.50	01 / 00	95.68
84th	The Thin Red Line (1998)	$71,093,490	81.00	07 / 00	95.68
83rd	Philadelphia (1993)	$171,354,929	75.30	05 / 02	95.83
82nd	Groundhog Day (1993)	$156,885,958	86.70	00 / 00	95.91
81st	Quiz Show (1994)	$55,729,211	90.30	04 / 00	96.03
80th	Sleepless in Seattle (1993)	$280,289,112	74.00	02 / 00	96.10
79th	Notting Hill (1999)	$210,154,436	75.70	00 / 00	96.11
78th	Bram Stoker's Dracula (1992)	$182,146,692	73.30	04 / 03	96.13
77th	Total Recall (1990)	$258,547,687	73.30	02 / 00	96.17
76th	The Prince of Egypt (1998)	$198,069,263	73.70	02 / 01	96.18

Top 100 1990-1999 Countdown

Rank	Movie (Year)	Adj. B.O. Dom.	Review %	Nom Win	UMR Score
75th	The Insider (1999)	$52,660,785	89.50	07 / 00	96.26
74th	Goldeneye (1995)	$224,114,551	75.80	00 / 00	96.36
73rd	The Birdcage (1996)	$257,102,862	75.00	01 / 00	96.39
72nd	A League of Their Own (1992)	$237,351,996	76.00	00 / 00	96.40
71st	There's Something About Mary (1998)	$344,690,690	77.70	00 / 00	96.45
70th	The Remains of the Day (1993)	$51,415,282	90.70	08 / 00	96.46
69th	Liar Liar (1997)	$362,030,753	76.30	00 / 00	96.48
68th	The Last of the Mohicans (1992)	$166,658,707	85.00	01 / 01	96.56
67th	Batman Returns (1992)	$359,406,816	75.00	02 / 00	96.57
66th	Shine (1996)	$74,383,194	83.50	07 / 01	96.64
65th	Presumed Innocent (1990)	$186,888,219	81.30	00 / 00	96.64
64th	In the Name of the Father (1993)	$55,528,323	90.00	07 / 01	96.67
63rd	Antz (1998)	$177,258,421	85.00	00 / 00	96.82
62nd	Clear and Present Danger (1994)	$274,323,405	76.70	02 / 00	96.88
61st	Fargo (1996)	$51,005,811	91.00	07 / 02	96.91
60th	The Shawshank Redemption (1994)	$63,629,372	90.30	07 / 00	96.96
59th	Hercules (1997)	$197,792,338	79.00	01 / 00	97.00
58th	The Cider House Rules (1999)	$104,172,540	76.50	07 / 02	97.13
57th	Crimson Tide (1995)	$192,438,318	80.20	03 / 00	97.16
56th	Mulan (1998)	$235,582,413	79.70	01 / 00	97.21
55th	As Good as It Gets (1997)	$296,309,054	73.70	07 / 02	97.22
54th	Howards End (1992)	$57,667,916	88.30	09 / 03	97.23
53rd	The Blair Witch Project (1999)	$254,414,658	80.70	00 / 00	97.24
52nd	The Full Monty (1997)	$91,700,027	84.00	04 / 01	97.29
51st	First Contact (1996)	$190,718,436	83.20	01 / 00	97.34

Top 100 1990-1999 Countdown

Rank	Movie (Year)	Adj. B.O. Dom.	Review %	Nom Win	UMR Score
50th	In the Line of Fire (1993)	$226,377,730	80.80	03 / 00	97.42
49th	Tarzan (1999)	$309,723,526	80.00	01 / 01	97.43
48th	The Hunt for Red October (1990)	$264,216,499	79.00	03 / 01	97.51
47th	Se7en (1995)	$210,839,292	82.00	01 / 00	97.55
46th	Face/Off (1997)	$224,063,071	83.00	00 / 00	97.58
45th	Bugsy (1991)	$106,860,899	76.50	10 / 02	97.71
44th	Awakenings (1990)	$112,814,120	83.00	03 / 00	97.75
43rd	The Godfather: Part III (1990)	$144,364,330	70.70	07 / 00	97.80
42nd	Life Is Beautiful (1997)	$114,245,325	77.30	07 / 03	97.92
41st	Jurassic Park (1993)	$843,135,864	81.30	03 / 03	98.07
40th	Toy Story 2 (1999)	$437,819,348	87.00	01 / 00	98.12
39th	Sense and Sensibility (1995)	$90,932,007	89.50	07 / 01	98.14
38th	Men in Black (1997)	$500,288,752	84.30	03 / 01	98.15
37th	Scent of a Woman (1992)	$139,265,663	77.30	04 / 01	98.19
36th	Speed (1994)	$272,213,967	83.70	03 / 02	98.20
35th	The Piano (1993)	$88,851,679	88.30	08 / 03	98.27
34th	Four Weddings and a Funeral (1994)	$118,318,538	86.30	02 / 00	98.28
33rd	The Prince of Tides (1991)	$162,720,768	70.70	07 / 00	98.34
32nd	Aladdin (1992)	$479,741,700	85.50	05 / 02	98.47
31st	The Matrix (1999)	$310,426,135	85.70	04 / 04	98.54
30th	Babe (1995)	$134,049,565	81.50	07 / 01	98.55
29th	The Lion King (1994)	$816,891,438	88.30	04 / 02	98.56
28th	The Truman Show (1998)	$245,343,858	91.70	03 / 00	98.57
27th	Toy Story (1995)	$401,768,629	94.00	03 / 00	98.66
26th	Goodfellas (1990)	$101,423,102	95.00	06 / 01	98.67

Top 100 1990-1999 Countdown

Rank	Movie (Year)	Adj. B.O. Dom.	Review %	Nom Win	UMR Score
25th	Terminator 2 (1991)	$445,692,404	89.00	06 / 04	98.78
24th	The Crying Game (1992)	$138,059,841	87.00	06 / 01	98.82
23rd	JFK (1991)	$153,186,307	81.30	08 / 02	98.91
22nd	The English Patient (1996)	$163,048,879	74.50	12 / 09	98.92
21st	Ghost (1990)	$471,277,237	70.80	05 / 02	98.98
20th	A Few Good Men (1992)	$311,970,144	76.30	04 / 00	99.08
19th	L.A. Confidential (1997)	$128,952,327	93.20	09 / 02	99.10
18th	Braveheart (1995)	$159,215,419	81.00	10 / 05	99.12
17th	American Beauty (1999)	$235,510,836	71.00	08 / 05	99.17
16th	The Green Mile (1999)	$247,648,331	81.80	04 / 00	99.22
15th	Jerry Maguire (1996)	$319,051,081	82.70	05 / 01	99.36
14th	The Sixth Sense (1999)	$527,707,050	86.00	06 / 00	99.50
13th	Good Will Hunting (1997)	$276,263,676	83.70	09 / 02	99.59
12th	Titanic (1997)	$1,240,867,094	78.80	14 / 11	99.61
11th	Dances with Wolves (1990)	$400,633,815	81.30	12 / 07	99.66
10th	Shakespeare in Love (1998)	$195,929,854	83.70	13 / 07	99.70
9th	Apollo 13 (1995)	$364,444,413	86.00	09 / 02	99.73
8th	Beauty and the Beast (1991)	$476,423,618	90.30	06 / 02	99.75
7th	Forrest Gump (1994)	$719,990,583	83.00	13 / 06	99.81
6th	The Fugitive (1993)	$406,836,234	90.70	07 / 01	99.81
5th	Pulp Fiction (1994)	$242,310,652	94.80	07 / 01	99.91
4th	The Silence of the Lambs (1991)	$284,466,786	91.00	07 / 05	99.93
3rd	Unforgiven (1992)	$223,277,638	92.00	09 / 04	99.94
2nd	Schindler's List (1993)	$212,551,315	94.00	12 / 07	99.97
1st	Saving Private Ryan (1998)	$419,018,081	93.00	11 / 05	99.98

UMR Top 25 Statistical Stars of the 1990s

1. Tom Hanks
2. Robin Williams
3. Whoopi Goldberg
4. Bruce Willis
5. Julia Roberts
6. Tommy Lee Jones
7. Jeff Goldblum
8. Mel Gibson
9. Joe Pesci
10. Jim Carrey
11. Arnold Schwarzenegger
12. Gene Hackman
13. Tom Cruise
14. Demi Moore
15. Harrison Ford
16. Kevin Costner
17. Will Smith
18. John Travolta
19. Ed Harris
20. Pierce Brosnan
21. Danny DeVito
22. Robert DeNiro
23. Julianne Moore
24. Eddie Murphy
25. Liam Neeson

2000-2009

2000 Top 50 Movies

Rank	Movie (Year)	Adj. B.O. Dom.	Review %	Nom Win	UMR Score
1st	Gladiator (2000)	$318,994,765	80.00	12 / 05	99.68
2nd	Crouching Tiger, Hidden Dragon (2000)	$217,662,796	80.00	10 / 04	99.62
3rd	Traffic (2000)	$210,927,650	81.50	05 / 04	99.39
4th	Erin Brockovich (2000)	$213,441,942	79.80	05 / 01	99.26
5th	Cast Away (2000)	$383,449,068	82.70	02 / 00	97.74
6th	Meet the Parents (2000)	$282,522,356	79.30	01 / 00	97.15
7th	Chocolat (2000)	$121,526,114	73.00	05 / 00	96.75
8th	X-Men (2000)	$267,321,959	76.30	00 / 00	96.47
9th	Chicken Run (2000)	$181,559,297	76.50	00 / 00	95.15
10th	The Patriot (2000)	$192,598,508	67.70	03 / 00	94.37
11th	Remember the Titans (2000)	$196,548,703	67.70	00 / 00	94.30
12th	The Emperor's New Groove (2000)	$151,764,868	79.30	01 / 00	93.95
13th	Dinosaur (2000)	$234,095,030	63.70	00 / 00	93.64
14th	Mission: Impossible II (2000)	$366,076,908	60.70	00 / 00	92.86
15th	Charlie's Angels (2000)	$212,949,683	60.30	00 / 00	92.83
16th	The Perfect Storm (2000)	$310,349,704	58.70	02 / 00	92.80
17th	Unbreakable (2000)	$161,466,398	72.00	00 / 00	92.53
18th	Scary Movie (2000)	$266,846,207	58.50	00 / 00	92.38
19th	How the Grinch Stole Christmas (2000)	$441,931,455	54.00	03 / 01	92.16
20th	What Women Want (2000)	$310,678,144	56.70	00 / 00	91.85
21st	What Lies Beneath (2000)	$264,202,869	56.00	00 / 00	91.63
22nd	Space Cowboys (2000)	$153,739,755	68.50	01 / 00	91.03
23rd	U-571 (2000)	$131,065,182	67.70	02 / 01	89.68
24th	Almost Famous (2000)	$55,291,134	89.30	04 / 01	89.23
25th	Rugrats in Paris: The Movie (2000)	$130,020,603	68.70	00 / 00	88.77

2000 Top 50 Movies

Rank	Movie (Year)	Adj. B.O. Dom.	Review %	Nom Win	UMR Score
26th	Big Momma's House (2000)	$199,785,609	46.30	00 / 00	88.64
27th	Shanghai Noon (2000)	$96,762,063	77.70	00 / 00	88.23
28th	Miss Congeniality (2000)	$181,513,589	50.30	00 / 00	87.44
29th	Me, Myself & Irene (2000)	$153,920,280	56.50	00 / 00	87.21
30th	O Brother, Where Art Thou? (2000)	$77,346,069	80.00	02 / 00	87.15
31st	Memento (2000)	$43,412,061	89.70	02 / 00	87.01
32nd	Nutty Professor II: The Klumps (2000)	$209,558,175	37.30	00 / 00	85.16
33rd	High Fidelity (2000)	$46,372,940	86.00	00 / 00	85.12
34th	Road Trip (2000)	$116,481,171	63.50	00 / 00	85.04
35th	Scream 3 (2000)	$151,493,778	51.70	00 / 00	84.70
36th	Finding Forrester (2000)	$88,039,178	72.00	00 / 00	84.53
37th	The Family Man (2000)	$128,806,436	57.50	00 / 00	84.07
38th	Bring It On (2000)	$116,206,242	60.70	00 / 00	83.60
39th	Frequency (2000)	$76,492,421	73.00	00 / 00	83.50
40th	Gone in Sixty Seconds (2000)	$172,746,003	41.70	00 / 00	83.12
41st	Thirteen Days (2000)	$58,787,304	77.30	00 / 00	82.73
42nd	Shaft (2000)	$119,529,087	57.20	00 / 00	82.65
43rd	Billy Elliot (2000)	$37,379,707	80.50	03 / 00	81.99
44th	Wonder Boys (2000)	$32,958,248	79.70	03 / 01	81.32
45th	You Can Count on Me (2000)	$15,606,606	86.50	02 / 00	80.95
46th	Best in Show (2000)	$31,805,755	82.00	00 / 00	80.29
47th	Love & Basketball (2000)	$46,666,060	76.70	00 / 00	79.87
48th	Vertical Limit (2000)	$117,676,019	54.00	00 / 00	79.73
49th	The Road to El Dorado (2000)	$86,440,053	63.50	00 / 00	79.37
50th	Amores Perros (2000)	$9,191,382	87.50	01 / 00	79.08

2001 Top 50 Movies

Rank	Movie (Year)	Adj. B.O. Dom.	Review %	Nom Win	UMR Score
1st	A Beautiful Mind (2001)	$276,814,137	82.50	08 / 04	99.61
2nd	The Lord of the Rings: The Fellowship of the Ring (2001)	$499,931,915	92.30	13 / 04	99.04
3rd	Monsters, Inc. (2001)	$452,120,159	88.00	04 / 01	98.50
4th	Shrek (2001)	$433,948,954	88.00	02 / 01	98.40
5th	Ocean's Eleven (2001)	$297,363,022	80.70	00 / 00	97.25
6th	Black Hawk Down (2001)	$176,129,359	79.30	04 / 02	96.77
7th	Gosford Park (2001)	$66,971,142	86.30	07 / 01	96.74
8th	Moulin Rouge! (2001)	$93,037,406	76.00	08 / 02	96.73
9th	Harry Potter and the Sorcerer's Stone (2001)	$513,244,620	74.30	03 / 00	96.57
10th	In the Bedroom (2001)	$58,252,095	88.70	05 / 00	96.08
11th	The Others (2001)	$156,486,344	81.00	00 / 00	94.48
12th	The Fast and the Furious (2001)	$234,324,030	64.30	00 / 00	93.78
13th	Spy Kids (2001)	$182,744,437	67.20	00 / 00	93.20
14th	Rush Hour 2 (2001)	$365,045,126	60.50	00 / 00	92.82
15th	American Pie 2 (2001)	$235,247,596	56.50	00 / 00	91.82
16th	Hannibal (2001)	$267,654,009	56.30	00 / 00	91.74
17th	The Mummy Returns (2001)	$327,522,359	55.00	00 / 00	91.39
18th	Training Day (2001)	$124,238,628	75.30	02 / 01	91.37
19th	Planet of the Apes (2001)	$291,842,033	52.30	00 / 00	90.61
20th	Jurassic Park III (2001)	$293,722,893	52.00	00 / 00	90.52
21st	Legally Blonde (2001)	$156,483,083	65.30	00 / 00	90.51
22nd	A.I. Artificial Intelligence (2001)	$127,456,435	72.50	02 / 00	90.46
23rd	Bridget Jones's Diary (2001)	$115,988,985	75.00	01 / 00	89.47
24th	Pearl Harbor (2001)	$321,884,928	44.00	04 / 01	89.36
25th	Jimmy Neutron: Boy Genius (2001)	$131,216,973	69.70	01 / 00	89.21

2001 Top 50 Movies

Rank	Movie (Year)	Adj. B.O. Dom.	Review %	Nom Win	UMR Score
26th	The Princess Diaries (2001)	$175,497,429	55.00	00 / 00	88.62
27th	The Royal Tenenbaums (2001)	$84,894,569	80.70	01 / 00	88.05
28th	The Score (2001)	$115,282,594	71.50	00 / 00	88.01
29th	Save the Last Dance (2001)	$147,625,161	61.00	00 / 00	88.01
30th	Vanilla Sky (2001)	$163,126,373	53.70	01 / 00	87.56
31st	Dr. Dolittle 2 (2001)	$183,123,642	48.00	00 / 00	86.96
32nd	Amélie (2001)	$53,866,479	81.50	05 / 00	85.92
33rd	Spirited Away (2001)	$16,302,950	94.30	01 / 01	85.51
34th	Atlantis: The Lost Empire (2001)	$136,275,628	57.70	00 / 00	85.27
35th	Spy Game (2001)	$101,104,608	68.70	00 / 00	85.08
36th	Lara Croft: Tomb Raider (2001)	$212,654,786	37.00	00 / 00	84.99
37th	Ali (2001)	$94,361,145	69.00	02 / 00	84.88
38th	Monster's Ball (2001)	$50,702,505	78.30	02 / 01	83.36
39th	Y Tu Mamá También (2001)	$22,437,393	88.50	01 / 00	83.08
40th	Cats & Dogs (2001)	$151,400,236	48.00	00 / 00	83.03
41st	A Knight's Tale (2001)	$91,713,007	66.50	00 / 00	82.50
42nd	Enemy at the Gates (2001)	$83,334,529	68.00	00 / 00	81.74
43rd	America's Sweethearts (2001)	$151,760,407	46.00	00 / 00	81.16
44th	Shallow Hal (2001)	$114,847,274	57.00	00 / 00	81.02
45th	Ghost World (2001)	$10,080,617	89.00	01 / 00	80.89
46th	Iris (2001)	$9,070,214	84.70	03 / 01	79.70
47th	Mulholland Drive (2001)	$11,705,738	87.00	00 / 00	79.19
48th	Rat Race (2001)	$91,791,398	61.50	00 / 00	79.08
49th	The Mexican (2001)	$108,371,768	55.00	00 / 00	78.97
50th	Blow (2001)	$85,910,706	62.70	00 / 00	78.38

2002 Top 50 Movies

Rank	Movie (Year)	Adj. B.O. Dom.	Review %	Nom Win	UMR Score
1st	Chicago (2002)	$269,568,559	81.70	13 / 06	99.66
2nd	The Lord of the Rings: The Two Towers (2002)	$527,473,690	92.70	06 / 02	98.81
3rd	Minority Report (2002)	$208,584,137	88.00	01 / 00	98.23
4th	Catch Me if You Can (2002)	$259,978,735	86.70	02 / 00	98.07
5th	Gangs of New York (2002)	$122,889,296	77.00	10 / 00	97.97
6th	Spider-Man (2002)	$637,577,623	82.00	02 / 00	97.65
7th	The Pianist (2002)	$51,442,212	92.70	07 / 03	97.38
8th	Lilo & Stitch (2002)	$230,254,499	79.70	01 / 00	97.21
9th	The Bourne Identity (2002)	$192,141,552	79.30	00 / 00	96.40
10th	Road to Perdition (2002)	$164,966,489	81.00	06 / 01	96.28
11th	Harry Potter and The Chamber of Secrets (2002)	$410,602,496	75.30	00 / 00	96.27
12th	The Hours (2002)	$65,819,327	83.00	09 / 01	96.26
13th	Ice Age (2002)	$278,570,458	73.70	01 / 00	96.05
14th	8 Mile (2002)	$184,385,909	79.00	00 / 00	95.97
15th	Signs (2002)	$360,030,063	69.70	00 / 00	95.13
16th	My Big Fat Greek Wedding (2002)	$381,305,848	68.00	00 / 00	94.72
17th	The Ring (2002)	$203,933,404	68.00	00 / 00	94.68
18th	Star Wars: Episode II - Attack of the Clones (2002)	$486,729,644	65.80	01 / 00	94.27
19th	Austin Powers in Goldmember (2002)	$336,879,372	62.00	00 / 00	93.27
20th	Die Another Day (2002)	$254,177,579	59.00	00 / 00	92.48
21st	Panic Room (2002)	$152,241,307	72.70	00 / 00	92.24
22nd	Sweet Home Alabama (2002)	$200,925,260	57.30	00 / 00	92.03
23rd	The Santa Clause 2 (2002)	$219,897,378	55.30	00 / 00	91.47
24th	About Schmidt (2002)	$102,680,898	85.00	02 / 00	91.42
25th	Insomnia (2002)	$106,375,254	84.30	00 / 00	91.15

2002 Top 50 Movies

Rank	Movie (Year)	Adj. B.O. Dom.	Review %	Nom Win	UMR Score
26th	The Sum of All Fears (2002)	$187,791,120	58.00	00 / 00	91.15
27th	XXX (2002)	$224,434,821	53.70	00 / 00	90.98
28th	Red Dragon (2002)	$147,112,595	69.70	00 / 00	90.95
29th	Hero (2002)	$84,824,788	88.00	01 / 00	90.62
30th	The Rookie (2002)	$119,395,974	78.00	00 / 00	90.47
31st	Men in Black II (2002)	$300,730,384	50.30	00 / 00	80.03
32nd	We Were Soldiers (2002)	$123,380,015	69.00	00 / 00	88.35
33rd	Spy Kids 2: Island of Lost Dreams (2002)	$135,578,149	66.30	00 / 00	88.26
34th	Scooby-Doo (2002)	$242,099,056	45.00	00 / 00	88.12
35th	Changing Lanes (2002)	$105,527,221	73.00	00 / 00	87.91
36th	About a Boy (2002)	$65,360,200	83.70	01 / 00	86.96
37th	Barbershop (2002)	$119,683,461	65.70	00 / 00	86.68
38th	Adaptation. (2002)	$35,532,144	88.80	04 / 01	86.60
39th	Blade II (2002)	$130,053,552	61.30	00 / 00	86.13
40th	Stuart Little 2 (2002)	$102,586,953	70.00	00 / 00	85.86
41st	28 Days Later… (2002)	$71,171,487	79.50	00 / 00	85.77
42nd	The Count of Monte Cristo (2002)	$85,652,412	73.00	00 / 00	84.97
43rd	Mr. Deeds (2002)	$199,456,563	35.00	00 / 00	84.02
44th	Jackass: The Movie (2002)	$101,479,078	66.00	00 / 00	83.94
45th	Far from Heaven (2002)	$25,113,954	86.30	04 / 00	83.65
46th	Maid in Manhattan (2002)	$148,472,901	49.00	00 / 00	83.09
47th	City of God (2002)	$11,946,628	88.50	04 / 00	82.55
48th	Two Weeks Notice (2002)	$147,436,282	49.30	00 / 00	82.51
49th	Talk to Her (2002)	$14,664,638	89.00	02 / 00	82.33
50th	The Scorpion King (2002)	$143,791,592	49.00	00 / 00	82.22

2003 Top 50 Movies

Rank	Movie (Year)	Adj. B.O. Dom.	Review %	Nom Win	UMR Score
1st	The Lord of the Rings: The Return of the King (2003)	$563,616,962	91.00	11 / 11	99.95
2nd	Seabiscuit (2003)	$182,710,636	77.70	07 / 00	98.96
3rd	Mystic River (2003)	$136,921,784	87.30	06 / 02	98.84
4th	Finding Nemo (2003)	$564,661,568	93.30	04 / 01	98.73
5th	X-Men 2 (2003)	$326,523,919	81.00	00 / 00	97.30
6th	Pirates of the Caribbean: The Curse of the Black Pearl (2003)	$463,945,536	76.70	05 / 00	97.27
7th	Elf (2003)	$263,404,722	75.00	00 / 00	95.98
8th	Master and Commander: The Far Side of the World (2003)	$142,683,204	81.80	10 / 02	95.95
9th	The Matrix ReLoaded (2003)	$427,734,737	71.70	00 / 00	95.56
10th	Something's Gotta Give (2003)	$189,471,852	71.30	01 / 00	94.92
11th	Terminator 3: Rise of the Machines (2003)	$228,424,441	66.20	00 / 00	94.22
12th	Cold Mountain (2003)	$145,278,681	75.70	07 / 01	93.83
13th	The Last Samurai (2003)	$168,810,245	68.30	04 / 00	93.29
14th	Hulk (2003)	$200,786,650	60.00	00 / 00	92.69
15th	The Italian Job (2003)	$161,216,916	72.70	00 / 00	92.58
16th	Freaky Friday (2003)	$167,447,731	68.30	00 / 00	92.24
17th	School of Rock (2003)	$123,441,525	82.00	00 / 00	92.17
18th	Bruce Almighty (2003)	$368,874,959	55.70	00 / 00	91.60
19th	Anger Management (2003)	$206,055,684	54.30	00 / 00	91.16
20th	Lost in Translation (2003)	$67,728,481	91.00	04 / 01	90.87
21st	Kill Bill: Vol. 1 (2003)	$106,485,449	81.70	00 / 00	90.54
22nd	Matrix Revolutions (2003)	$211,627,822	51.30	00 / 00	90.24
23rd	S.W.A.T. (2003)	$177,632,076	52.70	00 / 00	88.36
24th	Holes (2003)	$102,395,390	76.00	00 / 00	88.18
25th	Bringing Down the House (2003)	$201,606,104	44.30	00 / 00	87.95

2003 Top 50 Movies

Rank	Movie (Year)	Adj. B.O. Dom.	Review %	Nom Win	UMR Score
26th	2 Fast 2 Furious (2003)	$193,157,360	46.00	00 / 00	87.79
27th	Cheaper by the Dozen (2003)	$210,565,372	44.00	00 / 00	87.52
28th	American Wedding (2003)	$158,841,856	56.00	00 / 00	87.42
29th	Bad Boys II (2003)	$210,556,102	42.70	00 / 00	87.35
30th	Big Fish (2003)	$101,488,687	73.00	01 / 00	87.00
31st	Open Range (2003)	$88,609,333	76.70	00 / 00	86.74
32nd	Bad Santa (2003)	$91,235,917	75.50	00 / 00	86.67
33rd	Spy Kids 3: Game Over (2003)	$169,774,426	50.00	00 / 00	86.53
34th	How to Lose a Guy in 10 Days (2003)	$160,738,068	51.30	00 / 00	85.88
35th	Scary Movie 3 (2003)	$167,102,729	48.30	00 / 00	85.55
36th	Daredevil (2003)	$155,770,911	49.00	00 / 00	84.28
37th	Love Actually (2003)	$90,682,699	70.50	00 / 00	84.17
38th	Monster (2003)	$52,361,189	79.70	01 / 01	83.87
39th	Charlie's Angels: Full Throttle (2003)	$153,168,125	48.30	00 / 00	83.57
40th	Identity (2003)	$79,234,055	69.30	00 / 00	82.60
41st	Brother Bear (2003)	$129,631,889	53.00	01 / 00	82.08
42nd	Runaway Jury (2003)	$75,108,391	71.00	00 / 00	81.97
43rd	Peter Pan (2003)	$73,618,151	71.00	00 / 00	81.75
44th	The Triplets of Belleville (2003)	$10,644,360	89.00	02 / 00	81.53
45th	Shanghai Knights (2003)	$91,868,681	64.70	00 / 00	81.43
46th	Old School (2003)	$114,819,144	57.30	00 / 00	81.21
47th	Matchstick Men (2003)	$56,063,542	75.00	00 / 00	81.04
48th	Once Upon a Time in Mexico (2003)	$85,614,526	64.70	00 / 00	80.86
49th	The Rundown (2003)	$72,499,715	68.30	00 / 00	80.65
50th	Legally Blonde 2: Red, White & Blonde (2003)	$136,999,461	48.70	00 / 00	80.31

2004 Top 50 Movies

Rank	Movie (Year)	Adj. B.O. Dom.	Review %	Nom Win	UMR Score
1st	Million Dollar Baby (2004)	$148,230,042	90.70	07 / 04	99.22
2nd	The Aviator (2004)	$151,354,371	83.70	11 / 05	99.13
3rd	The Incredibles (2004)	$385,636,147	92.70	04 / 02	98.75
4th	Spider-Man 2 (2004)	$551,054,132	88.00	03 / 01	98.44
5th	Sideways (2004)	$105,470,677	87.50	05 / 01	98.28
6th	Harry Potter and The Prisoner of Azkaban (2004)	$368,083,132	86.70	02 / 00	98.17
7th	Ray (2004)	$111,117,139	80.30	06 / 02	97.93
8th	Shrek 2 (2004)	$650,826,500	83.00	02 / 00	97.79
9th	The Bourne Supremacy (2004)	$259,963,951	80.00	00 / 00	97.10
10th	Crash (2004)	$80,508,138	78.00	06 / 03	96.18
11th	Finding Neverland (2004)	$76,230,986	79.30	07 / 01	95.83
12th	Fahrenheit 9/11 (2004)	$175,817,077	75.70	00 / 00	94.74
13th	Collateral (2004)	$148,987,482	81.70	02 / 00	94.62
14th	A Series of Unfortunate Events (2004)	$174,990,735	70.00	04 / 01	94.37
15th	I, Robot (2004)	$213,587,347	65.00	01 / 00	94.11
16th	The Polar Express (2004)	$275,085,371	64.00	03 / 00	94.03
17th	Troy (2004)	$196,738,297	63.00	01 / 00	93.45
18th	The Passion of the Christ (2004)	$546,919,747	57.30	03 / 00	92.65
19th	DodgeBall: A True Underdog Story (2004)	$168,636,534	66.00	00 / 00	91.72
20th	Ocean's Twelve (2004)	$185,182,865	60.70	00 / 00	91.70
21st	Kill Bill: Vol. 2 (2004)	$97,659,734	86.30	00 / 00	91.09
22nd	The Day After Tomorrow (2004)	$275,450,195	53.70	00 / 00	90.71
23rd	National Treasure (2004)	$255,195,090	52.00	00 / 00	90.53
24th	Shark Tale (2004)	$237,277,782	50.00	01 / 00	90.10
25th	Meet the Fockers (2004)	$404,546,270	49.70	00 / 00	89.78

2004 Top 50 Movies

Rank	Movie (Year)	Adj. B.O. Dom.	Review %	Nom Win	UMR Score
26th	Mean Girls (2004)	$126,939,097	72.50	00 / 00	89.61
27th	50 First Dates (2004)	$178,344,284	55.70	00 / 00	89.54
28th	Eternal Sunshine of the Spotless Mind (2004)	$50,741,829	92.30	02 / 01	89.08
29th	The SpongeBob SquarePants Movie (2004)	$125,994,976	70.30	00 / 00	88.75
30th	Anchorman: The Legend of Ron Burgundy (2004)	$125,803,678	70.30	00 / 00	88.73
31st	The Grudge (2004)	$162,784,503	57.50	00 / 00	88.45
32nd	Miracle (2004)	$94,960,282	77.00	00 / 00	87.78
33rd	The Village (2004)	$168,445,933	52.70	01 / 00	87.65
34th	The Manchurian Candidate (2004)	$97,287,206	76.00	00 / 00	87.63
35th	The Notebook (2004)	$119,480,897	68.30	00 / 00	87.44
36th	Friday Night Lights (2004)	$90,354,945	77.30	00 / 00	87.37
37th	Hellboy (2004)	$87,947,734	77.00	00 / 00	86.82
38th	Starsky & Hutch (2004)	$130,154,238	62.50	00 / 00	86.21
39th	The Terminal (2004)	$114,865,640	64.30	00 / 00	85.10
40th	Dawn of the Dead (2004)	$87,058,289	70.00	00 / 00	83.69
41st	Van Helsing (2004)	$177,266,042	41.00	00 / 00	83.58
42nd	Hotel Rwanda (2004)	$34,709,017	86.00	03 / 00	83.35
43rd	In Good Company (2004)	$67,566,670	75.30	00 / 00	83.21
44th	Barbershop 2: Back in Business (2004)	$96,041,757	64.00	00 / 00	82.48
45th	House of Flying Daggers (2004)	$16,299,331	88.00	01 / 00	81.52
46th	Man on Fire (2004)	$114,923,000	56.30	00 / 00	81.26
47th	Before Sunset (2004)	$8,585,695	90.00	01 / 00	80.73
48th	Garden State (2004)	$39,504,992	80.00	00 / 00	80.42
49th	The Motorcycle Diaries (2004)	$24,753,224	81.50	02 / 01	80.29
50th	Napoleon Dynamite (2004)	$65,699,697	71.00	00 / 00	80.07

2005 Top 50 Movies

Rank	Movie (Year)	Adj. B.O. Dom.	Review %	Nom Win	UMR Score
1st	Brokeback Mountain (2005)	$118,856,386	87.30	08 / 03	98.72
2nd	Harry Potter and The Goblet of Fire (2005)	$413,649,918	85.30	01 / 00	97.91
3rd	King Kong (2005)	$312,127,037	78.30	04 / 03	97.86
4th	Batman Begins (2005)	$293,898,270	82.30	01 / 00	97.58
5th	The Chronicles of Narnia: The Lion, the Witch and the Wardrobe (2005)	$413,217,566	76.70	03 / 01	97.17
6th	Star Wars: Episode III - Revenge of the Sith (2005)	$544,262,248	78.80	01 / 00	97.05
7th	Walk the Line (2005)	$171,062,139	81.00	05 / 01	96.63
8th	War of the Worlds (2005)	$335,313,745	73.80	03 / 00	96.46
9th	Wedding Crashers (2005)	$299,497,540	73.00	00 / 00	95.63
10th	Charlie and the Chocolate Factory (2005)	$295,494,547	70.00	01 / 00	95.38
11th	Capote (2005)	$41,149,193	88.30	05 / 01	95.16
12th	Good Night, and Good Luck. (2005)	$45,167,392	87.30	06 / 00	95.10
13th	Munich (2005)	$67,846,526	80.80	05 / 00	95.03
14th	Hitch (2005)	$256,903,009	67.30	00 / 00	94.52
15th	The 40-Year-Old Virgin (2005)	$156,649,227	77.70	00 / 00	93.81
16th	Robots (2005)	$183,486,268	66.70	00 / 00	93.15
17th	Madagascar (2005)	$277,083,588	62.30	00 / 00	93.02
18th	Mr. & Mrs. Smith (2005)	$266,693,803	61.00	00 / 00	92.97
19th	March of the Penguins (2005)	$110,832,025	84.25	01 / 01	92.03
20th	Sin City (2005)	$106,061,094	81.70	00 / 00	90.78
21st	The Curse of the Were-Rabbit (2005)	$80,308,724	87.00	01 / 01	90.17
22nd	The Longest Yard (2005)	$226,308,481	49.30	00 / 00	89.29
23rd	Chicken Little (2005)	$193,772,161	49.70	00 / 00	89.14
24th	Cinderella Man (2005)	$88,236,439	80.30	03 / 00	89.01
25th	Corpse Bride (2005)	$76,370,227	84.30	01 / 00	88.62

2005 Top 50 Movies

Rank	Movie (Year)	Adj. B.O. Dom.	Review %	Nom Win	UMR Score
26th	V for Vendetta (2005)	$100,918,917	75.50	00 / 00	87.91
27th	Pride & Prejudice (2005)	$54,967,282	85.00	04 / 00	87.06
28th	Syriana (2005)	$72,742,739	76.30	02 / 01	85.87
29th	Fantastic Four (2005)	$221,408,760	39.00	00 / 00	85.80
30th	The Constant Gardener (2005)	$48,061,091	82.00	04 / 01	85.62
31st	Memoirs of a Geisha (2005)	$82,283,291	66.00	06 / 03	85.11
32nd	Red Eye (2005)	$82,857,641	73.00	00 / 00	84.55
33rd	Coach Carter (2005)	$96,272,855	67.00	00 / 00	84.14
34th	A History of Violence (2005)	$45,091,007	82.00	02 / 00	83.91
35th	The Interpreter (2005)	$104,063,554	64.70	00 / 00	83.73
36th	Fun with Dick and Jane (2005)	$157,913,728	47.70	00 / 00	83.27
37th	Jarhead (2005)	$89,679,579	67.30	00 / 00	82.63
38th	Sky High (2005)	$91,523,880	66.30	00 / 00	82.17
39th	Saw II (2005)	$124,575,954	55.50	00 / 00	82.13
40th	Flightplan (2005)	$128,393,567	53.30	00 / 00	81.93
41st	Kingdom of Heaven (2005)	$67,838,978	71.70	00 / 00	81.82
42nd	The Pacifier (2005)	$161,855,588	42.70	00 / 00	81.44
43rd	Four Brothers (2005)	$106,620,083	59.00	00 / 00	81.33
44th	The Exorcism of Emily Rose (2005)	$107,447,450	59.50	00 / 00	81.27
45th	Serenity (2005)	$36,517,650	81.30	00 / 00	80.76
46th	Thank You for Smoking (2005)	$35,485,712	81.70	00 / 00	80.74
47th	Magnificent Desolation (IMAX) (2005)	$48,747,853	76.50	00 / 00	80.14
48th	Hustle & Flow (2005)	$31,777,771	78.80	02 / 01	80.01
49th	The Descent (2005)	$37,247,500	79.30	00 / 00	79.64
50th	The Hitchhiker's Guide to the Galaxy (2005)	$73,115,999	68.00	00 / 00	79.58

2006 Top 50 Movies

Rank	Movie (Year)	Adj. B.O. Dom.	Review %	Nom Win	UMR Score
1st	The Departed (2006)	$184,291,835	90.30	05 / 04	99.68
2nd	Casino Royale (2006)	$233,101,060	88.30	00 / 00	98.06
3rd	Little Miss Sunshine (2006)	$83,374,238	88.00	04 / 02	97.62
4th	Borat: Cultural Learnings of America for Make Benefit Glorious Nation of Kazakhstan (2006)	$178,892,785	86.50	01 / 00	97.26
5th	Happy Feet (2006)	$275,635,703	76.30	01 / 01	96.89
6th	Cars (2006)	$339,787,269	76.20	02 / 00	96.77
7th	Superman Returns (2006)	$278,532,480	74.30	01 / 00	96.22
8th	The Pursuit of Happyness (2006)	$227,700,416	72.30	01 / 00	95.80
9th	Over the Hedge (2006)	$215,801,997	73.30	00 / 00	95.67
10th	Talladega Nights: The Ballad of Ricky Bobby (2006)	$206,327,443	70.30	00 / 00	95.26
11th	Mission: Impossible III (2006)	$186,582,513	71.00	00 / 00	94.38
12th	Dreamgirls (2006)	$143,895,466	76.30	08 / 02	94.35
13th	Pirates of the Caribbean: Dead Man's Chest (2006)	$589,435,997	62.30	04 / 01	94.33
14th	300 (2006)	$293,196,486	65.70	00 / 00	94.13
15th	Ice Age: The Meltdown (2006)	$271,919,217	64.00	00 / 00	93.75
16th	X-Men: The Last Stand (2006)	$326,255,347	64.00	00 / 00	93.73
17th	The Devil Wears Prada (2006)	$173,650,847	71.30	02 / 00	93.66
18th	Letters from Iwo Jima (2006)	$19,149,804	89.00	04 / 01	93.42
19th	Babel (2006)	$47,752,885	75.00	07 / 01	92.77
20th	Inside Man (2006)	$123,219,395	83.00	00 / 00	92.61
21st	Night at the Museum (2006)	$349,226,063	54.30	00 / 00	91.16
22nd	The Queen (2006)	$78,572,355	87.00	06 / 01	91.11
23rd	Pan's Labyrinth (2006)	$52,391,041	92.00	06 / 03	91.07
24th	Click (2006)	$191,212,399	50.00	01 / 00	89.19
25th	Charlotte's Web (2006)	$115,524,180	74.20	00 / 00	88.89

2006 Top 50 Movies

Rank	Movie (Year)	Adj. B.O. Dom.	Review %	Nom Win	UMR Score
26th	The Da Vinci Code (2006)	$302,831,469	47.00	00 / 00	88.86
27th	Eight Below (2006)	$113,612,625	73.00	00 / 00	88.44
28th	Children of Men (2006)	$49,492,378	90.00	03 / 00	88.17
29th	The Prestige (2006)	$73,906,288	81.00	02 / 00	87.87
30th	Monster House (2006)	$102,543,287	72.70	01 / 00	87.30
31st	Rocky Balboa (2006)	$97,823,991	73.70	00 / 00	86.63
32nd	Flushed Away (2006)	$90,020,908	75.30	00 / 00	86.33
33rd	United 93 (2006)	$43,828,026	88.00	02 / 00	86.29
34th	Jackass: Number Two (2006)	$101,315,050	71.00	00 / 00	86.11
35th	Blood Diamond (2006)	$79,875,640	71.70	05 / 00	85.14
36th	World Trade Center (2006)	$97,835,056	68.70	00 / 00	84.62
37th	Apocalypto (2006)	$70,811,307	73.00	03 / 00	84.50
38th	Invincible (2006)	$80,472,899	71.00	00 / 00	83.78
39th	The Lives of Others (2006)	$15,711,369	92.00	01 / 01	83.41
40th	The Break-Up (2006)	$165,246,510	44.20	00 / 00	83.36
41st	The Illusionist (2006)	$55,501,026	75.70	01 / 00	81.50
42nd	Saw III (2006)	$111,700,109	58.50	00 / 00	81.49
43rd	Curious George (2006)	$81,243,851	68.30	00 / 00	81.49
44th	Open Season (2006)	$118,474,799	55.30	00 / 00	81.31
45th	Stranger Than Fiction (2006)	$56,604,000	75.30	00 / 00	80.98
46th	The Last King of Scotland (2006)	$24,510,218	83.00	01 / 01	80.81
47th	Flags of Our Fathers (2006)	$46,777,775	76.00	02 / 00	80.61
48th	Deja Vu (2006)	$89,147,978	64.30	00 / 00	80.37
49th	Notes on a Scandal (2006)	$24,375,786	81.30	04 / 00	80.31
50th	Volver (2006)	$17,957,869	85.50	01 / 00	80.20

2007 Top 50 Movies

Rank	Movie (Year)	Adj. B.O. Dom.	Review %	Nom Win	UMR Score
1st	Juno (2007)	$191,048,929	81.50	04 / 01	99.19
2nd	No Country for Old Men (2007)	$98,900,877	92.70	08 / 04	98.74
3rd	Ratatouille (2007)	$274,860,786	92.30	05 / 01	98.71
4th	The Bourne Ultimatum (2007)	$302,853,929	90.70	03 / 03	98.67
5th	Knocked Up (2007)	$198,070,252	86.30	00 / 00	97.90
6th	The Simpsons Movie (2007)	$243,825,112	82.50	00 / 00	97.49
7th	There Will Be Blood (2007)	$53,552,071	91.00	08 / 02	97.10
8th	Harry Potter and the Order of the Phoenix (2007)	$388,773,740	78.00	00 / 00	96.80
9th	Atonement (2007)	$67,804,060	86.00	07 / 01	96.73
10th	Enchanted (2007)	$170,161,986	83.30	03 / 00	96.53
11th	Michael Clayton (2007)	$65,283,485	85.70	07 / 01	96.49
12th	American Gangster (2007)	$173,300,605	81.30	02 / 00	96.10
13th	Superbad (2007)	$161,715,568	83.30	00 / 00	95.56
14th	I Am Legend (2007)	$341,360,444	71.30	00 / 00	95.47
15th	Live Free or Die Hard (2007)	$179,111,819	78.30	00 / 00	95.39
16th	Hairspray (2007)	$158,265,436	85.00	00 / 00	95.37
17th	Transformers (2007)	$425,042,906	66.00	03 / 00	94.79
18th	Spider-Man 3 (2007)	$448,054,878	64.70	00 / 00	93.86
19th	Paranormal Activity (2007)	$143,682,606	78.00	00 / 00	92.72
20th	National Treasure: Book of Secrets (2007)	$292,859,196	60.00	00 / 00	92.67
21st	Pirates of the Caribbean: At World's End (2007)	$411,960,924	57.30	02 / 00	92.48
22nd	Ocean's Thirteen (2007)	$155,979,246	69.70	00 / 00	91.72
23rd	Rush Hour 3 (2007)	$186,563,057	56.00	00 / 00	90.39
24th	Shrek the Third (2007)	$429,667,827	51.00	00 / 00	90.16
25th	Bridge to Terabithia (2007)	$109,537,149	78.00	00 / 00	89.60

2007 Top 50 Movies

Rank	Movie (Year)	Adj. B.O. Dom.	Review %	Nom Win	UMR Score
26th	Bee Movie (2007)	$168,596,285	58.30	00 / 00	89.12
27th	Sweeney Todd: The Demon Barber of Fleet Street (2007)	$70,428,254	84.00	03 / 01	88.80
28th	Meet the Robinsons (2007)	$130,239,985	67.70	00 / 00	88.30
29th	Charlie Wilson's War (2007)	$88,752,275	77.30	01 / 00	87.29
30th	3:10 to Yuma (2007)	$71,371,999	79.70	02 / 00	86.98
31st	Fantastic 4: Rise of the Silver Surfer (2007)	$175,639,996	48.70	00 / 00	86.77
32nd	Disturbia (2007)	$106,790,807	69.30	00 / 00	86.58
33rd	1408 (2007)	$95,841,327	73.30	00 / 00	86.36
34th	Alvin and the Chipmunks (2007)	$289,348,114	41.30	00 / 00	86.31
35th	Beowulf (2007)	$109,547,976	67.70	00 / 00	86.19
36th	Zodiac (2007)	$44,042,672	85.30	00 / 00	84.78
37th	Surf's Up (2007)	$78,376,175	73.30	01 / 00	84.21
38th	Wild Hogs (2007)	$224,038,614	35.00	00 / 00	84.10
39th	Once (2007)	$12,568,271	89.50	01 / 01	82.57
40th	The Diving Bell and the Butterfly (2007)	$7,992,668	89.70	04 / 00	82.54
41st	Hot Fuzz (2007)	$31,470,545	85.50	00 / 00	82.45
42nd	Gone Baby Gone (2007)	$27,027,615	85.00	01 / 00	81.95
43rd	The Bucket List (2007)	$124,440,863	54.30	00 / 00	81.81
44th	Blades of Glory (2007)	$121,156,975	55.70	00 / 00	81.60
45th	Persepolis (2007)	$5,919,055	90.30	01 / 00	80.83
46th	Stardust (2007)	$51,438,383	76.30	00 / 00	80.61
47th	Eastern Promises (2007)	$22,987,872	85.00	01 / 00	80.33
48th	Into the Wild (2007)	$24,436,901	82.30	02 / 00	79.85
49th	Grindhouse (2007)	$33,335,338	80.30	00 / 00	79.60
50th	Breach (2007)	$44,243,954	77.00	00 / 00	79.46

2008 Top 50 Movies

Rank	Movie (Year)	Adj. B.O. Dom.	Review %	Nom Win	UMR Score
1st	The Dark Knight (2008)	$680,423,853	95.00	08 / 02	99.93
2nd	Slumdog Millionaire (2008)	$180,291,169	69.50	10 / 08	98.94
3rd	The Curious Case of Benjamin Button (2008)	$162,672,074	76.00	13 / 03	98.89
4th	WALL·E (2008)	$285,526,855	93.70	06 / 01	98.81
5th	Iron Man (2008)	$406,219,326	89.20	02 / 00	98.40
6th	Kung Fu Panda (2008)	$274,844,133	82.70	01 / 00	97.64
7th	Gran Torino (2008)	$188,934,948	84.00	00 / 00	97.27
8th	Milk (2008)	$40,622,054	89.00	08 / 02	95.97
9th	Horton Hears a Who! (2008)	$197,143,407	74.50	00 / 00	95.91
10th	The Hurt Locker (2008)	$21,710,748	90.00	09 / 06	95.90
11th	Indiana Jones and the Kingdom of the Crystal Skull (2008)	$404,546,820	68.80	00 / 00	94.91
12th	Madagascar: Escape 2 Africa (2008)	$229,651,844	67.00	00 / 00	94.40
13th	Quantum of Solace (2008)	$214,798,721	65.00	00 / 00	93.92
14th	Wanted (2008)	$171,601,443	70.70	02 / 00	93.39
15th	Bolt (2008)	$145,505,684	79.30	01 / 00	93.31
16th	Frost/Nixon (2008)	$23,757,358	87.00	05 / 00	93.16
17th	Tropic Thunder (2008)	$140,991,682	78.70	01 / 00	93.12
18th	The Chronicles of Narnia: Prince Caspian (2008)	$180,675,889	67.30	00 / 00	93.11
19th	The Incredible Hulk (2008)	$171,982,078	68.70	00 / 00	92.75
20th	Taken (2008)	$184,987,336	64.70	00 / 00	92.70
21st	Marley & Me (2008)	$182,630,688	63.50	00 / 00	92.26
22nd	Twilight (2008)	$245,929,237	56.70	00 / 00	91.85
23rd	Sex and the City (2008)	$194,742,186	57.50	00 / 00	91.62
24th	Hancock (2008)	$290,806,111	53.70	00 / 00	90.98
25th	Mamma Mia! (2008)	$183,876,228	58.70	00 / 00	90.77

2008 Top 50 Movies

Rank	Movie (Year)	Adj. B.O. Dom.	Review %	Nom Win	UMR Score
26th	Get Smart (2008)	$166,256,821	59.30	00 / 00	89.53
27th	Hellboy II: The Golden Army (2008)	$96,940,994	81.30	00 / 00	89.39
28th	Pineapple Express (2008)	$111,427,168	70.70	00 / 00	87.22
29th	Cloverfield (2008)	$102,123,072	73.30	00 / 00	87.18
30th	Step Brothers (2008)	$128,174,671	64.00	00 / 00	86.66
31st	Forgetting Sarah Marshall (2008)	$80,593,280	77.30	00 / 00	86.10
32nd	Journey to the Center of the Earth (2008)	$129,750,979	61.50	00 / 00	85.90
33rd	Burn After Reading (2008)	$76,999,299	74.00	00 / 00	84.73
34th	Role Models (2008)	$85,851,743	72.00	00 / 00	84.58
35th	Yes Man (2008)	$124,630,832	59.00	00 / 00	84.47
36th	The Wrestler (2008)	$33,473,864	86.70	02 / 00	84.37
37th	The Spiderwick Chronicles (2008)	$90,828,233	69.70	00 / 00	84.22
38th	Valkyrie (2008)	$105,987,878	65.30	00 / 00	84.06
39th	Eagle Eye (2008)	$129,414,651	65.00	00 / 00	83.29
40th	Ponyo (2008)	$19,251,819	89.00	00 / 00	82.25
41st	Doubt (2008)	$42,669,863	77.50	05 / 00	82.11
42nd	You Don't Mess with the Zohan (2008)	$127,600,632	54.00	00 / 00	81.83
43rd	21 (2008)	$103,540,362	60.00	00 / 00	80.75
44th	Four Christmases (2008)	$153,278,237	43.00	00 / 00	80.23
45th	Waltz with Bashir (2008)	$2,913,659	90.00	01 / 00	80.04
46th	High School Musical 3: Senior Year (2008)	$115,532,625	55.00	00 / 00	79.96
47th	Australia (2008)	$63,219,316	69.70	01 / 00	79.00
48th	The Reader (2008)	$43,624,060	70.80	05 / 01	78.40
49th	Vicky Cristina Barcelona (2008)	$29,619,089	78.00	01 / 01	78.11
50th	The Class (2008)	$4,805,565	87.50	01 / 00	77.99

2009 Top 50 Movies

Rank	Movie (Year)	Adj. B.O. Dom.	Review %	Nom Win	UMR Score
1st	Avatar (2009)	$914,493,070	85.20	09 / 03	99.76
2nd	Up (2009)	$357,855,735	87.00	05 / 02	99.63
3rd	District 9 (2009)	$141,242,602	86.50	04 / 00	98.72
4th	The Blind Side (2009)	$312,611,820	67.70	02 / 01	98.65
5th	Star Trek (2009)	$314,774,277	89.30	04 / 01	98.54
6th	Up in the Air (2009)	$102,376,291	87.00	06 / 00	98.00
7th	Harry Potter and the Half-Blood Prince (2009)	$368,792,848	82.00	01 / 00	97.56
8th	The Hangover (2009)	$338,703,201	80.00	00 / 00	97.11
9th	Precious (2009)	$58,094,579	85.00	06 / 02	95.95
10th	Sherlock Holmes (2009)	$255,293,688	70.00	02 / 00	95.34
11th	Monsters vs. Aliens (2009)	$242,253,329	66.70	00 / 00	94.34
12th	Inglourious Basterds (2009)	$147,220,399	80.50	00 / 00	93.65
13th	Cloudy with a Chance of Meatballs (2009)	$152,508,229	77.30	00 / 00	93.44
14th	The Princess and the Frog (2009)	$127,508,299	79.70	03 / 00	92.50
15th	An Education (2009)	$15,358,160	88.00	03 / 00	92.37
16th	Ice Age: Dawn of the Dinosaurs (2009)	$240,082,024	57.70	00 / 00	91.87
17th	The Proposal (2009)	$200,247,401	55.50	00 / 00	91.54
18th	A Serious Man (2009)	$11,271,398	83.00	02 / 00	90.37
19th	A Christmas Carol (2009)	$168,367,963	61.30	00 / 00	90.36
20th	2012 (2009)	$202,878,318	51.30	00 / 00	90.23
21st	Zombieland (2009)	$92,320,938	83.30	00 / 00	89.97
22nd	Night at the Museum: Battle of the Smithsonian (2009)	$216,473,663	50.00	00 / 00	89.87
23rd	Coraline (2009)	$91,949,582	84.00	01 / 00	89.82
24th	X-Men Origins: Wolverine (2009)	$219,697,287	49.70	00 / 00	89.78
25th	Watchmen (2009)	$131,305,302	68.30	00 / 00	88.96

2009 Top 50 Movies

Rank	Movie (Year)	Adj. B.O. Dom.	Review %	Nom Win	UMR Score
26th	Julie & Julia (2009)	$114,958,522	73.30	01 / 00	88.88
27th	Fast & Furious (2009)	$189,385,162	49.00	00 / 00	88.38
28th	Public Enemies (2009)	$118,597,112	70.80	00 / 00	88.03
29th	Crazy Heart (2009)	$48,199,077	86.30	03 / 02	87.47
30th	I Love You, Man (2009)	$87,252,069	78.30	00 / 00	87.42
31st	It's Complicated (2009)	$137,687,468	62.70	00 / 00	87.08
32nd	Angels & Demons (2009)	$162,896,365	52.70	00 / 00	86.76
33rd	Paul Blart: Mall Cop (2009)	$178,725,248	48.00	00 / 00	86.72
34th	Where the Wild Things Are (2009)	$94,327,811	74.00	00 / 00	86.49
35th	The Twilight Saga: New Moon (2009)	$362,271,038	40.70	00 / 00	86.46
36th	Transformers: Revenge of the Fallen (2009)	$489,891,309	39.70	01 / 00	86.38
37th	Terminator Salvation (2009)	$153,060,513	55.20	00 / 00	86.06
38th	G.I. Joe: The Rise of Cobra (2009)	$183,446,093	42.00	00 / 00	85.00
39th	Alvin and the Chipmunks: The Squeakquel (2009)	$268,222,644	37.30	00 / 00	84.52
40th	Fantastic Mr. Fox (2009)	$25,651,563	88.70	02 / 00	84.15
41st	Michael Jackson's This Is It (2009)	$88,047,157	70.00	00 / 00	83.86
42nd	500 Days of Summer (2009)	$39,560,666	84.00	00 / 00	83.06
43rd	Drag Me to Hell (2009)	$51,418,891	80.00	00 / 00	82.97
44th	Invictus (2009)	$45,789,448	77.70	02 / 00	81.62
45th	State of Play (2009)	$45,211,268	75.20	00 / 00	78.62
46th	Funny People (2009)	$63,332,295	67.70	00 / 00	78.08
47th	The Secret in Their Eyes (2009)	$7,806,070	86.00	01 / 01	77.38
48th	The White Ribbon (2009)	$2,714,859	85.50	02 / 00	77.08
49th	A Single Man (2009)	$11,206,958	83.00	01 / 00	76.57
50th	He's Just Not That Into You (2009)	$114,748,731	50.00	00 / 00	76.28

Top 100 2000-2009 Countdown

Rank	Movie (Year)	Adj. B.O. Dom.	Review %	Nom Win	UMR Score
100th	Wedding Crashers (2005)	$299,497,540	73.00	00 / 00	95.63
99th	Over the Hedge (2006)	$215,801,997	73.30	00 / 00	95.68
98th	The Pursuit of Happyness (2006)	$227,700,416	72.30	01 / 00	95.80
97th	Finding Neverland (2004)	$76,230,986	79.30	07 / 01	95.83
96th	The Hurt Locker (2008)	$21,710,748	90.00	09 / 06	95.90
95th	Horton Hears a Who! (2008)	$197,143,407	74.50	00 / 00	95.91
94th	Master and Commander: The Far Side of the World (2003)	$142,683,204	81.80	10 / 02	95.95
93rd	Precious (2009)	$58,094,579	85.00	06 / 02	95.96
92nd	8 Mile (2002)	$184,385,909	79.00	00 / 00	95.97
91st	Milk (2008)	$40,622,054	89.00	08 / 02	95.97
90th	Elf (2003)	$263,404,722	75.00	00 / 00	95.99
89th	Ice Age (2002)	$278,570,458	73.70	01 / 00	96.06
88th	In the Bedroom (2001)	$58,252,095	88.70	05 / 00	96.08
87th	American Gangster (2007)	$173,300,605	81.30	02 / 00	96.11
86th	Crash (2004)	$80,508,138	78.00	06 / 03	96.19
85th	Superman Returns (2006)	$278,532,480	74.30	01 / 00	96.20
84th	The Hours (2002)	$65,819,327	83.00	09 / 01	96.26
83rd	Harry Potter and The Chamber of Secrets (2002)	$410,602,496	75.30	00 / 00	96.28
82nd	Road to Perdition (2002)	$164,966,489	81.00	06 / 01	96.29
81st	The Bourne Identity (2002)	$192,141,552	79.30	00 / 00	96.41
80th	War of the Worlds (2005)	$335,313,745	73.80	03 / 00	96.47
79th	X-Men (2000)	$267,321,959	76.30	00 / 00	96.48
78th	Michael Clayton (2007)	$65,283,485	85.70	07 / 01	96.49
77th	Enchanted (2007)	$170,161,986	83.30	03 / 00	96.53
76th	Harry Potter and the Sorcerer's Stone (2001)	$513,244,620	74.30	03 / 00	96.58

Top 100 2000-2009 Countdown

Rank	Movie (Year)	Adj. B.O. Dom.	Review %	Nom Win	UMR Score
75th	Walk the Line (2005)	$171,062,139	81.00	05 / 01	96.63
74th	Atonement (2007)	$67,804,060	86.00	07 / 01	96.73
73rd	Moulin Rouge! (2001)	$93,037,406	76.00	08 / 02	96.74
72nd	Gosford Park (2001)	$66,971,142	86.30	07 / 01	96.75
71st	Chocolat (2000)	$121,526,114	73.00	05 / 00	96.75
70th	Cars (2006)	$339,787,269	76.20	02 / 00	96.77
69th	Black Hawk Down (2001)	$176,129,359	79.30	04 / 02	96.78
68th	Harry Potter and the Order of the Phoenix (2007)	$388,773,740	78.00	00 / 00	96.80
67th	Happy Feet (2006)	$275,635,703	76.30	01 / 01	96.90
66th	Star Wars: Episode III - Revenge of the Sith (2005)	$544,262,248	78.80	01 / 00	97.06
65th	There Will Be Blood (2007)	$53,552,071	91.00	08 / 02	97.10
64th	The Bourne Supremacy (2004)	$259,963,951	80.00	00 / 00	97.11
63rd	The Hangover (2009)	$338,703,201	80.00	00 / 00	97.12
62nd	Meet the Parents (2000)	$282,522,356	79.30	01 / 00	97.16
61st	The Chronicles of Narnia: The Lion, the Witch and the Wardrobe (2005)	$413,217,566	76.70	03 / 01	97.17
60th	Lilo & Stitch (2002)	$230,254,499	79.70	01 / 00	97.22
59th	Ocean's Eleven (2001)	$297,363,022	80.70	00 / 00	97.25
58th	Borat: Cultural Learnings of America for Make Benefit Glorious Nation of Kazakhstan (2006)	$178,892,785	86.50	01 / 00	97.26
57th	Gran Torino (2008)	$188,934,948	84.00	00 / 00	97.27
56th	Pirates of the Caribbean: The Curse of the Black Pearl (2003)	$463,945,536	76.70	05 / 00	97.28
55th	X-Men 2 (2003)	$326,523,919	81.00	00 / 00	97.31
54th	The Pianist (2002)	$51,442,212	92.70	07 / 03	97.39
53rd	The Simpsons Movie (2007)	$243,825,112	82.50	00 / 00	97.49
52nd	Harry Potter and the Half-Blood Prince (2009)	$368,792,848	82.00	01 / 00	97.56
51st	Batman Begins (2005)	$293,898,270	82.30	01 / 00	97.58

Top 100 2000-2009 Countdown

Rank	Movie (Year)	Adj. B.O. Dom.	Review %	Nom Win	UMR Score
50th	Little Miss Sunshine (2006)	$83,374,238	88.00	04 / 02	97.62
49th	Kung Fu Panda (2008)	$274,844,133	82.70	01 / 00	97.64
48th	Spider-Man (2002)	$637,577,623	82.00	02 / 00	97.65
47th	Cast Away (2000)	$383,449,068	82.70	02 / 00	97.73
46th	Shrek 2 (2004)	$650,826,500	83.00	02 / 00	97.80
45th	King Kong (2005)	$312,127,037	78.30	04 / 03	97.86
44th	Knocked Up (2007)	$198,070,252	86.30	00 / 00	97.90
43rd	Harry Potter and The Goblet of Fire (2005)	$413,649,918	85.30	01 / 00	97.92
42nd	Ray (2004)	$111,117,139	80.30	06 / 02	97.93
41st	Gangs of New York (2002)	$122,889,296	77.00	10 / 00	97.97
40th	Up in the Air (2009)	$102,376,291	87.00	06 / 00	98.00
39th	Catch Me if You Can (2002)	$259,978,735	86.70	02 / 00	98.07
38th	Casino Royale (2006)	$233,101,060	88.30	00 / 00	98.07
37th	Harry Potter and The Prisoner of Azkaban (2004)	$368,083,132	86.70	02 / 00	98.17
36th	Minority Report (2002)	$208,584,137	88.00	01 / 00	98.22
35th	Sideways (2004)	$105,470,677	87.50	05 / 01	98.28
34th	Shrek (2001)	$433,948,954	88.00	02 / 01	98.39
33rd	Iron Man (2008)	$406,219,326	89.20	02 / 00	98.40
32nd	Spider-Man 2 (2004)	$551,054,132	88.00	03 / 01	98.44
31st	Monsters, Inc. (2001)	$452,120,159	88.00	04 / 01	98.50
30th	Star Trek (2009)	$314,774,277	89.30	04 / 01	98.54
29th	The Blind Side (2009)	$312,611,820	67.70	02 / 01	98.65
28th	The Bourne Ultimatum (2007)	$302,853,929	90.70	03 / 03	98.67
27th	Ratatouille (2007)	$274,860,786	92.30	05 / 01	98.71
26th	District 9 (2009)	$141,242,602	86.50	04 / 00	98.72

Top 100 2000-2009 Countdown

Rank	Movie (Year)	Adj. B.O. Dom.	Review %	Nom Win	UMR Score
25th	Brokeback Mountain (2005)	$118,856,386	87.30	08 / 03	98.73
24th	Finding Nemo (2003)	$564,661,568	93.30	04 / 01	98.73
23rd	No Country for Old Men (2007)	$98,900,877	92.70	08 / 04	98.74
22nd	The Incredibles (2004)	$385,636,147	92.70	04 / 02	98.75
21st	WALL·E (2008)	$285,526,855	93.70	06 / 01	98.81
20th	The Lord of the Rings: The Two Towers (2002)	$527,473,690	92.70	06 / 02	98.81
19th	Mystic River (2003)	$136,921,784	87.30	06 / 02	98.84
18th	The Curious Case of Benjamin Button (2008)	$162,672,074	76.00	13 / 03	98.89
17th	Slumdog Millionaire (2008)	$180,291,169	69.50	10 / 08	98.95
16th	Seabiscuit (2003)	$182,710,636	77.70	07 / 00	98.97
15th	The Lord of the Rings: The Fellowship of the Ring (2001)	$499,931,915	92.30	13 / 04	99.05
14th	The Aviator (2004)	$151,354,371	83.70	11 / 05	99.13
13th	Juno (2007)	$191,048,929	81.50	04 / 01	99.19
12th	Million Dollar Baby (2004)	$148,230,042	90.70	07 / 04	99.22
11th	Erin Brockovich (2000)	$213,441,942	79.80	05 / 01	99.26
10th	Traffic (2000)	$210,927,650	81.50	05 / 04	99.39
9th	A Beautiful Mind (2001)	$276,814,137	82.50	08 / 04	99.61
8th	Crouching Tiger, Hidden Dragon (2000)	$217,662,796	80.00	10 / 04	99.62
7th	Up (2009)	$357,855,735	87.00	05 / 02	99.63
6th	Chicago (2002)	$269,568,559	81.70	13 / 06	99.66
5th	Gladiator (2000)	$318,994,765	80.00	12 / 05	99.68
4th	The Departed (2006)	$184,291,835	90.30	05 / 04	99.68
3rd	Avatar (2009)	$914,493,070	85.20	09 / 03	99.76
2nd	The Dark Knight (2008)	$680,423,853	95.00	08 / 02	99.93
1st	The Lord of the Rings: The Return of the King (2003)	$563,616,962	91.00	11 / 11	99.95

UMR Top 25 Statistical Stars of the 2000s

1. Daniel Radcliffe
2. Tom Cruise
3. Tom Hanks
4. Russell Crowe
5. Leonardo DiCaprio
6. Will Smith
7. Brad Pitt
8. Orlando Bloom
9. Seth Rogen
10. Viggo Mortensen
11. Gary Oldman
12. Tobey Maguire
13. Matt Damon
14. Denzel Washington
15. George Clooney
16. Johnny Depp
17. Jim Carrey
18. Halle Berry
19. Meryl Streep
20. Cate Blanchett
21. Steve Carrell
22. Cameron Diaz
23. Julie Roberts
24. Ben Stiller
25. Eric Bana

2010-2019

2010 Top 50 Movies

Rank	Movie (Year)	Adj. B.O. Dom.	Review %	Nom Win	UMR Score
1st	Inception (2010)	$339,670,204	86.30	08 / 04	99.83
2nd	Toy Story 3 (2010)	$487,610,213	88.00	05 / 02	99.68
3rd	The King's Speech (2010)	$161,138,745	93.30	12 / 04	99.61
4th	True Grit (2010)	$198,583,139	85.00	10 / 00	99.54
5th	The Social Network (2010)	$112,232,158	91.00	08 / 03	98.87
6th	The Fighter (2010)	$108,632,489	88.00	07 / 02	98.51
7th	How To Train Your Dragon (2010)	$252,603,818	88.00	02 / 00	98.30
8th	Tangled (2010)	$233,146,879	83.00	01 / 00	97.67
9th	Despicable Me (2010)	$291,998,486	80.00	00 / 00	97.12
10th	Harry Potter and the Deathly Hallows: Part 1 (2010)	$343,625,748	77.30	01 / 00	96.86
11th	Iron Man 2 (2010)	$362,723,616	71.20	01 / 00	95.64
12th	MegaMind (2010)	$172,305,352	78.70	00 / 00	95.28
13th	Black Swan (2010)	$123,716,884	87.70	05 / 01	94.73
14th	The Karate Kid (2010)	$205,016,372	65.70	00 / 00	94.12
15th	Alice in Wonderland (2010)	$384,500,710	59.30	03 / 02	93.79
16th	Shrek Forever After (2010)	$277,164,636	63.70	00 / 00	93.63
17th	127 Hours (2010)	$21,286,530	87.70	06 / 00	93.41
18th	TRON: Legacy (2010)	$199,758,550	58.30	01 / 00	92.51
19th	The Kids Are All Right (2010)	$24,161,231	85.00	04 / 00	92.49
20th	Shutter Island (2010)	$148,618,307	73.70	00 / 00	92.19
21st	Winter's Bone (2010)	$7,582,831	88.70	04 / 00	92.14
22nd	The Town (2010)	$107,024,863	84.70	01 / 00	91.95
23rd	The Twilight Saga: Eclipse (2010)	$348,906,305	54.70	00 / 00	91.31
24th	The Other Guys (2010)	$138,410,009	66.50	00 / 00	89.09
25th	Salt (2010)	$137,355,153	66.70	01 / 00	88.98

2010 Top 50 Movies

Rank	Movie (Year)	Adj. B.O. Dom.	Review %	Nom Win	UMR Score
26th	Jackass 3-D (2010)	$136,099,362	67.20	00 / 00	88.87
27th	Unstoppable (2010)	$94,503,060	78.00	00 / 00	88.07
28th	Red (2010)	$104,928,047	70.30	00 / 00	86.23
29th	Clash of the Titans (2010)	$189,486,490	43.30	00 / 00	86.20
30th	Date Night (2010)	$114,600,311	67.00	00 / 00	86.11
31st	Easy A (2010)	$67,801,954	79.30	00 / 00	85.41
32nd	The Book of Eli (2010)	$110,100,021	64.50	00 / 00	84.57
33rd	Kick-Ass (2010)	$55,809,022	77.00	00 / 00	82.85
34th	The Chronicles of Narnia: The Voyage of the Dawn Treader (2010)	$119,683,003	57.30	00 / 00	82.81
35th	Robin Hood (2010)	$122,214,286	57.50	00 / 00	82.80
36th	Get Him to the Greek (2010)	$70,789,121	71.30	00 / 00	81.51
37th	Grown Ups (2010)	$188,077,425	34.00	00 / 00	80.72
38th	Due Date (2010)	$116,722,134	55.00	00 / 00	80.11
39th	The Secret World of Arrietty (2010)	$22,293,681	84.50	00 / 00	79.89
40th	Let Me in (2010)	$14,088,217	86.00	00 / 00	79.02
41st	Scott Pilgrim vs. the World (2010)	$36,598,524	78.30	00 / 00	78.66
42nd	Secretariat (2010)	$69,325,701	68.00	00 / 00	78.59
43rd	Paranormal Activity 2 (2010)	$98,395,007	58.50	00 / 00	78.45
44th	Incendies (2010)	$7,964,208	86.50	01 / 00	78.00
45th	The Expendables (2010)	$119,658,765	50.20	00 / 00	77.82
46th	Percy Jackson & The Olympians: The Lightning Thief (2010)	$103,056,733	56.00	00 / 00	77.51
47th	Beginners (2010)	$6,723,019	83.00	01 / 01	76.34
48th	The Ghost Writer (2010)	$18,043,166	81.00	00 / 00	75.95
49th	The Debt (2010)	$36,195,987	74.50	00 / 00	75.85
50th	Diary of a Wimpy Kid (2010)	$74,305,856	63.00	00 / 00	75.81

2011 Top 50 Movies

Rank	Movie (Year)	Adj. B.O. Dom.	Review %	Nom Win	UMR Score
1st	The Help (2011)	$195,989,412	74.30	04 / 01	98.96
2nd	Hugo (2011)	$85,321,425	89.00	11 / 05	98.51
3rd	Harry Potter and the Deathly Hallows: Part 2 (2011)	$440,108,798	88.00	03 / 00	98.36
4th	The Descendants (2011)	$95,393,559	89.30	05 / 01	98.08
5th	Moneyball (2011)	$87,332,448	89.70	06 / 00	97.89
6th	The Artist (2011)	$51,600,579	91.70	10 / 05	97.84
7th	Mission: Impossible - Ghost Protocol (2011)	$241,877,018	86.00	00 / 00	97.78
8th	Bridesmaids (2011)	$195,336,395	83.70	02 / 00	97.55
9th	Captain America: The First Avenger (2011)	$204,054,883	77.70	00 / 00	96.77
10th	Rise of the Planet of the Apes (2011)	$204,176,968	77.00	01 / 00	96.76
11th	Fast Five (2011)	$242,385,013	77.30	00 / 00	96.68
12th	Kung Fu Panda 2 (2011)	$190,880,385	80.00	01 / 00	96.61
13th	Midnight in Paris (2011)	$65,629,779	88.30	04 / 01	96.50
14th	Thor (2011)	$209,109,774	72.30	00 / 00	95.67
15th	X-Men: First Class (2011)	$169,117,288	81.00	00 / 00	95.56
16th	War Horse (2011)	$92,275,596	74.70	06 / 00	95.49
17th	Rango (2011)	$142,629,875	83.70	01 / 01	94.76
18th	Puss in Boots (2011)	$172,411,883	75.70	01 / 00	94.75
19th	Super 8 (2011)	$146,703,436	82.00	00 / 00	94.12
20th	Sherlock Holmes: A Game of Shadows (2011)	$215,829,954	65.00	00 / 00	93.88
21st	Rio (2011)	$165,896,265	73.30	01 / 00	93.62
22nd	The Girl with the Dragon Tattoo (2011)	$118,416,734	83.00	05 / 01	93.24
23rd	The Tree of Life (2011)	$15,366,761	88.00	03 / 00	92.37
24th	Cars 2 (2011)	$221,148,030	56.30	00 / 00	91.73
25th	The Muppets (2011)	$102,378,581	85.00	01 / 01	91.69

2011 Top 50 Movies

Rank	Movie (Year)	Adj. B.O. Dom.	Review %	Nom Win	UMR Score
26th	Transformers: Dark of the Moon (2011)	$405,893,743	51.30	03 / 00	91.00
27th	The Lion King 3D (2011)	$108,859,611	80.00	00 / 00	90.57
28th	The Hangover Part II (2011)	$293,933,555	52.00	00 / 00	90.52
29th	Pirates of the Caribbean: On Stranger Tides (2011)	$278,463,780	51.50	00 / 00	90.32
30th	Horrible Bosses (2011)	$135,700,000	70.00	00 / 00	90.01
31st	Contagion (2011)	$87,393,215	79.30	00 / 00	88.14
32nd	Crazy, Stupid, Love. (2011)	$97,434,673	77.50	00 / 00	88.02
33rd	The Adventures of Tintin (2011)	$89,626,881	76.50	01 / 00	87.02
34th	Paranormal Activity 3 (2011)	$120,164,425	66.30	00 / 00	87.02
35th	Source Code (2011)	$63,198,486	84.30	00 / 00	86.82
36th	The Twilight Saga: Breaking Dawn - Part 1 (2011)	$324,916,778	40.00	00 / 00	86.18
37th	Drive (2011)	$40,244,149	86.30	01 / 00	84.96
38th	Limitless (2011)	$91,541,614	70.00	00 / 00	84.90
39th	Real Steel (2011)	$98,719,280	66.00	01 / 00	84.39
40th	A Separation (2011)	$8,200,169	93.30	02 / 01	84.26
41st	50/50 (2011)	$40,445,146	85.00	00 / 00	83.83
42nd	The Lincoln Lawyer (2011)	$67,006,847	76.70	00 / 00	83.81
43rd	Tower Heist (2011)	$90,152,152	68.30	00 / 00	83.41
44th	Arthur Christmas (2011)	$53,669,136	80.00	00 / 00	83.39
45th	Tinker Tailor Soldier Spy (2011)	$27,895,140	85.70	03 / 00	83.37
46th	Dolphin Tale (2011)	$83,186,164	70.70	00 / 00	83.27
47th	Extremely Loud & Incredibly Close (2011)	$36,787,714	56.30	02 / 00	82.97
48th	We Bought a Zoo (2011)	$87,354,459	67.30	00 / 00	81.84
49th	Cowboys & Aliens (2011)	$115,788,583	56.70	00 / 00	81.72
50th	The Grey (2011)	$59,580,707	73.70	00 / 00	81.53

2012 Top 50 Movies

Rank	Movie (Year)	Adj. B.O. Dom.	Review %	Nom Win	UMR Score
1st	Lincoln (2012)	$209,676,504	89.00	12 / 02	89.00
2nd	Django Unchained (2012)	$187,348,967	88.70	05 / 02	88.70
3rd	Argo (2012)	$156,530,275	90.70	07 / 03	90.70
4th	Life of Pi (2012)	$143,690,621	86.70	11 / 04	86.70
5th	Silver Linings Playbook (2012)	$152,006,472	87.70	08 / 01	87.70
6th	Les Misérables (2012)	$171,243,397	75.00	08 / 03	75.00
7th	Skyfall (2012)	$350,243,739	88.70	05 / 02	88.70
8th	Zero Dark Thirty (2012)	$110,150,979	90.30	05 / 01	90.30
9th	The Dark Knight Rises (2012)	$527,205,302	88.50	00 / 00	88.50
10th	The Avengers (2012)	$717,331,471	86.00	01 / 00	86.00
11th	Wreck-It Ralph (2012)	$217,979,109	81.70	01 / 00	81.70
12th	The Hunger Games (2012)	$464,916,826	79.00	00 / 00	79.00
13th	Brave (2012)	$273,054,544	76.70	01 / 01	76.70
14th	The Amazing Spider-Man (2012)	$301,532,782	75.00	00 / 00	75.00
15th	The Hobbit: An Unexpected Journey (2012)	$348,682,508	71.30	03 / 00	71.30
16th	Ted (2012)	$251,802,739	72.00	01 / 00	72.00
17th	Madagascar 3: Europe's Most Wanted (2012)	$249,013,318	72.00	00 / 00	72.00
18th	Men in Black 3 (2012)	$206,008,931	69.00	00 / 00	69.00
19th	21 Jump Street (2012)	$159,319,166	78.70	00 / 00	78.70
20th	Amour (2012)	$7,755,497	91.00	05 / 01	91.00
21st	The Lorax (2012)	$246,296,407	57.70	00 / 00	57.70
22nd	Prometheus (2012)	$145,543,982	74.50	01 / 00	74.50
23rd	Beasts of the Southern Wild (2012)	$14,724,755	86.00	04 / 00	86.00
24th	The Twilight Saga: Breaking Dawn - Part 2 (2012)	$336,393,782	56.00	00 / 00	56.00
25th	Snow White and the Huntsman (2012)	$178,749,321	59.70	02 / 00	59.70

2012 Top 50 Movies

Rank	Movie (Year)	Adj. B.O. Dom.	Review %	Nom Win	UMR Score
26th	Magic Mike (2012)	$130,865,531	75.30	00 / 00	75.30
27th	Flight (2012)	$107,908,913	78.70	02 / 00	78.70
28th	Looper (2012)	$76,509,248	89.80	00 / 00	89.80
29th	Ice Age: Continental Drift (2012)	$185,641,726	54.70	00 / 00	54.70
30th	Hotel Transylvania (2012)	$170,671,795	55.30	00 / 00	55.30
31st	Rise of the Guardians (2012)	$119,002,625	71.00	00 / 00	71.00
32nd	The Bourne Legacy (2012)	$130,269,783	65.70	00 / 00	65.70
33rd	Moonrise Kingdom (2012)	$52,373,637	90.00	01 / 00	90.00
34th	Safe House (2012)	$145,424,710	61.30	00 / 00	61.30
35th	Finding Nemo 3D (2012)	$47,328,529	90.00	00 / 00	90.00
36th	Beauty and the Beast 3D (2012)	$54,795,523	86.00	00 / 00	86.00
37th	ParaNorman (2012)	$64,445,720	81.70	01 / 00	81.70
38th	Chronicle (2012)	$74,310,124	78.00	00 / 00	78.00
39th	Titanic 3D (2012)	$66,610,366	81.50	00 / 00	81.50
40th	Monsters Inc. 3D (2012)	$39,175,122	88.00	00 / 00	88.00
41st	The Expendables 2 (2012)	$97,846,515	68.00	00 / 00	68.00
42nd	Taken 2 (2012)	$160,937,847	47.70	00 / 00	47.70
43rd	The Cabin in the Woods (2012)	$48,415,986	83.30	00 / 00	83.30
44th	End of Watch (2012)	$47,184,790	80.70	00 / 00	80.70
45th	Pitch Perfect (2012)	$74,800,249	73.30	00 / 00	73.30
46th	Frankenweenie (2012)	$40,611,336	81.30	01 / 00	81.30
47th	The Campaign (2012)	$100,009,420	63.00	00 / 00	63.00
48th	The Vow (2012)	$143,860,365	48.30	00 / 00	48.30
49th	Searching for Sugar Man (2012)	$4,253,409	93.00	01 / 01	93.00
50th	Hope Springs (2012)	$73,114,305	71.30	00 / 00	71.30

2013 Top 50 Movies

Rank	Movie (Year)	Adj. B.O. Dom.	Review %	Nom Win	UMR Score
1st	Gravity (2013)	$308,817,858	87.70	10 / 07	99.92
2nd	American Hustle (2013)	$169,136,414	76.50	10 / 00	98.83
3rd	Captain Phillips (2013)	$120,669,599	90.00	06 / 00	98.66
4th	The Wolf of Wall Street (2013)	$131,710,990	83.00	05 / 00	98.42
5th	Frozen (2013)	$450,719,339	83.00	02 / 02	98.05
6th	The Hunger Games: Catching Fire (2013)	$467,575,754	86.00	00 / 00	97.90
7th	12 Years a Slave (2013)	$63,851,841	91.00	09 / 03	97.85
8th	Star Trek: Into Darkness (2013)	$254,882,771	84.00	01 / 00	97.81
9th	The Hobbit: The Desolation of Smaug (2013)	$291,099,670	78.50	00 / 00	96.91
10th	Iron Man 3 (2013)	$447,382,461	75.70	01 / 00	96.52
11th	Monsters University (2013)	$302,508,450	76.30	00 / 00	96.48
12th	Despicable Me 2 (2013)	$428,211,717	74.70	02 / 00	96.46
13th	Fast & Furious 6 (2013)	$268,918,511	73.00	00 / 00	95.81
14th	World War Z (2013)	$227,996,925	71.30	00 / 00	95.26
15th	Dallas Buyers Club (2013)	$30,756,743	87.70	06 / 03	95.01
16th	Her (2013)	$28,807,522	91.70	05 / 01	95.01
17th	The Croods (2013)	$210,881,025	67.30	01 / 00	94.77
18th	Thor: The Dark World (2013)	$232,506,430	68.00	00 / 00	94.69
19th	The Conjuring (2013)	$154,807,536	81.00	00 / 00	94.47
20th	Philomena (2013)	$42,487,506	86.30	04 / 00	94.21
21st	Man of Steel (2013)	$327,918,437	66.00	00 / 00	94.19
22nd	Nebraska (2013)	$19,891,636	89.70	06 / 00	93.77
23rd	The Heat (2013)	$179,799,863	66.70	00 / 00	92.60
24th	Oz the Great and Powerful (2013)	$264,673,107	59.00	00 / 00	92.48
25th	Anchorman 2: The Legend Continues (2013)	$143,487,186	73.00	00 / 00	91.33

2013 Top 50 Movies

Rank	Movie (Year)	Adj. B.O. Dom.	Review %	Nom Win	UMR Score
26th	The Wolverine (2013)	$149,350,649	69.00	00 / 00	90.93
27th	Lone Survivor (2013)	$140,937,812	69.00	02 / 00	90.69
28th	The Great Gatsby (2013)	$163,166,732	61.30	02 / 00	90.04
29th	Pacific Rim (2013)	$114,700,448	75.00	00 / 00	89.07
30th	Lee Daniels' The Butler (2013)	$131,408,362	68.00	00 / 00	88.88
31st	42 (2013)	$107,058,443	74.00	00 / 00	88.39
32nd	Cloudy with a Chance of Meatballs 2 (2013)	$134,970,365	65.30	00 / 00	88.32
33rd	This Is The End (2013)	$114,325,594	72.30	00 / 00	88.16
34th	We're The Millers (2013)	$169,447,744	54.30	00 / 00	87.82
35th	Saving Mr. Banks (2013)	$93,855,165	77.30	00 / 00	87.59
36th	Prisoners (2013)	$68,730,759	82.00	01 / 00	87.35
37th	Elysium (2013)	$104,838,756	69.00	00 / 00	86.14
38th	Bad Grandpa (2013)	$114,925,913	65.00	01 / 00	86.05
39th	Epic (2013)	$121,140,359	62.70	00 / 00	85.00
40th	Now You See Me (2013)	$132,638,586	57.50	00 / 00	84.48
41st	Blue Jasmine (2013)	$37,637,661	82.70	03 / 01	83.99
42nd	Warm Bodies (2013)	$74,790,511	72.70	00 / 00	83.71
43rd	Oblivion (2013)	$100,396,348	64.00	00 / 00	83.32
44th	The World's End (2013)	$29,299,442	85.70	00 / 00	82.30
45th	Turbo (2013)	$93,547,068	65.70	00 / 00	82.19
46th	Rush (2013)	$30,361,654	84.70	00 / 00	81.98
47th	Fruitvale Station (2013)	$18,141,233	88.30	00 / 00	81.66
48th	Side Effects (2013)	$36,248,767	81.30	00 / 00	80.88
49th	Enough Said (2013)	$19,774,416	86.00	00 / 00	80.44
50th	G.I. Joe: Retaliation (2013)	$138,045,661	47.70	00 / 00	80.24

2014 Top 50 Movies

Rank	Movie (Year)	Adj. B.O. Dom.	Review %	Nom Win	UMR Score
1st	American Sniper (2014)	$393,674,120	76.67	06 / 01	99.17
2nd	Guardians of the Galaxy (2014)	$375,791,638	88.00	02 / 00	98.29
3rd	The Imitation Game (2014)	$102,167,837	86.20	08 / 01	98.22
4th	The LEGO Movie (2014)	$288,994,849	87.00	01 / 00	98.12
5th	Dawn of the Planet of The Apes (2014)	$233,816,108	86.70	01 / 00	98.11
6th	How To Train Your Dragon 2 (2014)	$198,451,253	86.70	01 / 00	98.04
7th	Big Hero 6 (2014)	$249,492,642	84.70	01 / 01	97.99
8th	The Grand Budapest Hotel (2014)	$66,487,164	90.30	09 / 04	97.97
9th	Interstellar (2014)	$210,803,349	81.30	05 / 01	97.87
10th	X-Men: Days of Future Past (2014)	$262,266,977	84.30	01 / 00	97.83
11th	Gone Girl (2014)	$188,096,386	87.70	01 / 00	97.82
12th	Captain America: The Winter Soldier (2014)	$291,243,794	82.30	01 / 00	97.58
13th	Birdman or (The Unexpected Virtue of Ignorance) (2014)	$47,471,224	91.00	09 / 04	97.35
14th	Boyhood (2014)	$28,424,341	95.00	06 / 03	96.37
15th	22 Jump Street (2014)	$214,950,942	75.00	00 / 00	96.00
16th	The Hunger Games: Mockingjay - Part 1 (2014)	$372,382,469	73.30	00 / 00	95.86
17th	Selma (2014)	$58,387,324	86.30	02 / 01	95.49
18th	Godzilla (2014)	$224,992,995	70.00	00 / 00	95.20
19th	Whiplash (2014)	$14,678,424	93.70	05 / 03	95.04
20th	The Hobbit: The Battle of the Five Armies (2014)	$286,033,934	68.00	01 / 00	94.89
21st	Maleficent (2014)	$270,663,289	63.30	01 / 00	93.75
22nd	The Amazing Spider-Man 2 (2014)	$227,434,758	64.00	00 / 00	93.73
23rd	Neighbors (2014)	$168,352,721	71.70	00 / 00	93.22
24th	The Fault in Our Stars (2014)	$140,003,757	79.70	00 / 00	93.02
25th	The Theory of Everything (2014)	$40,242,939	79.70	05 / 01	92.92

2014 Top 50 Movies

Rank	Movie (Year)	Adj. B.O. Dom.	Review %	Nom Win	UMR Score
26th	Edge of Tomorrow (2014)	$112,348,756	84.30	00 / 00	91.77
27th	Kingsman: The Secret Service (2014)	$143,803,838	73.70	00 / 00	91.52
28th	Into the Woods (2014)	$143,513,063	69.70	03 / 00	91.08
29th	Lucy (2014)	$142,012,069	69.50	00 / 00	90.43
30th	Mr. Peabody & Sherman (2014)	$125,018,226	71.30	00 / 00	88.04
31st	Noah (2014)	$113,462,960	73.70	00 / 00	88.92
32nd	Paddington (2014)	$85,514,078	83.30	00 / 00	88.83
33rd	Fury (2014)	$96,216,896	77.70	00 / 00	88.51
34th	Divergent (2014)	$169,239,006	55.00	00 / 00	88.41
35th	Rio 2 (2014)	$147,477,612	58.30	00 / 00	86.76
36th	The Maze Runner (2014)	$114,839,561	67.30	00 / 00	86.75
37th	Transformers: Age of Extinction (2014)	$275,180,158	41.00	00 / 00	86.62
38th	Unbroken (2014)	$129,650,319	61.30	03 / 00	86.56
39th	The Equalizer (2014)	$113,833,729	67.00	00 / 00	86.45
40th	Teenage Mutant Ninja Turtles (2014)	$214,373,990	39.30	00 / 00	85.97
41st	Non-Stop (2014)	$103,337,129	66.70	00 / 00	85.10
42nd	Nightcrawler (2014)	$36,305,010	86.00	01 / 00	84.34
43rd	Ex Machina (2014)	$28,526,008	86.00	02 / 01	83.86
44th	Penguins of Madagascar (2014)	$93,450,961	67.70	00 / 00	83.62
45th	John Wick (2014)	$48,252,947	80.70	00 / 00	83.05
46th	The Book of Life (2014)	$56,228,660	77.70	00 / 00	82.58
47th	Night at the Museum: Secret of the Tomb (2014)	$127,529,871	55.00	00 / 00	82.29
48th	Wild (2014)	$42,470,505	79.30	02 / 00	81.80
49th	300: Rise of an Empire (2014)	$119,494,893	53.70	00 / 00	80.47
50th	Chef (2014)	$35,231,806	81.30	00 / 00	80.38

2015 Top 50 Movies

Rank	Movie (Year)	Adj. B.O. Dom.	Review %	Nom Win	UMR Score
1st	The Martian (2015)	$248,214,987	88.30	07 / 00	99.65
2nd	The Revenant (2015)	$199,540,103	82.00	12 / 03	99.60
3rd	Mad Max: Fury Road (2015)	$167,399,092	86.50	10 / 06	99.44
4th	Inside Out (2015)	$394,935,855	95.30	02 / 01	98.70
5th	Star Wars: The Force Awakens (2015)	$989,521,458	90.00	05 / 00	98.56
6th	Mission: Impossible - Rogue Nation (2015)	$211,932,172	84.30	00 / 00	97.75
7th	Bridge of Spies (2015)	$78,575,799	88.30	06 / 01	97.51
8th	Spotlight (2015)	$48,957,397	94.70	06 / 02	97.23
9th	Cinderella (2015)	$218,570,149	77.30	01 / 00	96.84
10th	Furious 7 (2015)	$375,969,672	78.00	00 / 00	96.82
11th	Straight Outta Compton (2015)	$175,156,787	84.70	01 / 00	96.78
12th	Avengers: Age of Ultron (2015)	$490,060,953	77.30	00 / 00	96.69
13th	The Big Short (2015)	$76,344,057	84.30	05 / 01	96.52
14th	Ant-Man (2015)	$195,806,853	77.30	00 / 00	96.41
15th	Brooklyn (2015)	$41,641,323	92.70	03 / 00	95.48
16th	Pitch Perfect 2 (2015)	$200,255,444	71.00	00 / 00	95.43
17th	The Hunger Games: Mockingjay - Part 2 (2015)	$306,119,927	71.00	00 / 00	95.41
18th	Jurassic World (2015)	$723,858,008	70.30	00 / 00	95.27
19th	Spectre (2015)	$217,400,161	67.30	01 / 01	95.05
20th	The SpongeBob Movie: Sponge Out of Water (2015)	$177,108,582	70.00	00 / 00	93.49
21st	Room (2015)	$15,948,678	90.00	04 / 01	93.43
22nd	Creed (2015)	$119,272,955	87.30	01 / 00	93.31
23rd	The Peanuts Movie (2015)	$141,451,276	81.00	00 / 00	93.30
24th	Minions (2015)	$369,492,196	61.30	00 / 00	93.02
25th	Spy (2015)	$120,422,719	85.00	00 / 00	92.85

2015 Top 50 Movies

Rank	Movie (Year)	Adj. B.O. Dom.	Review %	Nom Win	UMR Score
26th	Home (2015)	$192,759,339	59.30	00 / 00	92.00
27th	Trainwreck (2015)	$119,756,622	79.00	00 / 00	90.81
28th	The Good Dinosaur (2015)	$133,745,911	74.30	00 / 00	90.80
29th	Hotel Transylvania 2 (2015)	$184,395,380	56.00	00 / 00	90.20
30th	San Andreas (2015)	$168,629,664	54.70	00 / 00	88.22
31st	Sicario (2015)	$50,949,697	88.70	03 / 00	87.92
32nd	The Gift (2015)	$47,579,046	85.30	00 / 00	85.13
33rd	The Hateful Eight (2015)	$58,803,738	77.70	03 / 01	84.93
34th	Goosebumps (2015)	$87,014,980	70.70	00 / 00	84.54
35th	Daddy's Home (2015)	$163,377,394	47.70	00 / 00	84.32
36th	Fifty Shades of Grey (2015)	$180,556,571	39.70	01 / 00	83.79
37th	Black Mass (2015)	$67,994,451	74.00	00 / 00	82.76
38th	Carol (2015)	$13,812,245	86.00	06 / 00	82.31
39th	Divergent Series: Insurgent (2015)	$141,451,990	49.00	00 / 00	81.78
40th	Tomorrowland (2015)	$101,527,489	61.00	00 / 00	81.67
41st	Shaun the Sheep Movie (2015)	$21,053,857	86.50	01 / 00	81.00
42nd	Steve Jobs (2015)	$19,305,167	85.00	02 / 00	80.75
43rd	Sisters (2015)	$94,582,322	62.70	00 / 00	80.45
44th	McFarland, USA (2015)	$48,334,389	75.00	00 / 00	79.03
45th	The Intern (2015)	$82,325,555	64.00	00 / 00	78.92
46th	The Witch (2015)	$27,315,605	81.30	00 / 00	78.76
47th	Amy (2015)	$9,141,680	86.00	01 / 01	77.79
48th	The Lobster (2015)	$9,863,296	84.70	01 / 00	77.64
49th	45 Years (2015)	$4,615,083	86.30	01 / 00	77.56
50th	Dope (2015)	$19,022,453	82.30	00 / 00	77.46

2016 Top 50 Movies

Rank	Movie (Year)	Adj. B.O. Dom.	Review %	Nom Win	UMR Score
1st	La La Land (2016)	$160,010,691	82.50	14 / 06	99.23
2nd	Hidden Figures (2016)	$179,372,622	83.00	03 / 00	99.06
3rd	Arrival (2016)	$106,474,292	90.00	08 / 01	98.58
4th	Zootopia (2016)	$361,389,260	87.00	01 / 01	98.25
5th	Moana (2016)	$263,423,646	86.00	02 / 00	98.09
6th	The Jungle Book (2016)	$381,226,632	86.00	01 / 00	97.98
7th	Finding Dory (2016)	$514,967,322	85.30	00 / 00	97.86
8th	Captain America: Civil War (2016)	$428,967,930	85.00	00 / 00	97.81
9th	Doctor Strange (2016)	$246,358,383	81.30	01 / 00	97.43
10th	Deadpool (2016)	$386,595,125	80.70	00 / 00	97.25
11th	Rogue One (2016)	$552,964,651	78.70	02 / 00	97.18
12th	Fantastic Beasts and Where To Find Them (2016)	$247,836,331	76.70	02 / 01	97.06
13th	Hacksaw Ridge (2016)	$71,172,266	85.30	06 / 02	96.91
14th	Fences (2016)	$61,083,863	87.70	05 / 01	96.33
15th	Star Trek: Beyond (2016)	$168,213,965	80.70	01 / 00	95.58
16th	Sing (2016)	$286,267,514	69.70	00 / 00	95.13
17th	The Secret Life of Pets (2016)	$394,339,942	68.70	00 / 00	94.89
18th	Manchester By The Sea (2016)	$50,507,471	81.00	06 / 02	94.51
19th	Hell Or High Water (2016)	$28,600,213	91.30	04 / 00	94.36
20th	Kung Fu Panda 3 (2016)	$151,991,001	79.30	00 / 00	93.87
21st	Moonlight (2016)	$29,497,243	80.00	08 / 03	93.44
22nd	Lion (2016)	$54,778,632	76.30	06 / 00	93.18
23rd	Sully (2016)	$132,444,101	80.00	01 / 00	92.71
24th	Split (2016)	$146,286,345	75.30	00 / 00	92.45
25th	Jason Bourne (2016)	$172,011,463	66.70	00 / 00	92.28

2016 Top 50 Movies

Rank	Movie (Year)	Adj. B.O. Dom.	Review %	Nom Win	UMR Score
26th	Batman v Superman: Dawn of Justice (2016)	$349,838,060	55.00	00 / 00	91.42
27th	Trolls (2016)	$162,769,554	65.00	01 / 01	91.25
28th	Don't Breathe (2016)	$94,478,118	83.50	00 / 00	90.22
29th	X-Men: Apocalypse (2016)	$164,607,307	60.00	00 / 00	89.57
30th	Suicide Squad (2016)	$344,267,791	47.00	01 / 01	89.51
31st	The Conjuring 2 (2016)	$108,511,595	76.30	00 / 00	88.98
32nd	Kubo and the Two Strings (2016)	$50,854,506	91.30	02 / 00	88.41
33rd	Sausage Party (2016)	$103,445,190	73.30	00 / 00	87.38
34th	Central Intelligence (2016)	$134,954,729	62.00	00 / 00	86.69
35th	10 Cloverfield Lane (2016)	$76,332,973	80.00	00 / 00	86.68
36th	Bad Moms (2016)	$119,934,894	64.70	00 / 00	85.85
37th	The Legend of Tarzan (2016)	$134,109,875	59.30	00 / 00	85.52
38th	Pete's Dragon (2016)	$80,727,822	75.70	00 / 00	85.45
39th	Ghostbusters (2016)	$135,918,068	57.30	00 / 00	84.85
40th	Deepwater Horizon (2016)	$65,055,621	75.70	02 / 00	84.08
41st	The Magnificent Seven (2016)	$98,941,401	65.70	00 / 00	83.95
42nd	Miss Peregrine's Home for Peculiar Children (2016)	$92,386,633	66.70	00 / 00	83.46
43rd	The Nice Guys (2016)	$38,399,737	83.30	00 / 00	82.50
44th	Passengers (2016)	$105,911,520	58.00	02 / 00	80.95
45th	The Edge of Seventeen (2016)	$15,282,517	87.70	00 / 00	80.63
46th	The Accountant (2016)	$91,345,902	62.30	00 / 00	80.36
47th	The Angry Birds Movie (2016)	$113,848,064	55.30	00 / 00	80.35
48th	Lights Out (2016)	$71,234,975	69.00	00 / 00	79.89
49th	Storks (2016)	$76,964,418	66.30	00 / 00	79.46
50th	Florence Foster Jenkins (2016)	$28,998,307	80.00	02 / 00	79.41

2017 Top 50 Movies

Rank	Movie (Year)	Adj. B.O. Dom.	Review %	Nom Win	UMR Score
1st	Dunkirk (2017)	$194,094,244	89.00	08 / 03	99.80
2nd	Get Out (2017)	$179,201,202	84.00	04 / 01	99.15
3rd	Coco (2017)	$214,168,366	91.30	02 / 02	98.63
4th	Logan (2017)	$231,070,013	86.70	01 / 00	98.11
5th	The Shape Of Water (2017)	$65,180,655	89.00	13 / 04	97.91
6th	Thor: Ragnarok (2017)	$321,731,773	85.30	00 / 00	97.86
7th	Wonder Woman (2017)	$422,323,376	84.30	00 / 00	97.72
8th	Spider-Man: Homecoming (2017)	$341,280,092	83.70	00 / 00	97.65
9th	Guardians of the Galaxy Vol. 2 (2017)	$398,070,004	80.30	01 / 00	97.35
10th	It (2017)	$334,418,373	80.70	00 / 00	97.25
11th	Three Billboards Outside Ebbing, Missouri (2017)	$55,633,736	90.70	07 / 02	97.07
12th	Jumanji: Welcome To The Jungle (2017)	$413,083,830	78.00	00 / 00	96.80
13th	The LEGO Batman Movie (2017)	$179,473,071	80.00	00 / 00	95.90
14th	Beauty and the Beast (2017)	$519,795,961	71.70	02 / 00	95.85
15th	Lady Bird (2017)	$49,995,298	90.00	05 / 00	95.84
16th	War For The Planet Of The Apes (2017)	$149,991,336	85.70	01 / 00	95.37
17th	The Post (2017)	$83,638,311	78.30	02 / 00	95.12
18th	Phantom Thread (2017)	$21,400,187	91.70	06 / 01	94.65
19th	The Fate of the Furious (2017)	$230,546,849	67.70	00 / 00	94.64
20th	Kong: Skull Island (2017)	$171,612,453	73.00	01 / 00	93.91
21st	Call Me By Your Name (2017)	$18,478,999	90.30	04 / 01	93.67
22nd	The Greatest Showman (2017)	$178,004,393	69.70	01 / 00	93.62
23rd	Blade Runner 2049 (2017)	$94,004,024	90.00	05 / 02	93.50
24th	Justice League (2017)	$233,875,428	62.50	00 / 00	93.39
25th	Baby Driver (2017)	$110,109,795	87.70	03 / 00	93.17

2017 Top 50 Movies

Rank	Movie (Year)	Adj. B.O. Dom.	Review %	Nom Win	UMR Score
26th	Despicable Me 3 (2017)	$270,229,490	60.30	00 / 00	92.81
27th	Star Wars: The Last Jedi (2017)	$633,317,857	57.00	04 / 00	92.75
28th	Darkest Hour (2017)	$57,555,129	69.00	06 / 02	92.17
29th	Wonder (2017)	$135,227,752	77.30	01 / 00	92.11
30th	Cars 3 (2017)	$156,139,821	69.00	00 / 00	91.42
31st	Girls Trip (2017)	$117,546,708	78.70	00 / 00	90.73
32nd	The Boss Baby (2017)	$178,687,015	57.70	01 / 00	90.44
33rd	John Wick: Chapter 2 (2017)	$93,978,522	83.70	00 / 00	89.91
34th	Paddington 2 (2017)	$41,298,684	91.30	00 / 00	86.64
35th	Annabelle: Creation (2017)	$104,254,687	71.00	00 / 00	86.54
36th	Pirates of the Caribbean: Dead Men Tell No Tales (2017)	$176,208,044	48.00	00 / 00	86.41
37th	The Big Sick (2017)	$43,780,577	88.30	01 / 00	86.10
38th	The Upside (2017)	$110,545,491	67.50	00 / 00	85.91
39th	Captain Underpants: The First Epic Movie (2017)	$75,486,772	77.50	00 / 00	85.52
40th	Murder on the Orient Express (2017)	$105,004,588	64.30	00 / 00	83.66
41st	Ferdinand (2017)	$86,198,339	69.00	01 / 00	83.44
42nd	Wind River (2017)	$34,516,822	84.00	00 / 00	82.17
43rd	I, Tonya (2017)	$30,650,294	81.00	03 / 01	81.82
44th	Kingsman: The Golden Circle (2017)	$102,357,980	61.70	00 / 00	81.58
45th	Alien: Covenant (2017)	$75,835,026	70.00	00 / 00	81.55
46th	The Disaster Artist (2017)	$21,567,989	86.00	01 / 00	81.28
47th	American Made (2017)	$52,429,513	75.70	00 / 00	80.45
48th	Only The Brave (2017)	$18,732,539	86.30	00 / 00	80.41
49th	The Florida Project (2017)	$6,029,433	88.00	01 / 00	79.23
50th	Logan Lucky (2017)	$28,369,427	81.30	00 / 00	78.86

2018 Top 50 Movies

Rank	Movie (Year)	Adj. B.O. Dom.	Review %	Nom Win	UMR Score
1st	Black Panther (2018)	$703,848,391.00	80.50	07 / 03	99.43
2nd	Bohemian Rhapsody (2018)	$217,615,897.00	79.50	05 / 04	99.38
3rd	A Star Is Born (2018)	$216,470,476.00	81.00	06 / 01	99.34
4th	Avengers: Infinity War (2018)	$191,285,440.00	89.50	01 / 01	98.24
5th	Spider-Man: Into the Spider-Verse (2018)	$682,541,132.00	87.00	01 / 00	98.13
6th	Mission: Impossible - Fallout (2018)	$221,367,448.00	85.00	00 / 00	97.82
7th	Incredibles 2 (2018)	$611,921,929.00	83.50	01 / 00	97.73
8th	Green Book (2018)	$85,547,127.00	83.50	05 / 03	97.38
9th	DeadPool 2 (2018)	$320,239,462.00	81.00	00 / 00	97.31
10th	A Quiet Place (2018)	$189,056,336.00	82.00	01 / 00	97.04
11th	Ant-Man and the Wasp (2018)	$217,837,807.00	76.50	00 / 00	96.51
12th	Ralph Breaks The Internet (2018)	$202,195,403.00	72.50	01 / 00	95.88
13th	Aquaman (2018)	$336,900,770.00	72.50	00 / 00	95.70
14th	Solo: A Star Wars Story (2018)	$214,940,774.00	69.50	01 / 00	95.31
15th	Crazy Rich Asians (2018)	$175,490,834.00	76.50	00 / 00	94.91
16th	Venom (2018)	$214,687,372.00	67.00	00 / 00	94.39
17th	BlacKkKlansman (2018)	$49,545,780.00	80.00	06 / 01	93.96
18th	Jurassic World: Fallen Kingdom (2018)	$419,056,773.00	64.00	00 / 00	93.75
19th	Mary Poppins Returns (2018)	$172,902,236.00	69.00	04 / 00	93.63
20th	Roma (2018)	$4,021,954.00	84.50	10 / 03	92.93
21st	The Grinch (2018)	$272,106,246.00	60.50	00 / 00	92.80
22nd	The Favourite (2018)	$34,555,404.00	76.50	10 / 01	92.72
23rd	Halloween (2018)	$160,216,552.00	72.00	00 / 00	92.59
24th	Ready Player One (2018)	$136,554,541.00	78.00	01 / 00	92.42
25th	Bumblebee (2018)	$127,893,697.00	77.00	00 / 00	91.14

2018 Top 50 Movies

Rank	Movie (Year)	Adj. B.O. Dom.	Review %	Nom Win	UMR Score
26th	Vice (2018)	$48,098,830	67.00	08 / 01	90.90
27th	Creed II (2018)	$116,350,989	77.50	00 / 00	90.21
28th	Hotel Transylvania 3: Summer Vacation (2018)	$168,429,390	60.00	00 / 00	89.91
29th	Fantastic Beasts: The Crimes of Grindelwald (2018)	$160,431,611	61.00	00 / 00	89.40
30th	Christopher Robin (2018)	$99,750,581	77.50	01 / 00	88.82
31st	Mamma Mia! Here We Go Again (2018)	$121,297,041	71.00	00 / 00	88.63
32nd	Ocean's Eight (2018)	$140,142,733	60.50	00 / 00	86.88
33rd	The Mule (2018)	$104,374,133	70.50	00 / 00	86.33
34th	The Meg (2018)	$143,790,740	55.50	00 / 00	85.38
35th	Isle of Dogs (2018)	$32,190,951	89.00	02 / 00	85.30
36th	Game Night (2018)	$69,379,727	78.30	00 / 00	85.11
37th	The Equalizer 2 (2018)	$102,644,652	67.50	00 / 00	84.92
38th	Instant Family (2018)	$67,732,960	78.00	00 / 00	84.65
39th	Love, Simon (2018)	$41,050,412	84.00	00 / 00	83.53
40th	Peter Rabbit (2018)	$115,885,990	60.00	00 / 00	83.26
41st	Smallfoot (2018)	$83,696,963	68.50	00 / 00	82.28
42nd	They Shall Not Grow Old (2018)	$18,055,468	89.00	00 / 00	82.07
43rd	Rampage (2018)	$99,891,211	62.70	00 / 00	81.79
44th	Won't You Be My Neighbor (2018)	$22,733,526	87.00	00 / 00	81.72
45th	First Man (2018)	$45,183,184	74.50	04 / 01	81.12
46th	A Simple Favor (2018)	$53,842,480	74.00	00 / 00	79.68
47th	Searching (2018)	$26,163,772	82.50	00 / 00	79.38
48th	Blockers (2018)	$60,167,936	70.70	00 / 00	78.50
49th	I Can Only Imagine (2018)	$83,940,545	62.30	00 / 00	77.82
50th	Three Identical Strangers (2018)	$12,388,469	83.50	00 / 00	76.62

2019 Top 50 Movies

Rank	Movie (Year)	Adj. B.O. Dom.	Review %	Nom Win	UMR Score
1st	Joker (2019)	$335,451,328	73.00	11 / 02	99.20
2nd	1917 (2019)	$159,227,639	84.50	10 / 02	99.16
3rd	Once Upon a Time... In Hollywood (2019)	$142,502,725	79.50	10 / 02	98.76
4th	Ford v Ferrari (2019)	$117,624,357	86.00	04 / 02	98.48
5th	Avengers: Endgame (2019)	$858,372,974	89.00	01 / 00	98.32
6th	Little Women (2019)	$108,095,951	86.00	06 / 01	98.29
7th	Toy Story 4 (2019)	$434,038,026	86.50	02 / 01	98.27
8th	Spider-Man: Far From Home (2019)	$390,532,093	83.50	00 / 00	97.63
9th	Parasite (2019)	$53,369,751	89.50	06 / 04	97.05
10th	Frozen II (2019)	$477,373,583	76.50	01 / 00	96.69
11th	Knives Out (2019)	$165,363,245	84.50	01 / 00	96.03
12th	John Wick: Chapter 3 - Parabellum (2019)	$171,015,679	82.50	00 / 00	95.87
13th	Aladdin (2019)	$355,559,213	72.50	00 / 00	95.72
14th	Captain Marvel (2019)	$426,829,839	72.50	00 / 00	95.71
15th	Jumanji: The Next Level (2019)	$316,831,246	72.00	00 / 00	95.66
16th	The Lion King (2019)	$543,638,049	70.00	01 / 00	95.38
17th	Star Wars: Episode IX - The Rise of Skywalker (2019)	$515,202,551	67.50	03 / 00	95.18
18th	It Chapter Two (2019)	$211,593,234	69.50	00 / 00	95.09
19th	Us (2019)	$175,005,922	75.50	00 / 00	94.60
20th	Fast & Furious Presents: Hobbs & Shaw (2019)	$173,810,102	70.50	00 / 00	93.31
21st	The Irishman (2019)	Netflix	90.00	10 / 00	93.14
22nd	How to Train Your Dragon: The Hidden World (2019)	$160,799,513	72.50	01 / 00	92.93
23rd	Jojo Rabbit (2019)	$33,370,906	78.50	06 / 01	92.36
24th	Shazam! (2019)	$138,588,556	77.00	00 / 00	92.07
25th	The Secret Life of Pets 2 (2019)	$158,257,265	69.50	00 / 00	91.77

2019 Top 50 Movies

Rank	Movie (Year)	Adj. B.O. Dom.	Review %	Nom Win	UMR Score
26th	Marriage Story (2019)	Netflix	85.50	06 / 01	91.37
27th	Pokémon Detective Pikachu (2019)	$144,105,349	70.50	00 / 00	90.75
28th	Rocketman (2019)	$96,368,156	81.50	01 / 01	90.08
29th	Downton Abbey (2019)	$96,853,865	81.50	00 / 00	89.47
30th	Alita: Battle Angel (2019)	$85,710,212	79.00	00 / 00	87.40
31st	The Lego Movie 2: The Second Part (2019)	$105,806,510	72.50	00 / 00	87.34
32nd	Hustlers (2019)	$104,963,597	72.50	00 / 00	87.21
33rd	Yesterday (2019)	$73,286,650	81.00	00 / 00	86.60
34th	Maleficent: Mistress of Evil (2019)	$113,929,607	66.50	01 / 00	86.23
35th	Glass (2019)	$110,805,003	68.00	00 / 00	86.08
36th	A Beautiful Day In The Neighborhood (2019)	$61,667,447	82.50	01 / 00	86.01
37th	Good Boys (2019)	$83,083,069	75.50	00 / 00	85.64
38th	Abominable (2019)	$60,716,391	78.50	00 / 00	83.82
39th	Dumbo (2019)	$114,766,309	60.00	00 / 00	82.99
40th	Godzilla: King of the Monsters (2019)	$110,500,139	61.00	00 / 00	82.80
41st	Spies In Disguise (2019)	$66,757,017	74.50	00 / 00	82.56
42nd	Zombieland: Double Tap (2019)	$73,118,124	72.50	00 / 00	82.53
43rd	Queen & Slim (2019)	$43,808,305	78.50	00 / 00	80.55
44th	Scary Stories To Tell In The Dark (2019)	$68,947,082	69.50	00 / 00	79.80
45th	Uncut Gems (2019)	$50,023,786	75.50	00 / 00	79.74
46th	Just Mercy (2019)	$36,001,502	79.50	00 / 00	79.52
47th	Apollo 11 (2019)	$9,039,894	88.00	00 / 00	79.41
48th	The Addams Family (2019)	$97,185,805	60.00	00 / 00	79.32
49th	Doctor Sleep (2019)	$31,581,711	79.50	00 / 00	78.38
50th	Terminator: Dark Fate (2019)	$62,253,082	69.50	00 / 00	78.14

Top 100 2010-2019 Countdown

Rank	Movie (Year)	Adj. B.O. Dom.	Review %	Nom Win	UMR Score
100th	The Hunger Games (2012)	$464,916,826.00	79.00	00 / 00	96.97
99th	A Quiet Place (2018)	$189,056,336.00	82.00	01 / 00	97.05
98th	Parasite (2019)	$53,369,751.00	89.50	06 / 04	97.05
97th	Fantastic Beasts and Where To Find Them (2016)	$247,836,331.00	76.70	02 / 01	97.06
96th	Three Billboards Outside Ebbing, Missouri (2017)	$55,633,736.00	90.70	07 / 02	97.08
95th	Despicable Me (2010)	$291,998,486.00	80.00	00 / 00	97.13
94th	Rogue One (2016)	$552,964,651.00	78.70	02 / 00	97.18
93rd	Spotlight (2015)	$48,957,397.00	94.70	06 / 02	97.23
92nd	Deadpool (2016)	$386,595,125.00	80.70	00 / 00	97.25
91st	It (2017)	$334,418,373.00	80.70	00 / 00	97.26
90th	DeadPool 2 (2018)	$320,239,462.00	81.00	00 / 00	97.32
89th	Guardians of the Galaxy Vol. 2 (2017)	$398,070,004.00	80.30	01 / 00	97.35
88th	Birdman or (The Unexpected Virtue of Ignorance) (2014)	$47,471,224.00	91.00	09 / 04	97.36
87th	Green Book (2018)	$85,547,127.00	83.50	05 / 03	97.38
86th	Doctor Strange (2016)	$246,358,383.00	81.30	01 / 00	97.45
85th	Wreck-It Ralph (2012)	$217,979,109.00	81.70	01 / 00	97.50
84th	Bridge of Spies (2015)	$78,575,799.00	88.30	06 / 01	97.51
83rd	Bridesmaids (2011)	$195,336,395.00	83.70	02 / 00	97.56
82nd	Captain America: The Winter Soldier (2014)	$291,243,794.00	82.30	01 / 00	97.59
81st	Spider-Man: Far From Home (2019)	$390,532,093.00	83.50	00 / 00	97.64
80th	Spider-Man: Homecoming (2017)	$341,280,092.00	83.70	00 / 00	97.66
79th	Tangled (2010)	$233,146,879.00	83.00	01 / 00	97.68
78th	Wonder Woman (2017)	$422,323,376.00	84.30	00 / 00	97.72
77th	Mission: Impossible - Rogue Nation (2015)	$211,932,172.00	84.30	00 / 00	97.73
76th	Incredibles 2 (2018)	$611,921,929.00	83.50	01 / 00	97.74

Top 100 2010-2019 Countdown

Rank	Movie (Year)	Adj. B.O. Dom.	Review %	Nom Win	UMR Score
75th	Mission: Impossible - Ghost Protocol (2011)	$241,877,018.00	86.00	00 / 00	97.78
74th	Star Trek: Into Darkness (2013)	$254,882,771.00	84.00	01 / 00	97.81
73rd	Captain America: Civil War (2016)	$428,967,930.00	85.00	00 / 00	97.81
72nd	Mission: Impossible - Fallout (2018)	$221,367,448.00	85.00	00 / 00	97.82
71st	Gone Girl (2014)	$188,098,388.00	87.70	01 / 00	97.82
70th	X-Men: Days of Future Past (2014)	$262,266,977.00	84.30	01 / 00	97.83
69th	The Artist (2011)	$51,600,579.00	91.70	10 / 05	97.85
68th	12 Years a Slave (2013)	$63,851,841.00	91.00	09 / 03	97.85
67th	Thor: Ragnarok (2017)	$321,731,773.00	85.30	00 / 00	97.86
66th	Finding Dory (2016)	$514,967,322.00	85.30	00 / 00	97.87
65th	Interstellar (2014)	$210,803,349.00	81.30	05 / 01	97.87
64th	Moneyball (2011)	$87,332,448.00	89.70	06 / 00	97.90
63rd	The Hunger Games: Catching Fire (2013)	$467,575,754.00	86.00	00 / 00	97.91
62nd	The Shape Of Water (2017)	$65,180,655.00	89.00	13 / 04	97.91
61st	The Grand Budapest Hotel (2014)	$66,487,164.00	90.30	09 / 04	97.97
60th	The Avengers (2012)	$717,331,471.00	86.00	01 / 00	97.98
59th	The Jungle Book (2016)	$381,226,632.00	86.00	01 / 00	97.99
58th	Big Hero 6 (2014)	$249,492,642.00	84.70	01 / 01	97.99
57th	Spider-Man: Into the Spider-Verse (2018)	$191,285,440.00	87.50	01 / 01	98.01
56th	How To Train Your Dragon 2 (2014)	$198,451,253.00	86.70	01 / 00	98.05
55th	Frozen (2013)	$450,719,339.00	83.00	02 / 02	98.05
54th	The Descendants (2011)	$95,393,559.00	89.30	05 / 01	98.08
53rd	Moana (2016)	$263,423,646.00	86.00	02 / 00	98.09
52nd	Logan (2017)	$231,070,013.00	86.70	01 / 00	98.11
51st	Dawn of the Planet of The Apes (2014)	$233,816,108.00	86.70	01 / 00	98.11

Top 100 2010-2019 Countdown

Rank	Movie (Year)	Adj. B.O. Dom.	Review %	Nom Win	UMR Score
50th	The LEGO Movie (2014)	$288,994,849.00	87.00	01 / 00	98.13
49th	Avengers: Infinity War (2018)	$682,541,132.00	87.00	01 / 00	98.13
48th	The Dark Knight Rises (2012)	$527,205,302.00	88.50	00 / 00	98.20
47th	The Imitation Game (2014)	$102,167,837.00	86.20	08 / 01	98.22
46th	Zootopia (2016)	$361,389,260.00	87.00	01 / 01	98.25
45th	Toy Story 4 (2019)	$434,038,026.00	86.50	02 / 01	98.27
44th	Little Women (2019)	$108,095,951.00	86.00	06 / 01	98.29
43rd	Guardians of the Galaxy (2014)	$375,791,638.00	88.00	02 / 00	98.30
42nd	How To Train Your Dragon (2010)	$252,603,818.00	88.00	02 / 00	98.30
41st	Avengers: Endgame (2019)	$858,372,974.00	89.00	01 / 00	98.33
40th	Harry Potter and the Deathly Hallows: Part 2 (2011)	$440,108,798.00	88.00	03 / 00	98.37
39th	The Wolf of Wall Street (2013)	$131,710,990.00	83.00	05 / 00	98.42
38th	Ford v Ferrari (2019)	$117,624,357.00	86.00	04 / 02	98.48
37th	Hugo (2011)	$85,321,425.00	89.00	11 / 05	98.51
36th	The Fighter (2010)	$108,632,489.00	88.00	07 / 02	98.51
35th	Star Wars: The Force Awakens (2015)	$989,521,458.00	90.00	05 / 00	98.56
34th	Arrival (2016)	$106,474,292.00	90.00	08 / 01	98.58
33rd	Zero Dark Thirty (2012)	$110,150,979.00	90.30	05 / 01	98.59
32nd	Skyfall (2012)	$350,243,739.00	88.70	05 / 02	98.62
31st	Coco (2017)	$214,168,366.00	91.30	02 / 02	98.63
30th	Captain Phillips (2013)	$120,669,599.00	90.00	06 / 00	98.66
29th	Inside Out (2015)	$394,935,855.00	95.30	02 / 01	98.70
28th	Once Upon a Time... In Hollywood (2019)	$142,502,725.00	79.50	10 / 02	98.76
27th	American Hustle (2013)	$169,136,414.00	76.50	10 / 00	98.83
26th	The Social Network (2010)	$112,232,158.00	91.00	08 / 03	98.88

Top 100 2010-2019 Countdown

Rank	Movie (Year)	Adj. B.O. Dom.	Review %	Nom Win	UMR Score
25th	Les Misérables (2012)	$171,243,397.00	75.00	08 / 03	98.90
24th	The Help (2011)	$195,989,412.00	74.30	04 / 01	98.97
23rd	Hidden Figures (2016)	$179,372,622.00	83.00	03 / 00	99.06
22nd	Silver Linings Playbook (2012)	$152,006,472.00	87.70	08 / 01	99.07
21st	Life of Pi (2012)	$143,690,621.00	86.70	11 / 04	99.12
20th	Get Out (2017)	$179,201,202.00	84.00	04 / 01	99.15
19th	1917 (2019)	$159,227,639.00	84.50	10 / 02	99.16
18th	American Sniper (2014)	$393,674,120.00	76.67	06 / 01	99.17
17th	Joker (2019)	$335,451,328.00	73.00	11 / 02	99.20
16th	La La Land (2016)	$160,010,691.00	82.50	14 / 06	99.23
15th	Argo (2012)	$156,530,275.00	90.70	07 / 03	99.29
14th	A Star Is Born (2018)	$216,470,476.00	81.00	06 / 01	99.34
13th	Bohemian Rhapsody (2018)	$217,615,897.00	79.50	05 / 04	99.38
12th	Black Panther (2018)	$703,848,391.00	80.50	07 / 03	99.44
11th	Mad Max: Fury Road (2015)	$167,399,092.00	86.50	10 / 06	99.44
10th	Django Unchained (2012)	$187,348,967.00	88.70	05 / 02	99.50
9th	True Grit (2010)	$198,583,139.00	85.00	10 / 00	99.54
8th	The Revenant (2015)	$199,540,103.00	82.00	12 / 03	99.60
7th	The King's Speech (2010)	$161,138,745.00	93.30	12 / 04	99.61
6th	The Martian (2015)	$248,214,987.00	88.30	07 / 00	99.65
5th	Toy Story 3 (2010)	$487,610,213.00	88.00	05 / 02	99.68
4th	Dunkirk (2017)	$194,094,244.00	89.00	08 / 03	99.80
3rd	Inception (2010)	$339,670,204.00	86.30	08 / 04	99.83
2nd	Lincoln (2012)	$209,676,504.00	89.00	12 / 02	99.84
1st	Gravity (2013)	$308,817,858.00	87.70	10 / 07	99.92

UMR Top 25 Statistical Stars of the 2010s

1. Leonardo DiCaprio
2. Robert Downey, Jr.
3. Vin Diesel
4. Scarlett Johansson
5. Jeremy Renner
6. Mark Ruffalo
7. Chadwick Boseman
8. Jonah Hill
9. Tom Hardy
10. Chris Evans
11. Denzel Washington
12. Benedict Cumberbatch
13. Bradley Cooper
14. Karen Gillan
15. Amy Adams
16. Daniel Craig
17. Jennifer Lawrence
18. George Clooney
19. Don Cheadle
20. Chris Pratt
21. Michael Keaton
22. Tom Cruise
23. Philip Seymour Hoffman
24. Christian Bale
25. Mahershala Ali

2020-2022

2020 Top 50 Movies

Rank	Movie (Year)	Adj. B.O. Dom.	Review %	Nom Win	UMR Score
1st	Bad Boys For Life (2020)	$204,417,858	74.50	00 / 00	96.06
2nd	The Father (2020)	$389,996	87.00	06 / 02	92.11
3rd	Minari (2020)	$2,710,004	86.50	06 / 01	91.89
4th	Sound of Metal (2020)	Amazon Prime	85.50	06 / 02	91.73
5th	Sonic The Hedgehog (2020)	$146,066,468	71.00	00 / 00	91.11
6th	Nomadland (2020)	$2,143,000	81.50	06 / 03	91.10
7th	The Trial of the Chicago 7 (2020)	Neflix	82.50	06 / 01	90.48
8th	Mank (2020)	Netflix	77.50	10 / 02	90.36
9th	Promising Young Woman (2020)	$6,449,794	75.00	05 / 02	88.87
10th	Onward (2020)	$61,555,145	82.50	01 / 00	86.02
11th	The Invisible Man (2020)	$64,914,044	80.50	00 / 00	85.32
12th	Tenet (2020)	$57,928,994	77.50	02 / 01	84.30
13th	Birds of Prey: And the Fantabulous Emancipation of One Harley Quinn (2020)	$84,158,462	69.50	00 / 00	82.96
14th	The Croods: A New Age (2020)	$54,303,723	77.50	00 / 00	82.04
15th	The Gentlemen (2020)	$36,296,857	79.50	00 / 00	79.62
16th	Soul (2020)	Disney Plus	85.50	03 / 02	79.07
17th	The Call Of The Wild (2020)	$62,342,374	70.50	00 / 00	78.80
18th	Hamilton (2020)	Disney Plus	89.50	00 / 00	78.43
19th	Ma Rainey's Black Bottom (2020)	Netflix	80.50	05 / 03	77.29
20th	News of the World (2020)	$12,668,326	79.50	04 / 00	76.08
21st	Pieces of a Woman (2020)	$50,600,005	67.50	01 / 00	73.51
22nd	Palm Springs (2020)	Hulu	83.50	00 / 00	72.42
23rd	Ammonite (2020)	$87,139	83.00	00 / 00	71.87
24th	Wonder Woman 1984 (2020)	$46,530,052	66.50	00 / 00	69.62
25th	One Night In Miami (2020)	Amazon Prime	78.50	03 / 00	69.41

2020 Top 50 Movies

Rank	Movie (Year)	Adj. B.O. Dom.	Review %	Nom Win	UMR Score
26th	Words On Bathroom Walls (2020)	$2,520,118	79.50	00 / 00	68.52
27th	Another Round (2020)	$44,003	77.00	02 / 01	67.88
28th	The Way Back (2020)	$13,590,518	75.50	00 / 00	67.82
29th	Emma. (2020)	$10,055,353	74.50	02 / 00	67.03
30th	The Life Ahead (2020)	Netflix	78.00	01 / 00	66.27
31st	The Banker (2020)	Apple TV	78.50	00 / 00	65.88
32nd	Freaky (2020)	$7,421,340	75.50	00 / 00	64.67
33rd	The Forty-Year-Old Version (2020)	Netflix	77.50	00 / 00	64.28
34th	Bulbbul (2020)	Netflix	76.50	00 / 00	62.72
35th	Jingle Jangle: A Christmas Journey (2020)	Netflix	76.50	00 / 00	62.72
36th	#Alive (2020)	Netflix	76.50	00 / 00	62.71
37th	Happiest Season (2020)	Hulu	76.50	00 / 00	62.68
38th	Isi & Ossi (2020)	Netflix	76.00	00 / 00	61.71
39th	The Willoughbys (2020)	Netflix	76.00	00 / 00	61.68
40th	Wolfwalkers (2020)	5,003	75.00	01 / 00	61.66
41st	Dolittle (2020)	$77,047,068	51.50	00 / 00	61.49
42nd	Love And Monsters (2020)	$1,070,712	74.50	01 / 00	61.24
43rd	Bill & Ted Face the Music (2020)	$3,430,127	74.50	00 / 00	61.09
44th	His House (2020)	$Netflix	75.50	00 / 00	61.04
45th	Let Him Go (2020)	$4,222,284	74.00	00 / 00	60.80
46th	Run (2020)	Hulu	75.00	00 / 00	60.32
47th	Uncle Frank (2020)	Amazon Prime	75.00	00 / 00	60.28
48th	The Photograph (2020)	$20,578,187	68.50	00 / 00	60.17
49th	Tigertail (2020)	Netflix	74.50	00 / 00	59.36
50th	The King of Staten Island (2020)	Universal VOD	74.50	00 / 00	59.35

2021 Top 50 Movies

Rank	Movie (Year)	Adj. B.O. Dom.	Review %	Nom Win	UMR Score
1st	Spider-Man: No Way Home (2021)	$804,617,771	91.00	01 / 00	98.45
2nd	Dune (2021)	$106,209,998	78.50	10 / 06	98.31
3rd	Shang-Chi and the Legend of the Ten Rings (2021)	$224,543,294	83.50	01 / 00	97.72
4th	Black Widow (2021)	$183,651,661	75.50	00 / 00	95.30
5th	No Time to Die (2021)	$160,891,003	78.50	03 / 01	95.16
6th	A Quiet Place Part II (2021)	$160,215,765	82.50	00 / 00	95.15
7th	West Side Story (2021)	$38,502,448	86.50	07 / 01	94.94
8th	Venom: Let There Be Carnage (2021)	$213,550,359	66.50	00 / 00	94.28
9th	Sing 2 (2021)	$162,463,006	77.50	00 / 00	94.08
10th	Licorice Pizza (2021)	$16,120,290	91.50	03 / 00	93.33
11th	King Richard (2021)	$14,445,998	83.50	06 / 01	92.06
12th	CODA (2021)	Apple TV	87.50	03 / 03	91.95
13th	Judas and the Black Messiah (2021)	$5,421,996	83.50	06 / 02	91.62
14th	Free Guy (2021)	$121,626,599	79.50	01 / 00	91.59
15th	Ghostbusters: Afterlife (2021)	$127,077,541	78.50	00 / 00	91.56
16th	Encanto (2021)	$94,815,059	83.50	03 / 01	91.05
17th	Drive My Car (2021)	$1,529,693	85.50	04 / 01	91.01
18th	F9: The Fast Saga (2021)	$173,005,946	61.50	00 / 00	90.79
19th	Eternals (2021)	$164,870,272	63.50	00 / 00	90.64
20th	Belfast (2021)	$8,956,712	79.00	07 / 01	90.52
21st	The Power of the Dog (2021)	Netflix	74.50	12 / 01	88.91
22nd	Cruella (2021)	$86,103,231	79.50	02 / 01	88.72
23rd	Jungle Cruise (2021)	$116,987,517	71.50	00 / 00	88.25
24th	Godzilla vs. Kong (2021)	$100,392,253	76.50	00 / 00	88.19
25th	Nightmare Alley (2021)	$11,129,336	74.50	04 / 00	88.04

2021 Top 50 Movies

Rank	Movie (Year)	Adj. B.O. Dom.	Review %	Nom Win	UMR Score
26th	Raya and the Last Dragon (2021)	$54,465,158	87.00	01 / 00	86.94
27th	The Suicide Squad (2021)	$55,762,095	83.50	00 / 00	85.39
28th	Don't Look Up (2021)	Netflix	70.50	04 / 00	85.02
29th	In The Heights (2021)	$28,300,076	86.50	00 / 00	82.47
30th	Demon Slayer the Movie: Mugen Train (2021)	$42,010,998	78.50	00 / 00	80.12
31st	Flee (2021)	$258,001	88.00	03 / 00	79.11
32nd	The Boss Baby: Family Business (2021)	$57,300,279	71.00	00 / 00	78.06
33rd	The Conjuring: The Devil Made Me Do It (2021)	$63,833,072	68.50	00 / 00	77.70
34th	Candyman (2021)	$61,186,565	68.50	00 / 00	77.00
35th	House of Gucci (2021)	$49,012,238	71.50	01 / 00	76.85
36th	Nobody (2021)	$27,268,038	79.00	00 / 00	76.71
37th	tick tick...Boom! (2021)	Netflix	85.50	02 / 00	76.31
38th	Roadrunner: A Film About Anthony Bourdain (2021)	$4,560,159	85.50	00 / 00	76.11
39th	PAW Patrol: The Movie (2021)	$40,127,377	74.00	00 / 00	75.99
40th	The Mitchells vs the Machines (2021)	Netflix	85.50	01 / 00	75.59
41st	Ron's Gone Wrong (2021)	$23,009,270	79.00	00 / 00	75.51
42nd	Wrath of Man (2021)	$27,256,139	77.50	00 / 00	75.44
43rd	The Tragedy of Macbeth (2021)	Netflix	81.50	03 / 00	72.91
44th	Halloween Kills (2021)	$92,002,151	54.50	00 / 00	72.48
45th	Peter Rabbit 2: The Runaway (2021)	$40,391,460	70.50	00 / 00	71.95
46th	Clifford the Big Red Dog (2021)	$48,947,358	67.50	00 / 00	71.77
47th	Luca (2021)	Disney Plue	81.50	01 / 00	70.88
48th	The Last Duel (2021)	$10,853,940	78.50	00 / 00	70.56
49th	Val (2021)	AmazonPrime	81.50	00 / 00	69.90
50th	Pig (2021)	$2,643,210	80.50	00 / 00	69.59

2022 Top 50 Movies – Thru Oscar Wins

Rank	Movie (Year)	Adj. B.O. Dom.	Review %	Nom Win	UMR Score
1st	Top Gun: Maverick (2022)	$718,732,805	91.50	06 / 01	99.62
2nd	Everything Everywhere All At Once (2022)	$76,852,391	91.50	11 / 07	99.13
3rd	Avatar: The Way Of Water (2022)	$682,798,418	79.50	04 / 01	98.95
4th	The Batman (2022)	$369,345,600	82.50	03 / 00	98.44
5th	Puss in Boots: The Last Wish (2022)	$185,148,240	86.50	01 / 00	98.09
6th	Black Panther: Wakanda Forever (2022)	$453,829,049	78.00	04 / 01	98.06
7th	Elvis (2022)	$151,040,046	78.50	08 / 00	96.93
8th	Doctor Strange in the Multiverse of Madness (2022)	$411,331,595	74.50	00 / 00	96.70
9th	Minions: The Rise of Gru (2022)	$369,695,218	74.50	00 / 00	96.68
10th	Sonic The Hedgehog 2 (2022)	$190,872,911	77.00	00 / 00	96.61
11th	Thor: Love and Thunder (2022)	$343,256,820	70.00	00 / 00	95.82
12th	Jurassic World Dominion (2022)	$376,851,084	57.50	00 / 00	92.82
13th	Black Adam (2022)	$168,152,117	65.50	00 / 00	92.22
14th	Nope (2022)	$123,277,085	75.50	00 / 00	90.91
15th	Uncharted (2022)	$146,494,259	64.50	00 / 00	89.68
16th	The Bad Guys (2022)	$97,233,629	79.50	00 / 00	89.52
17th	DC League of Super-Pets (2022)	$93,602,715	79.50	00 / 00	89.11
18th	The Lost City (2022)	$105,344,030	75.50	00 / 00	88.94
19th	The Black Phone (2022)	$89,751,842	80.50	00 / 00	88.94
20th	Smile (2022)	$105,935,052	73.50	00 / 00	88.34
21st	The Banshees of Inisherin (2022)	$10,582,264	87.50	09 / 00	87.23
22nd	The Fabelmans (2022)	$17,348,948	87.00	07 / 00	87.17
23rd	Lightyear (2022)	$118,307,885	66.50	00 / 00	87.06
24th	All Quiet on the Western Front (2022)	$51,003	85.00	09 / 04	86.75
25th	Bullet Train (2022)	$103,368,603	70.50	00 / 00	86.69

2022 Top 50 Movies – Thru Oscar Wins.

Rank	Movie (Year)	Adj. B.O. Dom.	Review %	Nom Win	UMR Score
26th	Scream (2022)	$80,905,288	77.00	00 / 00	86.46
27th	Jackass Forever (2022)	$56,281,183	82.50	00 / 00	85.54
28th	The Woman King (2022)	$67,328,125	78.50	00 / 00	85.32
29th	Where the Crawdads Sing (2022)	$90,230,763	71.00	00 / 00	85.21
30th	Downton Abbey: A New Era (2022)	$43,284,618	83.50	00 / 00	84.03
31st	Fantastic Beasts: The Secrets of Dumbledore (2022)	$95,850,845	65.50	00 / 00	83.27
32nd	Tár (2022)	$6,150,473	82.50	06 / 00	82.98
33rd	Dog (2022)	$61,744,134	75.50	00 / 00	82.77
34th	A Man Called Otto (2022)	$64,228,821	73.50	00 / 00	81.96
35th	The Whale (2022)	$17,424,079	82.50	03 / 02	81.38
36th	The Menu (2022)	$38,501,129	80.50	00 / 00	81.21
37th	Barbarian (2022)	$40,842,938	79.50	00 / 00	81.16
38th	Glass Onion: A Knives Out Mystery (2022)	$15,000,004	86.50	01 / 00	80.86
39th	The Bob's Burgers Movie (2022)	$31,042,993	82.00	00 / 00	80.68
40th	The Northman (2022)	$33,071,988	80.50	00 / 00	80.05
41st	Women Talking (2022)	$5,456,530	80.00	02 / 01	79.87
42nd	Marcel the Shell with Shoes On (2022)	$6,306,642	87.50	01 / 00	79.61
43rd	Violent Night (2022)	$50,043,443	74.50	00 / 00	79.54
44th	Ticket To Paradise (2022)	$68,275,984	68.50	00 / 00	79.44
45th	Triangle of Sadness (2022)	$3,031,163	80.50	03 / 00	79.21
46th	Mrs. Harris Goes to Paris (2022)	$10,433,918	85.50	01 / 00	78.98
47th	The Worst Person in the World (2022)	$2,779,730	86.50	02 / 00	78.59
48th	The Unbearable Weight of Massive Talent (2022)	$19,490,584	82.50	00 / 00	78.21
49th	Till (2022)	$9,000,204	85.00	00 / 00	77.46
50th	Thirteen Lives (2022)	$51,003	87.50	00 / 00	77.33

Acknowledgements

UltimateMovieRankings.com is a mom-and-pop operation based out of Virginia. Without the great wisdom and knowledge of WoC (Wife of Cogerson) there is no way UMR would have become as popular as it has become. Thank you for all of your help, work, suggestions and support....I am a lucky man.

Thanks to all the great contributors at UltimateMovieRankings.com. Hall of Fame Contributors are: Steve Lensman, Flora B.R., Bern1960, BryRog57, Søren, Chris, Helakoski, Laurent, KTCat94, Bob, John, Dan, In the Shadows, SteinHoF16, Lyle, PhilHoF17, Lupino, Pierre, bob cox, Mike, Sunshine, Taylor, Sidney Johnson and G. Vandross.

Academy Award® and Oscar® are the registered trademarks of the Academy of Motion Arts and Sciences.

Printed in Great Britain
by Amazon

6c7e57f7-3c77-4ab5-9d87-aee31e9e1f48R01